성경, 영문학을 읽다

이행수 지음

신아사

사랑하는 어머니께 이 책을 바칩니다.

책머리에

살아가면서 "나는 누구인가?" 또는 "왜 살아야 하는가?" 하는 질문 앞에 서보지 않은 사람은 별로 없을 거예요. 분명한 답을 찾지 못한 채 그저 살아 있으니까 살아가야 하는 것으로, 이것이 인생이려니 하고 살아가고 있는 것이지요. 문명이 많이 발달하여 살기도 한결 편해지고 밥 먹고 살 만도 해졌지만 그런 의문들에 대한 답을 찾지 못하는 한 행복지수는 늘 그 자리에 머무는 것 같습니다. 허공에 던져지는 듯한 그런 많은 질문들에 대한 답은 사실 이런 저런 방법으로 우리에게 전달된다는데요. 오감을 좇아가기 바쁜 삶에 열중하다보면 아무런 답도 의미도 찾지 못하고 소모적인 하루하루를 보내버리기가 쉬운 것 같습니다. 어느 순간 바쁜 발걸음을 멈추게 하는 중병에 걸리거나 해서야 삶을 돌아보게 되든지 더 살아야 할 이유를 찾아보든지 하게 되는 경우가 많지요.

문명이 발달하는 만큼 불안과 두려움도 커져서 신이든 무엇이든 의지처를 찾아야겠다는 그런 식 말고 정말 살아가는 하루의 의미가 무엇인지, 한 평생의 의미와 목적이 어디에 있는지를 찾아내서 살아간다면 하루하루를 불안이 아니라 설렘으로 보내고 맞을 수 있지 않을까 하는 생각을 많이 했었습니다. 산고를 겪는 어머니가 아기의 탄생을 기대하며 기꺼이 고통을 인내하듯이 인생이 고난의 길이라 할지라도 고통의 의미와 목적이 분명하다면, 어려움이 있어도 고통스러워하지 않으며 살아갈 수 있을 텐데요.

그래서 문학도 성경도 인간 존재와 삶의 의미를 찾는 데 대한 관련으로만 엮어보았습니다. 이 책을 읽는 젊은 학생들이나 독자들이 자신들의 삶이나 문학 속 인물들의 삶에서 인생의 문제에 대한 해답이 될 만한 것을 찾아 많이 방황하지 않고 밝은 전망으로 살아갈 수 있기를 바라는 마음입니다.

많은 세월을 대학에서 젊은이들을 가르치면서 그들이 불확실한 미래를 바라보며 설렘보다는 불안과 두려움으로 현재를 살아가고 있는 모습이 늘 보기에 안타까웠지요. 내 젊은 날의 방황이 길었기에 더 그러했는지 모릅니다. 영문학을 공부하고 가르치면서 서양문학의 배경이 되는 성경을 자주 읽으며 가슴 속에 답 없이 남아있던 많은 의문들에 대한 답을 찾게 되었습니다.

'우리는 과연 누구인가'라는 정체성 문제와 삶의 고통이 주는 의미 등이 국내외를 막론하고 수많은 문학작품들의 주제가 되고 있다는 것은 우리가 살아가는 동안 해결해야 할 중요한 과제이기에 그러하지 않나 하는 생각이 듭니다. 이런 질문들에 대한 답을 나름대로 성경에서 찾게 되었을 때 가장 먼저는 방황하는 젊은이들에게 작은 등불 같은 안내라도 할 수 있었으면 하는 소망이 일어났습니다. 그리고 신을 인정하나 종교에 매이기 싫어하는 사람들, 기독교인이라고는 하나 성경을 많이 접할 시간이 없는 이들, 또는 성경에 나타난 말씀들의 문자 그대로의 내용에 반감을 갖는 이들이 생각났습니다.

성경 연구가도 아닌 영문학자가 본 성경을 주관적 관점으로 썼을 뿐이기에 한계는 분명히 있을 것입니다. 또 성경은 비유로 된 책이기에 관점에 따라서 해석도 달라질 수 있고 수용의 폭도 달라질 여지가 많습니다. 어차피 세상에 존재하는 대상들을 고정불변의 사실로서 보다 주관적 해석으로 바라볼 수밖에 없는 것이라면, 성경 또한 해석을 통해 수용할 수밖에 없습니다. 그 해석이 각자에게 설득력을 갖을 때 믿음이 되는 것이지요.

영문학 작품들에나 성경에는 인생의 거의 모든 문제들이 다 포함되어 있겠지만 이 책에서는 주로 '우리는 누구인가?' 그리고 '왜 사는 것이며 어떻게 살아야 되는가?'라는 물음에 대한 답을 찾아가기 위한 주제에 초점을 맞추었습니다. 문학작품은 한 작품을 두고도 여러 갈

래로 해석될 수도 있고 주제도 하나로 요약될 수 있을 만큼 단순하지도 않아서 한 단면만 비출 수밖에 없는 경우가 많습니다. 그리고 작품 해석보다는 성경의 메시지에 더 비중을 두었기에 문학작품과의 관련이 다소 피상적일 수 있습니다.

성경이나 문학 작품은 공히 궁극적인 실체에 대한 인간의 관계에 중심을 두는 것 같습니다. 그래서 결국 어떻게 실체가 아닌 자아를 벗어나면서 실체인 자아를 찾아가는가 하는 길을 따라가 보았습니다. 그래서 성경을 보는 눈도, 문학작품을 보는 눈도 거기에 맞추어보려 했지만 많이 부족합니다.

부족하나마 성경과 삶의 의미를 깨닫도록 안내해주신 하나님과 하나님의 심부름을 해준 이들께 감사드리고 미더움으로 바라보아 주시는 어머니, 성도님들, 그리고 늘 함께 대화하며 성장하도록 도와주는 남편과 지인들, 제 자리를 훌륭히 지켜주고 있는 자식들, 선뜻 출판을 허락해주신 신아사에 감사한 마음을 전합니다.

목차

성경,
영문학을 읽다

빛을 찾아서

인생의 꿈은 정말 붙잡을 수 없는 신기루 같은 것이기만 한 것으로 보일 때가 있지요. 삶에서 진정 자신이 원하는 것이 무엇인지를 확실히 알고 사는 사람은 많지 않을 것입니다. 결핍된 것을 향해 손을 뻗치며 죽을 때까지 목마름에 시달리는 것이 인생의 모습처럼 보이기도 합니다.

미국 극작가 유진 오닐의 『수평선 너머』에 그런 인생의 모습이 잘 그려져 있지요. 집안의 농장 일에서 벗어나 더 넓은 세상에 나가 꿈을 이루고 싶어하던 로버트는 집을 떠나기 전, 형의 애인인 루스에게 사랑을 고백합니다. 루스 역시 자기를 사랑하고 있었음을 알게 되자 로버트는 집에 남게 되고 형인 앤드류가 항해를 떠납니다. 그러나 농사일에 적성이 맞지 않는 로버트는 점점 무력해져가고 사랑도 식어지며 농가는 피폐해져 갑니다. 실의와 원망으로 가득찬 아내가 실은 형을 사랑하고 있었음을 로버트는 뒤늦게 깨닫습니다. 애인을 동생에게 빼앗겼던 앤드류는 성공하여 돌아오지요. 로버트는 폐허가 된 농가에서 폐병으로 죽어갑니다. 그러나 그는 죽어가면서도 또 수평선 너머의 자유와 희망을 꿈꿉니다. 어둠 속에서 태양이 떠오르는 것을 바라보며 손을 뻗치며 죽어갑니다.

이 작품의 마지막 장면은 인간의 꿈과 삶이 끝없이 순환됨을 암시해주는 것도 같습니다. 그래서 희망을 꿈꾸게 합니다. 완전한 어둠인 듯한 속에서도 또 새로운 지평을 바라보는 것이 없다면 인생은 너무 가엾기만 한 것일 테니까요.

떠오르는 태양, 지는 해, 반짝이다 저무는 달과 별의 광채, 하늘을 가로질러 가는 기러기떼, 그리고 봄, 여름, 가을, 겨울 이런 것들이 한시도 머물지 않고 흘러가고 있는 모습을 보면 인생의 가는 길을 생각하지 않을 수 없습니다.

은하수를, 계절을, 강물을 여일하게 흐르게 하는 그 힘의 원천이 궁금해지기도 하지요. 겨울 빈 들에 이듬해 다시 돌아와 피는 풀과 꽃들을 보며 인생도 가고 또 다시 올 수 있을까 하는 생각도 하게 됩니다. 그러나 다시 돌아왔다는 사람이 없는 세상에서 인생이 한 번 떠나 가서 닿는 그 종착점은 어딜까 생각하게 되지요. 과연 그 어디일까요? 궁극에 닿는 곳은 …

작은 시냇물은 강으로 이어지고 강물은 흘러 바다로 가지요. 바닷물은 수증기가 되어 하늘로 올랐다가 다시 대지로 내려서 지류를 따라 흐르고 흘러 다시 온 곳으로 순환되어 가는 것이고요. 물을 보면서 삶이 비롯되어 온 그 생명의 시원으로 다시 갈 수는 없을까 생각하게 됩니다. 무덤으로 가는 인생을 살기 위해 죽어라고 고생해야 한다는 것이 안타깝게 인식되지 않나요? 다시 생명으로 돌아갈 수 있는 문이 없다면 어찌 그 허무를 감당할까요? 백년이 가깝도록 산다 할지라도 아무 의미도 발견함 없이 결핍된 것을 채우기 위해 전전긍긍하다 결국 채워진 것 없이 떠나는 것이 인생이라고 생각하면 답답해집니다.

그것 하나 때문에 태어났고 또 그것 때문에 살고 있다는 바로 그것을 발견할 수 없다면 삶은 누구에겐들 허무하지 않겠어요? 객관적으로 불행하다고 할 수 없는 조건이라도 그렇습니다. 부모 형제, 자식이 다 있고 공부할 만큼 하고 먹을 만큼 먹고, 사지 육신이 멀쩡하고 특별히 결핍된 곳이 없다 하더라도 마냥 행복해 죽겠다고 하는 사람이 어디 그리 많던가요.

삶은 누구에게라도 각양각색의 수고를 강요하며 땀을 요구합니다. '인생은 무엇일까?' 하는 물음표가 그 가슴 위에 떠올라 보지 않는 사람이 있을까요? 무엇인가 부지런히 하며 살았다고 하나 공허하다는 사람들이 얼마나 많던가요. 미래의 희망까지 삼킬 듯한 현실의 고달픔, 바쁨, 휘몰아치는 과제들만이 우리를 살아있는 것처럼 느끼게 할 뿐입니다.

"땅은 형태가 없고 비어 있었으며 어둠이 깊은 물 위에 있었고, 하나님의 영은 수면 위에 움직이고 계셨습니다(창 1:2)" 하는 천지창조의 서문은 혼돈 가운데 던져진 흙으로 된 인생의 시작이 먼저 어둠임을 암시해주지요. 그런데 그 흑암을 넘어 신의 영이 수면 위를 운행하더란 말은 무엇일까요? 그렇습니다. 혼돈 가운데 어둠을 더듬고 있을 때도 우리는 알 수 없는 전능한 존재가 우리 위를 거닐고 있다는 것이지요.

고단한 삶을 살아가는 우리를 향해 희망의 손짓을 하는 존재가 항상 수평선 위에 있답니다. 그래서 우리는 의식하거나 의식하지 못하거나 그에 대한 그리움을 키우고 있는 게 아닐까요? 우리를 밝음 가운데로 인도할 어떤 힘 하나에 대한 간절한 염원, 그것이 아니라면 마음은 길을 잃고 말 것입니다.

누구에게나 그럴 것입니다. 자존의 성벽이 높아서 자기 외에는 아무도 믿지 않겠다고 큰소리 치는 지성인이라도 그 속 깊은 어둠 속에서 자기 이상의 초월적 존재에 대한 의지를 남몰래 키우고 있을 것입니다. 그래서 성경은 이렇게 말하고 있지요. "**세상이 창조된 이후로 하나님의 보이지 않는 것들, 곧 그분의 영원하신 능력과 신성이 그분을 만드신 만물을 통해 명백히 보여 알게 됐으므로 그들은 변명할 수 없습니다**(롬 1:20)"라고요. 사실은 그 누구라도 그 마음 속에 신의 능력과 신성이 들어 있어서 분명히 알려지게 되어 아무도 나는 몰랐다고 핑계를 댈 수 없다는 것이지요.

도대체 인간이 자기 존재의 어디를 믿을 수 있다는 것인가요? 몇도 안팎의 온도도 참지 못해 추워죽겠다, 더워죽겠다 하는 연약한 육신에, 열흘만 굶어도 사경을 헤매야 하고 거기다 변덕스러운 마음이야 말할 것도 없지요. 제 머리칼 하나도 희게 하거나 검게 할 수 있는 존재가 못 되지요. 거기다 죽음 앞에서 무력한 것은 또 어떤가요. 제아무리 영웅호걸 같은 장사도, 제아무리 죽음과 삶의 문제를 철학적으로 통달한 철인이라도 불가피하게 다가오는 죽음 앞에서 그것을 물리칠 어떤 일이라도 할 수 있단 말인가요.

이 모든 것을 인간은 그 내면 깊이에서 수긍하지 않을 수 없을 것입니다. 제아무리 남 앞에서는 큰소리 친다 해도 자기 자신만은 속일 수 없을 것이고요. 그 어두운 깊이 위에서 항상 운행하고 있는 영이 있답니다. 시선을 보내주기를 오래 참고 기다리면서 우리의 평생이 다 지나도록 손 내밀고 있는 그 존재를 얼마나 자신 있게 모르는 척하고 살 수 있을까요? 몰랐다고 핑계할 수는 없다는데요.

"빛이 어둠 속에서 비추고 있지만 어둠은 그 빛을 깨닫지 못했습니다(요 1:5)"는 말처럼 우리의 어둠 위에는 언제나 빛이 있는데 깨닫지 못한다는 것이지요. 자아의 구름에 가려져 구름 위의 빛을 보지 못할 뿐이지요. 눈을 감고 고요함 속에 들어가 보면 어둠 건너 수면 위를 흐르고 있는 잔잔한 빛을 볼 수 있을 거예요.

눈을 떠 그 영을 볼 수 있는 자만이 어둠 가운데서 헤어 나올 수 있을 것입니다. 그 영 앞에 겸손히 자신의 어둠을 굴복시킬 수 있는 자만이 자신만의 공허하고 혼돈스러운 어둠에서 해방될 수 있을 거예요. 햇살을 담고 흐르는 시냇물처럼 혈관 속에 함께 흐르는 빛과 같은 신의 속삭임을 들어보세요.

무의식의 어둠에 갇혀 자동 인형처럼 살고 있다 하더라도 문득문득 떠오르는 "무엇일까? 인생은?" "그리고 나는 누구일까?"라는 물음표가 있다면 그 물음표는 우리를 답으로 안내하는 등불이 되지요. 그리고 우리의 어둠을 안내하여 빛 가운데로 나오게 하는 또 다른 안내자는 바로 지금의 우리의 의지일 거예요. 혼돈스럽고 공허한 어둠에서 떠나려는 의지만 있으면 어둠은 물러가기 시작하지요.

계획된 추방

그들은 참 행복했을 것 같지요. 아이처럼 천진하고 순전했었을 것입니다. 벗었으나 부끄러움도 모르고 누구도 경계할 필요 없이 하나님과도 하나 된 채 살고 있었으니까요. 동산에는 과일이 지천이었으므로 굳이 욕심도 부릴 게 없었을 터입니다. 더 나아져야 한다는 것이 필요하다고 생각되지 않을 만큼 만족함에 흥건히 젖어 동산을 거닐었을 거예요. 마치 갓난아기가 엄마 품에 안겨서 그 자체로 행복하게 존재할 수 있는 것처럼 말이지요.

그런데 "**하나님께서 만드신 들짐승 가운데 가장 교활**(창 3:1)"하게 지으셨다는 뱀이 그 아담과 이브 앞에 나타난 것이 화근이 되지요. 뱀은 아무 생각 없이 동산을 거닐던 이브에게 교활하게 하나님의 말씀을 조금 왜곡해서 물어보지요. "하나님이 참으로 너희에게 동산 모든 나무의 열매를 먹지 말라 하시더냐?"라고요. 이브는 순진하게 대꾸합니다.

"동산 나무의 열매는 우리가 먹을 수 있으나 동산 중앙에 있는 나무의 열매를 먹으면 죽는다"고 하나님이 말씀하셨다구요. 그 말에 뱀은 그것을 먹어도 결코 죽지 않으며 "**너희가 그것을 먹는 날에는 너희 눈이 열려서 너희가 선과 악을 아시는 하나님처럼 될 것을 하나님께서 아시기 때문이다**(창 3:5)"라고 자기의 생각을 말하지요. 이 소리를 듣고 이브는 나무의 열매를 다시 올려다봅니다. 바알갛게 무르익어 윤기가 흐르는 나무의 열매는 탐스러워 보이고 그 속에 넉넉히 오묘함이 담긴 듯이 보여 하나님처럼 될 수 있으리라는 믿음을 갖게 하지요. 그래서 그녀는 그 열매를 따 먹고 함께 있는 남편에게도 주어서 그도 먹게 합니다. 뱀의 생각과 이브의 관점이 합해져서 하나님의 명령은 무효화되고 만 것이지요.

하나님처럼 된다는 것이 왜 그리 유혹적이었을까요? 먹는 날에는 분명히 죽으리라는 통고를 무릅쓸 만큼 그것이 대단한 것이었던가요? 부족한 것이 없었을 터인데도 그녀 속에는 결핍을 채우고자 하는 욕구가 잠자고 있었던 것일까요? 더 밝아지고 더 넓어지고 더 지혜로워진다는 데 대한 욕망, 다시 말하면 그것은 완성에의 욕망이랄 수 있겠지요. 그것은 그녀로부터 이어져 내려온 유산으로 우리 모두의 가슴에 자리 잡은 형벌 같은 욕망이기도 하지요.

신의 자리를 탐낸 자의 형벌은 신에게서 떨어져 나가는 것이었어요. 그것은 에덴으로부터의 추방, 즉 평화의 세계로부터 쫓겨나는 것이었지요. 화합으로부터의 이탈, 땀을 흘려야 하는 삶의 수고, 그리고 산고의 고통이 신처럼 되겠다는 욕망에 대한 형벌이 되었습니다. 신과 같이 되겠다는 의도였는데 아이러니하게도 신으로부터 분리되어 버리고 만 것이지요.

먹지 말라고 금지한 과일을 먹은 대가로 선악을 아는 밝은 눈을 얻게는 되었지요. 그러나 그 밝은 눈으로 본 것은 무엇이었나요? 그 이후의 아담과 이브의 말과 행동을 살펴보면 무엇이 금지령을 어긴 대가, 즉 밝은 눈을 얻게 된 결과인가를 잘 알 수 있어요.

그들은 먼저 벌거벗은 몸을 보았지요. 그래서 가장 먼저 나뭇잎으로 벌거벗은 몸을 가렸어요. 그리고 하나님을 피해 숨었구요. 그리고는 "**내가 먹지 말라고 네게 명령한 그 나무 열매를 네가 먹었느냐?**(창 3:11)"라는 하나님의 질문에 아담은 하나님이 주셔서 함께 있게 하신 여자가 그 나무 열매를 주어서 자기가 먹었다고 이브에게 책임 전가를 합니다. 또 이브는 뱀이 자기를 꾀여서 먹지 말라 한 열매를 먹었노라고 뱀에게 책임 전가를 하지요. 명령을 어긴 데 대한 두려움 때문에 자기 방어가 시작된 것이지요.

타자가 없이 모두가 하나였던 동산에 이제 타자들이 생겨났습니다. 하나님의 낯을 피해 숨은 인간에게 신은 타자가 되었고 서로 하나였던 부부 사이에는 벽이 생겨서 부부는 일심동체가 아닌, 서로에게 타자가 되어 버렸어요.

몸을 가린 것과 신을 피해 숨었다는 의미는 분리가 시작되어 두려움이 오게 되었음을 의미하겠지요. "**선과 악을 알게 하는 나무의 열매는 먹지 마라. 그것을 먹는 날에는 네가 반드시 죽을 것이다**(창 2:17)"라는 명령을 어기기 전에는 그들은 죽음에 대한 의식도 없었을 터이고, 따라서 아무런 두려움도 없었을 거예요. 그런데 눈을 뜬 후에는 '반드시 죽으리라'는 사형 선고 때문에 죽음에 대한 두려움과 서로에 대한 경계심, 신에 대한 두려움 등이 생겨버린 것이지요.

성경에는 이브가 준 선악과를 먹은 이후 아담과 이브의 심경에 대한 자세한 이야기 없이 그들이 하나님의 눈을 피해 숨었으며 '두려워하여 숨었다'는 표현만 나옵니다. 밀턴의 『실락원』에는 아담이 이브를 잃을 것에 대한 두려움과 불안이 더욱 절실하게 표현되어 있지요. 불순종 이후 인간이 갖게 된 불안의 속성을 이야기해주는 것일 텐데요. 하나에서부터 분리된 인간은 신 없이 홀로가 된다는 데 대한 불안으로 일생을 헤매게 되는 것 같습니다. 그 불안의 공동을 소유로서 채울 것 같은 환상을 심어주는 것이 우리 안에 있는 에고의 욕망이지요.

아담과 이브는 사형선고의 형벌을 안고 에덴동산에서 추방되었지만 에덴동산에는 생명나무가 있었음을 상기해야지요. 그것은 먹으면 죽으리라던 선악과 나무의 반대편에 있는 나무지요. 선악과를 따 먹은 것이 죽음을 불러왔다면 생명나무에 나아가는 것은 그 죽음을 극복하고 새로운 생명을 회복하는 것이겠지요. 그것은 신과 분리된 것을 회복하는 것일 테고 두려움의 반대편인 사랑과 신뢰를 회복하는 것일 테고요. 고통은 시작되었지만 고통을 통과하여 가는 곳에 다시 회복할 생명나무를 준비해 놓은 신은 본래 완전한 계획 속에 선악과를 만들어 놓으신 것이라고 볼 수 있지요.

우리를 유혹하기에 충분할 만큼 지혜롭게 또는 교활하게 뱀을 지으신 분도 창조주 신이라면 거기에서부터 신의 섭리는 출발할 것입니다. 우리가 뱀의 유혹에 걸려들어 신처럼 선악을 알게 되는 것이 신의 계획이 아니고서야 신이 아차 실수로 인간이 죄를 짓게 만들었겠어요? 신은 전지전능한 존재가 아니신가요? 완벽한 시나리오로 완벽한 세상을 운영하는 존재가 전지전능한 존재일 것입니다.

그래서 자유의지가 주어진 인간은 외면상 실수로 죄를 지어 에덴동산에서 쫓겨난 것처럼 보이나 그것은 필연의 과정이 아니었을까 하는 것이지요. 선악을 알되 악을 행하지 않는 신처럼 되어가도록 출발점은 죄로부터 시작한 것 같지 않나요? 어둠 속에서 빛을 바라보고 빛을 사모하며 빛으로 가는 완전한 길을 예비하고 신은 우리를 어둠에서부터 기르시는 존재가 아닐까요?

그래서 세상에서 더 좋은 것, 더 높은 것을 추구하게 되어 있는 우리의 상승에 대한 욕구는 그림자이지요. 잃어버린 것을 찾아서 가는 것이 인생인데, 눈에 보이는 물질적인 것으로만 그 결핍을 채우려고 하니까 정말 결핍된 것은 채워지지가 않지요. 더 높은 것에 대한 욕구는 신의 회복인데 눈 앞의 것에 대한 욕망에 눈이 어두워 우리 위에 운행하시는 신을 감지하지 못한다면 영혼은 생명을 회복하지 못하겠지요. 그런 삶은 눈 앞의 것 때문에 신을 잃어버리는 영원한 이브가 되는 것이겠고요.

쉽게 던져지는 비판처럼 하나님은 먹지 말라 해놓고 먹은 후 벌하는, 그저 병 주고 약 주는 식의 그런 신은 아니지 않겠어요? 창세기에서 요한 계시록까지 성경은 비유의 책이랍니다. 집에서 떠나보지 않으면 집의 안락함을 알 수 없지요. 신에게서 떠나지 않고는 신을 알 수가 없을 거예요. 아담과 이브는 본체를 잃어버렸지만 본체의 완전함을 알게 하기 위해서 그들을 떠나보낸 것이 하나님의 계획이었다고 보아지지요. 신을 떠나는 것이 악이고 신과의 합일이 선이라면, 그리고 어둠이 없이는 빛을 빛으로 인식하지 못한다면 악과 어둠은 선과 빛으로 나아가는 필연적인 통로라는 것이지요.

에덴동산에는 이미 화목을 위한 생명나무까지 다 준비되어 있잖아요. 선과 악을 알되 악을 행치 않는 신과 같은 존재로 연합시키기 위한 장치가 에덴동산에는 이미 다 갖추어져 있다는 것이지요. 물론 교활한 뱀까지도 그런 과정을 위한 완벽한 장치 중 하나이겠고요.

기독교를 종교로 가졌든 아니든 인생의 목적지는 같은 것 아닐까요? 에덴동산을 비유로 본다면 그것은 기독교인들만의 동산은 아니라고 생각해요. 그것은 비유로써 모든 인생이 내딛기 시작한 걸음 걸음의 지도라고 생각해요. 인생의 목적지가 어디인지 자각해야 하는 것은 기독교인들에게만 필요한 것은 아니겠지요. 우리의 영혼은 다시 에덴동산을 회복하는 것이 목적이고, 에덴동산의 회복은 죽음의 두려움을 극복하고 본래의 평화를 회복하는 것이니까요. 다시 생명나무에 이르러야 하는 목표는 신과 하나됨을 회복하는 것이기도 할거고요. 아담과 이브는 하나님의 계획에 따라 선악과를 따 먹고 선과 악, 빛과 어둠, 남과 여, 너와 나, 영과 육 등 서로 상반되어 대립하는 상대적 세계에 진입한 것이지요.

시인 T. S. 엘리엇도 '인간은 유한한 것과 무한한 것, 선과 악, 자연적인 것과 초자연적인 것, 순간적인 것과 영원한 것, 물질과 정신의 혼합체'라고 보는 인간관을 자기의 작품을 통해 독자에게 지속적으로 인식시키려 했던 시인이지요.

인간은 이 상대적 세계의 이원성 속에서 영과 육의 이원적 존재로 살며 애초에 하나님이 인간을 만들 때 불어넣어준 하나님의 형상을 일깨워 그 형상과 하나가 되어야 하는 목표를 가져야 함을 에덴동산의 신화는 비유로써 가르쳐 주고 있다고 봅니다.

밀턴의 『실락원』은 성경을 토대로 한 최고의 문학작품이라고 생각합니다. 창세기의 에덴 이전으로부터 출발하여 그리스도의 재림에 이르기까지 천국과 지옥을 망라해가며 광범위한 세계를 아우르고 있는 서사시입니다. 인간의 신에 대한 불순종으로 인한 타락의 과정과 결과를 시적 상상력과 유려한 문체로 장엄하게 그려내고 있지요.

아담은 창조된 직후 곧 자신에 대해 생각하며 "나는 누구며, 어디서 어떻게 생겨나게 되었는가?" 하는 본질적인 정체성에 대한 질문을 합니다. 그리고는 "내 자신의 힘으로가 아니라 위대한 창조주에 의해서"라는 직관으로 인한 답을 얻습니다.

높아지고자 하는 마음으로 반역을 꾀해 하늘에서 전쟁을 일으킨 사탄과 그의 추종자 천사들이 지옥에 떨어지는 것으로 시의 첫 장면은 시작됩니다. 창조된 자가 창조주의 위치까지 높아지려는 마음이 결국은 추락의 원인이 되며, 이것은 이후 인간들의 모든 문제의 원인이 됨을 암시하는 것이라 볼 수 있지요. 우리의 실체인 창조된 영혼과 맞서는 에고의 애초부터의 전략은 가장 높은 데에 오르겠다는 꿈을 갖는 것이라는 의미지요. 사실은 신과의 합일된 상태가 태초부터의 상태이므로 더 높이 오르겠다는 것은 환상일 뿐인 것이고요. 사탄은 신으로부터 인간을 유리시켜 이원성을 창조한 주체이고 이원성으로 인한 비교, 갈등, 분쟁이 세상에 들어온 것이고요. 그러나 밀턴은 인간의 타락으로 인한 악이 선의 연속체 위에 있음을 말함으로써 타락도 신의 의로운 계획 속에 있었음을 밝힙니다. 악을 통해서 선을 알아가는 과정이요, 타락을 통해 천국으로 갈 수 있기에 실락원은 내면의 천국으로 가는 관문이라는 것이 밀턴의 관점이라고 할 수 있습니다.

우리는 누구인가요 1

셰익스피어의 비극인 『햄릿』의 1막 1장의 첫 번째 대사는 "너는 누구냐?"로부터 시작합니다. 궁성의 망대에서 보초들이 교대하면서 이루어지는 대사인데 극의 시작인 첫 장에 '누구냐?'라는 질문이 몇 번 더 반복됩니다. 이렇게 시작되는 비극의 주제 중 하나는 '인간이 과연 누구냐'라는 것에 대한 답을 찾아가는 것이기도 합니다. 첫 장면에서 보초들이 이야기하는 것은 죽은 햄릿 왕의 유령에 대한 것입니다. 죽은 자가 유령으로 나타나는 것으로 이야기가 시작되는 것을 보면 '너는 누구냐?'라는 첫 대사의 질문은 육체적 죽음으로 끝나는 것이 아닌 인간 존재에 대한 물음이라고 볼 수 있지요.

죽은 햄릿 왕의 동생은 권력이 탐이 나서 형을 죽이고 형수를 아내로 맞이한 죄인입니다. 죽은 햄릿 왕은 그의 아들인 햄릿 왕자에게 유령으로 나타나서 자기의 원수를 갚아달라고 부탁하지요. 그러나 보초들의 대사 가운데서 죽은 햄릿 왕도 생전에 이웃 나라의 왕을 죽였던 사람임이 드러납니다. 그리고 햄릿 왕자는 아버지의 복수를 계획하는 과정에서 자신이 사랑하는 여인의 아버지를 살해하게 됩니다. 이런 일련의 이야기를 통해 셰익스피어는 인간이 누구할 것 없이 모두 죄인임을 알게 하지요. 복수가 결국 실패하는 것은 햄릿이 우유부단해서만은 아니지요. 실패할 수밖에 없게 한 것은 인간으로서 인간을 심판하고 정죄할 자격이 있는 자가 없다는 것을 암시하는 것으로 볼 수 있고요.

햄릿은 자신이 죽였던 재상의 아들인 레아티즈와의 마지막 결투에서 이렇게 말합니다. "만약 햄릿이 그 본성을 떠나서 그 자신이 아닐 때에 레아티즈에게 행악을 했다면 그것은 햄릿이 행한 것이 아닐세. 햄릿은 그것을 부인하네. 그럼 누가 했는가? 그의 광증이 했네"라고요. "넌 누구냐?"로 시작된 인간의 정체성에 대한 물음에의 답은 이 햄릿의 대사에 나와 있지요. 행악하는 광기의 속성과 광증이 발동되기 이전의 본성이 있는 이중적인 존재가 인간의 정체성이라는 것으로 정리될 수 있겠지요. 즉 신성의 본성과 파괴적인 육신의 죄성을 동시에 갖고 있는 존재가 인간이라는 것이지요. 햄릿의 말에 의하면 광증이 한 것은 햄릿이 한 것이 아니라고 하니, 그것은 본체가 아니고 원래는 신성이 본체라는 것이지요. 그런데 이것이 비극으로 끝나는 것은 육신적 죄성인 광증이 앞서 나와 본성을 잊어버리고 살면 인생은 비극으로 끝날 수밖에 없다는 메시지를 주는 것으로 볼 수 있다는 거지요.

우리의 본체는 하나님의 형상대로의 존재라는 것을 자꾸 환기해 볼 필요가 있을 것 같아요. 우리가 육신을 가지고 이 세상을 살아가는 모습은 그 형상과 멀어 보일 때가 더 많아서 하나님의 형상임을 잊고 살기 쉬우니까요. 우리는 이중의 존재로 이 세상을 살아가는 것 같습니다. 그래서 바울 사도도 "**나는 내가 행하는 것을 이해할 수 없었습니다. 이는 내가 원하는 것은 행하지 않고 오히려 증오하는 것을 행하기 때문입니다**(롬 7:15)"라고 하면서 내가 무엇을 원하는데 행하는 것은 그러한 내가 원하는 것이 아닌 것을 행한다고 하는 것입니다. 나라는 존재가 이중적인 것을 가리키는 것이지요.

그런데 바울 사도는 그 문제를 이렇게 정리하고 있어요. "**만일 내가 원하지 않는 것을 행한다면 그것을 행하는 사람은 내가 아니라 내 안에 거하는 죄입니다**(롬 7:20)"라고요. 즉 "내가 아니라" 할 때의 그 "내가"라는 존재는 주인이고 본체며, 행하는 존재는 그 속에 거하는 '죄인'이라는 것입니다. 햄릿이 한 말과 같지요. 바울의 문맥은 내 본체가 원하지 않는 어떤 것을 행함으로써 사실은 본체가 무엇을 원하는 존재인지를 찾아가야 한다는 것이지요. 그렇다면 이 세상은 진정한 본체의 반대쪽을 체험하며 진정한 본체를 찾아가는 길이 아닐까요?

그런데 대부분의 사람들이 일생 동안 살면서 자기가 누구인지를 깨닫지 못하고 일생을 마감하는 것 같아요. 본성을 회복하지 못하는 삶은 인생에서 성공했거나 아무것도 성취하지 못하고 죽거나 결국에 흙으로 돌아가는 것은 마찬가지 아니에요? 아무개를 아버지와 어머니로 하고 어떤 집에서 태어난 누구라고 하는 정체성은 육체적인 정체성일 뿐이지요. 그 안에 부모로부터 물려받은 유전자로 인한 성격이 주어지고 태어난 이후 받은 교육의 영향으로 자아가 형성됩니다. 그렇게 인식된 자아를 자기라고 믿고 평생 살아가지요.

자기가 신성을 부여받은 존재라는 것을 알지도 못한 채 죽음을 두려워하다가 결국 죽음에 이르고 마는 것이 대부분의 인생입니다. 육체의 부모로 인하여 이 땅에서 살아갈 물리적 도구인 육신을 받은 것 속에 있는 신성을 인식하는 것이 얼마나 중요한 것인지조차 대부분의 사람들이 모른다는 것이지요. 혼은 육과 함께 이 땅에서의 삶에서만 유효한 지식과 이성, 그런 것일 수 있습니다. 혼 역시 일시적이고 도구적인 속성일 뿐이지요. 대부분의 사람들은 이 육과 혼을 자아의 정체성으로 착각하고 살 뿐인 것 같아요.

혼은 마음 또는 생각이라고도 할 수 있는데, 이것은 이 세상에 육신으로 태어난 이후 부모에게서 이름을 받은 내가 그 이름으로 얻는 모든 지식이나 생각들의 집합체라고 할 수 있겠죠. 그것이 나의 생각이고 나의 지식이니까 내가 소유한 것이지 나는 아니잖아요. 내가 소유한 물건이 내가 아니듯 나의 것이라고 할 수 있는 대상은 근본 내가 아니잖아요? 나의 연필은 내가 소유하다 잃어버릴 수도 있고 다 써버릴 수도 있습니다. 그 연필은 잠시 내게 있었던 것뿐이지 나 자신이 아니지요. 왕위도 권력도 잠시 한시적으로 머물러 있는 것이고 언젠가는 사라지는 것이지 영속하는 '내'가 아닌 것이고요.

생각도 육체적 자아를 형성하고 있는 것이고 그것은 언제든 변하고 사라질 수 있는 것입니다. 그와 같이 우리는 우리가 잠시 빌려갖고 있는 몸, 성격, 생각, 잠시 잠깐의 지위와 역할 이런 것들이 자기 자신인 줄 알고 살아갑니다. 그러나 하나님은 자신을 '스스로 있는 자'라고 규정하셨지요. 나는 내가 갖고 있는 어떤 것으로서의 존재가 아니라 '나는 그냥 나다'라는 것이지요. 그것이 또한 우리의 참된 정체성이 아닐까요? 그것이 현재형이니, 언제나 있는 영속적 본체라는 것이고요. 그것은 변하지 않고 시간에 지배되지도 않고 죽음에 굴복하지도 않는 존재 자체인 것 아니겠어요? 변함없이 영속하는 것은 영이고요. 인간이 아닌, 다른 동물들에게는 육과 혼은 있다고 할 수 있지만 영이 있는 존재는 인간뿐이고 인간은 영적 존재라고 할 수 있잖아요?

하나님은 인간을 창조하실 때 "**하나님의 형상대로 사람을 창조하셨다**(창 1:27)"라고 합니다. 하나님은 영이시니까 신체적 형상을 말하는 것은 아니겠지요. 우리의 영이 하나님의 형상이라는 말일 거예요. 그러니 나를 이루고 있는 세 요소 중 진짜 주인은 하나님의 형상인 영인 것이지요. 그러면 나의 정체성이란 무엇이겠어요? 나의 본체가 하나님이란 것이겠지요. 우리는 모두 신성을 소유한 신이라고 할 수 있다는 것이지요.

사람들이 하나님은 하늘에만 계시고 우리는 지상에 잠시 매여 있는 존재로서 하나님은 죽어서 하늘나라에 가서나 만날 수 있는 존재로 생각하는 경우가 많지요. "**하나님은 모든 것 위에 계시고 모든 것 안에 계시는 분이라고**"(엡 4:6) 하시는데요. 나 하나를 중심으로 생각하면 하나님은 나의 세상 전체에 계시며 동시에 내 안에 계신 분이라고 할 수 있잖아요. 하나님은 교회에만 계신 것이 아니라 우주 전체에 계시는 것이고요. 성도에만 관여하시는 것이 아니라 모든 생명체에 관여하시지 않겠어요? 하나님을 의식하지 못하는 사람들에게 하나님은 타자로 인식되고 있겠지만 하나님 편에서는 모두가 돌아오길 기다리는 자식들이고요.

또 기독교인 모두가 소망하는 하늘은 지상과 구별되는 공간적 세계가 아니라 지금의 내 존재 안에 있는 영적 영역이라고 할 수 있을 거예요. 모두의 개체는 다 하나님의 속성이며 하나님은 우리 모두에게 동일한 영으로 계시는 것일 테고요. 우리의 육체가 다 다른 모습을 하고 있고 각자가 육체로는 다른 경험의 세계 속에 있지만 하나님은 영으로서 사실 우리 모두의 인생 체험을 통해 현현되는 존재이실 거예요.

그러니 우리의 정체성은 권력과 성, 지위와 물질을 탐하는 육체적 자아 너머에 엄청난 빛의 신성을 함께 갖고 있는 존재라는 것이지요. 그래서 인간의 목숨은 누구의 것이라 할 것 없이 신성하고 소중하지요. 우리는 우리가 소유하고 있는 것으로 규정되는 존재가 아니라 '스스로 있는 자신'이라는 것이 올바른 정체성일 것 같아요. 돈이 없어도, 지위가 없어도, 학력이 없어도, 있는 그대로 존귀하고 있는 그대로 아름답고, 있는 그대로 신성한 스스로 있는 존재가 우리 자신일 거예요.

영국 시인 윌리암 블레이크는 그의 『순수와 경험의 노래들』이라는 시편에서 악의 세계를 경험하기 이전의 '순수한 세계'와 고통과 수고가 따르는 '경험의 세계'로 대조시켜 노래하고 있습니다. '순수의 노래들'에 나타나는 세계는 순수한 영혼의 세계고 '경험의 노래들'의 세계는 고통과 죽음이 있는 경험의 세계지요. 블레이크가 제시하는 이 두 세계는 우리 안에 공존하는 정신적 상태를 나타나는 세계로 보여집니다. 순수한 영혼의 상태는 언제나 우리 안에 내재하지만 물질주의의 환상에 매몰되는 경험세계에만 머무를 때 영혼의 순수성을 망각한다는 것이 그의 인간관이었습니다. 그는 순수의 상태를 유아의 상태에 비유하면서 그 상태를 지복의 기쁨의 상태로 표현합니다. 『경험의 노래』에 등장하는 인물들은 신과의 관계가 끊어진 이기적인 자아의 욕구에만 매인 인물들이지요. 그러나 그는 '경험세계' 속의 인물들을 악으로만 그리고 있는 것이 아니라, 그 속에서 순수에의 의지를 키우며 신의 형상으로 나아갈 수 있다는 비전을 제시합니다.

인생의 여정은 순수한 앎을 체험을 통해 드러내가는 여정이라고 볼 수 있을 것 같습니다.

우리는 누구인가요 2

이 세상에 사는 사람 누구나에게나 공통된 삶의 목표가 있다면 그것은 행복한 사람이 되고 싶다는 것이겠지요. 행복의 내용은 사람마다 다를 수 있겠지만 어쨌든 사람들은 누구나 자기 나름대로의 행복한 삶을 목표로 살아가고 있습니다. 성경의 곳곳에는 우리 모두에게 복주실 것을 약속한 신의 사랑이 기록되어 있습니다. 부모가 되어본 사람치고 그 누구도 자식이 복되게 살기를 원하지 않는 사람은 없을 것입니다. 스스로 복을 줄 수 있는 권리와 능력만 있다면 세상에 있는 복이란 복은 자식에게 다 주고 싶을 거예요. 신이 우리를 자식처럼 생각한다면—그런데 신은 우리 모두를 자식으로 생각하시지요— 복을 주시기를 기뻐하시는 만큼 그 길을 또한 알게 해놓지 않으셨겠어요? 그것을 찾아낼 수 있으면 우리는 모두 소망하는 바, 행복한 삶을 누릴 수 있을 것입니다.

어린 시절을 기억해보면 부모가 자신을 어떻게 규정하고 선언했는지에 따라 자신의 존재에 대한 믿음이 달리 뿌리내려 있는 것을 알게 됩니다. 가령 "넌 참 무엇이든지 잘 하는구나. 장차 큰 일꾼이 될 거야." 한다든가 "넌 대체 누굴 닮아 그 모양이냐? 아무짝에도 쓸모없는 자식 같으니라고." 이렇게 부모가 아이의 존재를 선언해 놓으면 아이의 마음속에 자기 존재에 대한 믿음이 심어지지요.

상처를 입은 아이는 자기 존재감이 낮아서 마음 고생을 많이 하게 되잖아요. 성취 의욕도 낮고 성공하고 행복할 수 있는 가능성을 많이 상실하게 되지요. 그러나 믿음의 긍정적인 씨앗이 심어진 아이는 자기 존재에 대한 자신감을 갖게 되고 능력을 최대한 발휘하고 많은 것을 성취할 수 있다고 하고요. 그래서 어린 시절부터 자신이 어떤 존재인가에 대한 정체성 규정을 긍정적으로 할 필요가 있다는 것이지요.

그런데 성경에는 우리가 행복한 자라고 규정되어 있어요. "**이스라엘아, 너희는 행복한 자로다**(신 33:29)"라고 우리의 존재를 선언해 놓았어요. 그 선언의 말씀이 내 안에 들어와서 내 것이 되어버리면 나 자신이 행복한 자로서의 신분을 갖게 되는 것이지요. 여기에서 "이스라엘아"라고 부른 대상은 지금 저 중동 지방에 살고 있는 이스라엘 사람들만을 일컫는 것이 아니지요. 우선은 "**만일 여러분이 그리스도께 속한 사람이면 여러분은 아브라함의 자손이요, 약속을 따른 상속자입니다**(갈 3:29)"에서처럼 그리스도를 믿는 자를 아브라함의 자손이라 했으니 기독교인들은 우선 영적 이스라엘인이라 할 수 있지요.

물론 시편 저자가 "**나는 분명히 죄 가운데 태어났습니다. 내 어머니가 죄 가운데 나를 잉태한 것입니다**(시 51:5)"라고 한 것에 의하면 인간은 날 때부터 죄인이라고 할 수 있지요. 인류의 조상이 불순종의 죄를 지어서 인간에게 원죄가 이어져 온다는 것을 믿지 않더라도, 우리가 자신을 바라보면 근본적으로 이기적 욕망으로 인해 죄를 지을 수 있는 속성이 있음을 누구도 부인하지는 못할 거예요. 그래서 죄책감 때문에 두려움과 불안 속에서 살아야 되고요.

그런데 성경의 에베소서 말씀을 잘 생각해 보세요. 하나님이 "**세상이 창조되기 전에 그리스도 안에서 우리를 선택하셔서 사랑 가운데 그 앞에 거룩하고 흠이 없게 하셨습니다. 하나님은 그분의 기뻐하시는 뜻을 따라 우리를 예정하셔서 예수 그리스도로 말미암아 하나님의 양자가 되게 하셨습니다. 이는 하나님이 그분의 사랑하시는 아들 안에서 우리에게 거저 주신 하나님의 은혜의 영광을 찬미하게 하기 위한 것입니다**(엡 1:4-6)." 이 말씀은 앞서 말했듯이 하나님이 이미 인간이 불순종할 것을 알고 세상을 만들기도 전인 창세 전에 그리스도 안에서 우리를 택하여 놓았다는 것을 확인할 수 있는 말씀이지요.

불순종 자체도 하나님의 계획 하에 있었음을 부인할 수 없잖아요? 죄는 이 말씀만 믿어도 해결되는 것 아니겠어요? 죄로 인해 하나님과의 연결에서 끊어진 것이었지만 그리스도 안에서 택하여졌음을 믿으면 우리는 다시 신에게 귀속되고 연결되는 것이지요. '그리스도'라는 이름은 '죄에서 구원할 자'라는 뜻을 가졌다니까요.

그 이후는 우리의 육체적 삶을 통해 경험 세계를 살며 하나님의 신성을 회복해가는 일만 남았지요.

우리는 누구인가요 3

사람들은 자기가 믿는 종교의 신만이 진짜 신이라고 믿고 다른 종교의 신들과는 적대적인 관계에서 생각하지요. 기독교인들이 믿는 하나님이 전능한 유일신이라면, 그리고 그 신이 천지와 인류를 창조하시고 우주를 운영하시는 만유의 신이라고 믿는다면, 우리가 어떤 경계선을 그어놓든 하나님은 모두의 하나님이고 모두를 구원하시며 모두에게 복을 주시고자 하는 존재일 것입니다. 그래서 구약성경의 말라기서에 보면 "**너희는 그것을 보고 '여호와는 이스라엘 국경 밖에서도 위대하시다'라고 말할 것이다**(말 1:5)"라고 되어 있고요.

이스라엘 민족을 선택해서 그들을 통해 예언하시고 성취하시고 그것으로 모두의 교훈이 되도록 한 것으로 볼 수 있다는 거지요. 그들의 역사를 기록한 것이 기독교인들만이 경전으로 택한 성경이라 할지라도, 진정 그 신이 전능한 신이라고 믿는다면 이스라엘 민족은 모델이고 예표일 뿐 우리 모두는 하나님의 영적 이스라엘이 아니겠습니까?

성경은 비유의 책이므로 이스라엘 민족의 이야기 전체에 인간 삶의 은유가 포함되어 있는 것으로 볼 수 있지요. 전지전능한 신이 하나라면 인간 쪽에서 그것을 인정하지 않아서 그가 언제까지나 어둠에 머무를 수밖에 없다 하더라도 하나님 쪽에서는 여전히 돌아오기를 기다리고 있는 하나님의 자녀들일 거라고 생각해요. '이스라엘이여 너는 행복한 자로다'라고 부른 대상이 궁극에 신의 자식들을 말하는 것임을 알면 신이 곧 나 자신을 불러 행복자라고 하시는구나라고 생각할 수 있을 거예요.

이스라엘이라는 이름은 야곱이 얍복강 가에서 하나님과 씨름했을 때 끝까지 굴복하지 않은 야곱을 가리켜 신은 "**이제 네 이름은 더 이상 야곱이 아니라 이스라엘이다. 네가 하나님과 겨루고 사람들과 겨루어 이겼기 때문이다**(창 32:28)"라고 하시며 지어주신 이름입니다. 야곱은 하나님의 축복을 강요하다시피 간절히 원한 사람이었지요. 하나님이 이기지 못할 정도로 끈질긴 집념을 가지고 축복을 이끌어 낸 이름이 이스라엘이었어요.

야곱은 아버지 이삭으로부터도 억지에 가까운 방법으로 축복을 얻어냈었지요. 야곱의 경우는 축복을 받는 원리를 암시해 주고 있다고 생각되기도 해요. 그만큼 하나님의 축복을 받고자 하는 강한 의지가 선행되어야 한다는 것이겠지요.

야곱은 이삭의 아들로서 에서와 쌍둥이 형제였지요. 이 쌍둥이는 어머니 리브가의 태중에서부터 싸우다가 야곱이 에서의 발꿈치를 잡고 나왔다고 되어 있습니다. 그렇게 태어나서 에서는 사냥을 좋아하는 들사람이 되었고, 야곱은 조용하여 장막에 거하기를 좋아하는 사람으로 자랐습니다. 어느 날, 에서가 몹시 시장한 채로 사냥에서 돌아왔는데 야곱은 팥죽을 쑤고 있었지요. 배가 몹시 고팠던 에서는 야곱에게 팥죽 한 그릇을 달라고 요구했습니다. 야곱은 배고파하는 형에게 조건을 제시하지요. 형의 장자권을 내놓으라는 것이었어요. 우선 지치고 배가 고픈 에서는 눈에 보이지 않는 장자권보다 지금 당장 현실의 배고픔을 달래줄 팥죽이 더 긴요하게 여겨졌겠지요. 그렇게 해서 야곱은 형 에서에게 팥죽 한 그릇을 주고 장자권을 사게 됩니다. 그 결과가 어떻게 되었나요?

아버지 이삭이 노년에 눈이 어두워지고 살 날이 얼마 남지 않았다고 여겨졌을 때 장자권이 있는 큰 아들 에서를 축복하기 위해 에서를 불러 사냥을 해서 별미를 만들어 올 것을 요구합니다. 이 소리를 문밖에서 엿들은 쌍둥이 형제의 어머니 리브가는 자기가 더 사랑하는 아들 야곱을 불러서 그 형의 축복을 가로챌 것을 도모합니다. 즉 자기가 아버지의 좋아하는 별미를 만들어 줄 테니 그것을 들고 아버지에게로 가서 형 대신 축복을 받으라는 것이었지요.

그러나 성격이 조용한데다 소심했던 야곱은 아버지가 자기를 에서인 척한 야곱인 줄 알면 축복 대신 저주를 내릴 것이라고 겁내 합니다. 이에 어머니 리브가는 저주는 자기가 대신 받을 테니 아무 염려 말고 염소나 끌고 오라고 종용합니다. 그리고는 야곱에게 에서의 옷을 입히고 야곱의 매끈한 손을 염소털로 감싸서 털이 부숭부숭한 에서인양 꾸며줍니다.

이렇게 두 모자가 감쪽같이 눈 먼 이삭을 속여 이삭의 축복은 야곱에게로 돌아가게 되었지요. 이 이야기는 참으로 많은 해석을 낳게 합니다. 주로는 야곱의 교활한 성격을 많이 비판하지요. 어머니의 편애에도 많은 비판의 화살이 쏟아집니다. 아버지를 속인 야곱은 자신이 나중에 외삼촌 라반에게 몇 번씩 속는 운명에 처하게 되기도 해서 인과응보를 이야기하기도 하지요.

그런데 구약에 기록된 이야기들은 영적 이스라엘인 그리스도인들에게 주는 교훈의 의미가 층층이 감추어져 있다고 봐요. 야곱은 원래 축복을 받을 수 있는 권리가 없는 차자였잖아요? 그런 그가 염소의 털옷을 입고 나가 아버지의 축복을 받게 되는 것은 우리가 축복받지 못할 죄인의 신분이었는데 예수님을 덧입고 나갔을 때 죄를 용서 받고 축복받게 되는 것의 그림자라고 보는 것이 가장 큰 의미지요. 예수님은 양으로 비유되니까 염소털로 꾸미고 아버지의 축복을 받은 야곱은 예수라는 양의 털을 입고 하나님으로부터 죄 용서의 축복을 받은 우리로 비유된다는 것이지요.

이삭은 에서처럼 꾸미고 온 둘째 아들 야곱을 에서인 줄로 착각합니다. 그래서 에서에게 돌아갈 축복을 야곱에게 해주지요. "**민족들이 너를 섬기고 나라들이 네게 절할 것이다. 너는 네 형제들의 주인이 될 것이며 네 어머니의 아들들이 네게 절할 것이다. 너를 저주하는 사람들은 저주를 받고 너를 축복하는 사람들은 복을 받을 것이다**(창 27:29)"라고 축복합니다.

하늘의 이슬은 영적 축복을, 땅의 기름짐은 육적 축복을 의미하는 것이라면 야곱은 형의 장자권을 팥죽으로 바꾼 덕분에 영육 간의 모든 축복을 다 받게 된 것이지요. 더욱이 "너를 축복하는 자는 복을 받기를 원하노라" 했으니까 그야말로 복의 근원이 된 셈이지요. 얼마나 대단한 축복이에요? 축복 받을 자격이 없던 야곱이 이렇게 큰 축복을 받은 것은 아무 자격 없이 하나님께로 나아가는 그리스도인들이 축복 받을 수 있는 길을 가리키는 것일 거예요. 야곱이 축복 받을 수 있었던 가장 중요한 원인은 영적 생명에 대한 그의 의지 때문이었을 거예요.

먼저 팥죽 한 그릇과 장자권을 바꾸어버린 에서의 문제를 돌아볼 필요가 있지요. 장자권이란 다시 말하면 생명의 권리(Birthright)일 텐데요. 에서가 축복을 놓친 것은 리브가의 편애 때문이라기보다는 배고픔을 채우려는, 육체의 가장 기본적인 소욕과 장자의 권리를 바꾸어버린 것 때문일 것입니다.

야곱이 축복을 받은 것은 이야기의 외면상으로만 보면 속이고 사기 친 것 같으나 의미상으로 보면 영원한 생명의 권리를 육체의 것과 바꿀 줄 아는 존재였기 때문이라는 것이겠지요. 장자권이란 아버지의 것을 이어받을 권리인데 야곱은 아버지의 힘을 중요하게 여겼다는 것이에요. 야곱의 축복은 팥죽을 내주고 장자권을 사는 것, 즉 눈 앞에 보이는 것을 희생의 대가로 치르고 더 영원한 것을 선택하는 의지에서 비롯됨을 알려주지요.

하나님은 **"내가 야곱은 사랑했고 에서는 미워했다. 그래서 내가 그의 산들을 폐허로 만들었고 그의 유산을 들짐승에게 주었다**(말 1:2-3)"라고 말씀하십니다. 하나님이 인간처럼 누구는 사랑하고 누구는 미워하는, 편애하는 존재라는 것일까요? 야곱과 에서도 비유라고 생각하지 않으면 하나님을 옹졸한 하나님으로 만들어버릴 수밖에 없지요. 육신적 존재인 에서의 속성은 우리 안에서 육신적인 욕구 때문에 영적인 것을 무시하니까 신성과 대립할 수밖에 없고요. 하나님이 그 속성을 미워하는 존재로 표현되지요.

육체적 배고픔만을 우선적으로 해결하는 데 몰두하는 삶은 자기가 그렇게 축복받을 수 있는 자임을 자각하지 못하고 이마에 땀이 흐르도록 수고하고 그 수고의 산물만을 목적으로 삼는 삶이지요. 그래서 그 존재가 추구하는 삶은 하나님이 황폐하게 하신다고 했지만 육신적인 것만 추구하다 가는 삶은 죽음으로써 모든 것을 두고 떠나는 것이니까 스스로 황폐해지는 것이지요.

정신적 가치 또는 영적인 가치를 도외시한 물질주의적 삶이 어떻게 허망한 결말을 맞이하는가라는 주제는 수많은 문학 작품 속에 반복되어 나타납니다. 미국 소설가 디어도어 드라이저의 소설들이 생각납니다.『시스터 캐리』,『미국인의 비극』 같은 그의 소설들을 보면 정신적 가치를 도외시한 외면적 성공이라는 것이 얼마나 허무하고 무의미한 것인지를 잘 알게 해줍니다. 진정한 생명력이 없는 성공의 허구에 대해서 깊은 성찰을 하게 해 주지요. 우리 안의 두 존재 중 정말로 허기를 채워 주어야 할 존재는 보통 사람들이 생각하는 것과는 반대인 것 같아요.

이 세상에 우리는 모두 에서와 야곱처럼 쌍둥이의 운명으로 온 것으로 볼 수 있지 않나요? 육체적 존재와 그 안의 영적 존재가 한 몸으로 온 것이라고 할 수 있다는 것이지요. 대부분의 삶 속에서 육체적 존재가 우선시 되지만 사실 축복받은 사람은 야곱이었던 것처럼 우리가 더 초점을 두어야 하는 쪽은 우리의 영적 존재이지요. 거기에 의식을 보낸다는 것이 축복의 시작이라고 할 수 있겠지요. 우선의 배고픔 때문에 더 큰 축복을 잃어버린 에서를 생각해 보세요. 인생의 우선순위를 어떻게 선택하느냐에 따라 길은 많이 달라지겠지요.

우리는 누구인가요 4

한 부자에게 두 아들이 있었지요. 두 아들 중 작은아들은 아버지에게서 자기 몫을 챙겨 가지고 집을 나가 허랑방탕한 생활을 하지요. 그는 가지고 나간 돈을 다 낭비한 후 남의 집 돼지 치는 머슴으로 들어갑니다. 그러나 거기서도 배불리 먹지 못하고 굶주리게 되자 그는 아버지의 집에는 양식이 풍족한 머슴들이 많았음을 기억합니다. 차라리 그 머슴들 중 하나가 되리라 하고 거렁뱅이 신세가 되어 다시 집으로 돌아옵니다. 방탕한 생활을 하고 거지가 되어 돌아온 탕자를 아버지는 반갑게 얼싸안고 새 옷을 입히고 잔치를 베풀어 환영해주지요.

이 둘째 아들처럼 우리는 자기의 정체성을 잊고 공연히 고생하는 수가 많지요. 부잣집 아들로서 축복받은 신분인 줄도 모르고 바깥 세상을 헤매며 남의 종 노릇을 하는 고생을 자초합니다. 아버지의 환영을 받으며 돌아와 부자 아버지의 아들이라는 정체성을 다시 회복한 둘째 아들은 뒤늦게 하나님을 찾는 우리의 모습 같아요. 집을 나가서 혼자의 힘으로 살아봐야 아버지의 집을 생각하듯이, 이 세상에 신 없이 혼자의 힘으로 살아보아야 언제나 그를 기다리고 있는 부유한 신의 보호를 그리워하고 찾아오게 되지요. 그것이 에덴동산에서부터 시작된 하나님의 계획 아니겠어요? 사람들에게는 하나님을 잃었다가 다시 찾는 과정이 필요했던 거지요.

그런데 이 부자 아버지의 큰아들 같은 존재가 더 큰 문제일 수 있지요. 큰아들은 아버지 집에서 아버지를 도와 열심히 일하고 순종했지만 자기에게는 친구들과 즐기라고 잔치 한 번 열어 주지 않은 아버지에게 큰 불만을 토로합니다. 아버지가 그 불평하는 아들에게 무어라고 말합니까? "**애야, 너는 항상 나와 함께 있지 않느냐? 또 내가 가진 모든 것이 다 네 것이다**(눅 15:31)"라고 합니다. 아버지 것이 다 자기 것인 줄 모르고 있었다면 언제나 자기는 아버지의 일을 거들어주는 종의 신분에 머물러 있었던 것이겠지요. 이 아들은 집을 나가보지도 않아서 아버지의 아들 됨이 얼마나 귀한 신분인 줄 깨달을 기회도 갖지 못하지요.

위에서의 두 아들들처럼 우리는 사실은 부유한 하나님의 아들들이지만 자신의 신분을 인식하지 못하고 주어진 축복을 못 누리는 존재들로 살아가고 있는 경우가 많은 것 같아요. 부유한 아버지의 아들이라는 신분을 인식하고 산다는 것의 가장 큰 장점은 무엇일까요? 가장 첫째 가는 미덕은 안정감일 거예요. 집 떠나 떠돌아 다니던 탕자가 처음 얼마간 돈이 있어서 재미있게 생활했다 하더라도 그에게 늘 따라다니던 것은 불안이라는 그림자였을 거예요. 아버지의 것이 자기 것임을 인식하지 못하고 살았던 큰아들 역시 언제나 제 몫에 대한 불안감이 있었을 거고요.

우리가 하나님의 아들이라는 신분으로 살아간다고 생각해 보세요. 우리는 무슨 일에 처해서나 모든 문제를 해결해 줄 수 있는 무한한 재산과 능력, 지혜를 갖추고 얼마든지 그것을 공급해주려는 사랑이 있는 존재에게 의지할 수 있습니다. 그러기 위해선 어쨌든 의식의 전환이 중요하지요. 내가 살아가는 데 필요한 것을 공급하고 나를 무조건 지원하는 존재가 있음을 의식할 수 있다면 얼마나 좋은 일이에요? 무자각의 상태를 깨기만 하면 되는데요. 그리고는 육체적 자아와 영적 자아를 동시에 의식하며 살아가야 하는 삶의 과정에서 의식의 우선 순위를 어디에 두느냐 하는 것을 생각해야겠지요.

야곱의 신분으로서의 자신의 정체성을 선언한다는 의미는 자기의 영적 자아에 우선 순위를 둔다는 것을 의미하겠지요. 그러면 하나님은 이삭이 야곱을 축복할 때 주었던 모든 것, 하늘의 축복과 땅의 기름짐, 그리고 삶의 의미와 영광을 다 허락하신다는 것이 성경의 메시지잖아요.

이 세상에서 우리는 어차피 각자 자기 육체를 움직여 직장 생활을 하고 필요한 의무를 다하며 삶을 영위해 가야 하지요. 그러나 삶의 필요한 모든 것을 충분히 공급하는 부유한 아버지의 아들이라는 신분을 의식하며 산다는 것과 의식하지 못하며 사는 것은 아주 다르지 않겠어요? 의식이 없는 삶은 육체적인 요구를 먼저 앞세워 장자권을 팔아버린 에서와 같이 은혜와 축복과는 먼 생을 살아야 하잖아요.

다니엘 데포의『몰 플란더즈』라는 소설의 여주인공 몰은 죄인인 어머니가 감옥에서 그녀를 낳습니다. 비천한 신분으로 태어난 그녀는 자신도 언젠가는 어엿한 숙녀(gentlewoman)가 되겠다는 결의를 가지고 온갖 운명의 시련을 헤쳐나갑니다. 돈이 있으면 숙녀가 될 수 있으리라는 신념으로 돈있는 사람과 결혼했다가 실패를 거듭하고 도둑질을 일삼기도 합니다. 도둑질을 한 죄로 추방되어간 곳에서 아이러니하게도 그녀는 이미 대농장의 주인임이 밝혀집니다. 원래의 신분이 숙녀였는데 그것을 모르고 숙녀가 되기 위해 온갖 죄악 세계를 방황했던 거지요.

신분 상승을 위해 일생을 전전긍긍하지 않더라도 의식 하나만 바꾸면 어깨의 짐은 훨씬 가벼워질 것 같아요. 자신을 절대자의 상속권을 가진 아들로 신분을 바꾸어 인식하는 것이 실감나지 않을 수도 있습니다. 그러나 또 한편 생각하면 마음 한 번 바꾸는 것인데 그것이 그리 어려울까요? 마음을 바꾸고 단지 나는 부유한 자요, 행복한 자라고 스스로에게 선언하면 되잖아요. 시편 저자는 그것이 송구해서 이렇게 말하기도 하지요. **"사람이 무엇이기에 주께서 이렇게 마음을 쓰시며 사람이 과연 무엇이기에 이토록 돌봐 주십니까? 주께서 사람을 하늘에 있는 존재보다 조금 못하게 만드시고 영광과 존귀함의 관을 씌우셨습니다**(시 8:4-5)"라고요. 또 이사야 선지자도 이렇게 말하잖아요? **"나는 여호와께서 보시기에 귀중한 사람이 됐다. 내 하나님이 내 힘이 되셨다. 이제 여호와께서 말씀하신다**(사 49:5)"라고요.

기독교인들이 영적 이스라엘인이라고 한다면 야곱의 열 두 아들의 이름의 의미를 살펴보면 영적 이스라엘로서의 정체성에 대해 더 확실한 생각을 가질 수 있습니다. 르우벤의 이름은 '하나님께서 내 괴로움을 권고하셔서 내 남편이 나를 사랑하리라'는 의미고 시므온은 '하나님께서 내가 사랑받지 못함을 듣고 아들을 주셨다'는 의미랍니다.

레위는 '남편이 나와 연합하리라', 유다는 '내가 하나님을 찬송하리라'는 뜻임을 이들의 어머니인 레아의 입장에서 의미 부여를 하고 있습니다. 즉 과거의 아픔, 괴로움을 지우고 하나님과 연합하여 새로운 생명을 누릴 것을 그 의미에 담고 있지요.

빌하의 두 아들 중 단의 의미는 '하나님께서 억울함을 풀어주시려고 주셨다'는 의미며 납달리는 '형과 경쟁하여 이겼다'는 의미로 준 아들이라고 했습니다. 역시 과거의 아픔을 승리로 바꾸어준 의미가 있지요.

실바의 두 아들 중 갓은 '복되다'는 의미이며 아셀은 '행복하다'는 의미랍니다. 복되고 기쁜 존재임을 선언하는 의미지요. 다시 또 레아의 아들인 잇사갈의 의미는 '내게 그 값을 주셨다'는 의미이며 스블론은 '그가 이제 나와 함께 거하리라'는 의미고요. 역시 회복과 소망을 가리키지요.

마지막 라헬의 아들들 중 요셉은 '나의 부끄러움을 씻었다'는 의미이며 베냐민은 '두려워 말라'라는 의미를 갖고 있답니다. 역시 새로운 존재가 되어 두려움 없이 세상과 맞설 수 있는 존재임을 선언하라는 의미의 이름들이지요.

외부의 조건이 변하면 행복한 존재가 될 것이라는 생각을 거꾸로 돌려보면 어떨까요? 원인이 제공되면 결과가 오는 것이 세상 법칙이지만 반대로 바꾸어보자는 거지요. 우리가 먼저 행복한 자라는 결과를 선언하면 행복을 이루는 원인들이 뒤이어 찾아온다니까요. 그래서 예수님도 **"오직 너희는 먼저 그 나라와 그 의를 구하라. 그러면 이 모**

든 것도 너희에게 더해 주실 것이다(마 6:33)"라고 하셨던 것 같아요. 먼저 그의 나라와 의를 구하는 것이 먼저 천국 시민이 되는 것이겠고요. 즉 먼저 존귀한 자로서의 선언을 하면 우리가 구하고자 하는 다른 모든 것이 따라온다는 것이겠지요. 어떤 조건이 이루어져서야 천국 시민이 되는 것이 아니고 그 반대라고요.

사람들은 보통 소유나 권력이 있어야 부자가 되고 높은 자가 된다고 생각하지만 사실은 순서가 바뀌어야 하는 것이 삶의 비밀인 것 같아요. 먼저 부유한자, 귀한 자로서의 내면적 존재감을 갖을 때 외면적인 조건들이 이끌려온다는 것이지요.

그런데 뭐니 뭐니 해도 우리 존재의 결정판은 요한복음서에 나타납니다. 즉 "**예수께서 그들에게 대답하셨습니다. 너희 율법에 '내가 너희를 신들이라고 했다' 하는 말이 기록돼 있지 않느냐?**(요 10:34)"라는 구절 말이지요. 부자의 아들이 부자인 것처럼 신의 아들은 신이라는 것입니다. 사실은 이 정체성을 회복하는 것이 이 삶에서의 목표요, 의미일 것이라고 생각해요.

우리는 누구인가요 5

다윗은 아름다운 여인인 밧세바에게 유혹되어 그녀의 남편이자 자기의 충실한 신하인 우리아를 전쟁터에 내보내 죽게 하고 그 여인을 가로채지요. 그런 악한 죄를 저지르고도 자기가 무슨 죄를 저질렀는지 자각하지 못합니다. 그러자 하나님은 선지자 나단을 다윗에게 보내지요. 나단은 다윗에게 "여호와께서 다윗에게 나단을 보내셨습니다." 그가 다윗에게 가서 말했습니다. **"한 성에 두 사람이 살고 있었는데 하나는 부자였고 다른 하나는 가난했습니다. 부자에게는 양과 소가 아주 많았지만 가난한 사람은 자기가 사다가 키운 작은 암양 새끼 한 마리밖에 없었습니다. 그 양은 그의 자식들과 함께 자라며 그가 먹는 것을 같이 먹었고 그 잔에서 같이 마셨으며 그 품에서 잤습니다. 그 양은 그에게 마치 딸과 같았습니다. 하루는 부자에게 손님이 왔습니다. 하지만 그는 자기에게 온 손님을 대접할 때 자기 소나 양을 잡지 않고 가난한 사람의 그 새끼 양을 잡아 자기에게 온 손님을 대접했습**

니다(삼하 12:1-4)"라는 이야기를 들려주지요. 이 이야기를 들은 다윗은 이야기 속의 그 부자에게 노발대발하며 가난한 사람을 불쌍히 여기지 아니하고 이런 일을 행하였으니 그 사람을 죽이는 것이 마땅하며 그 양 새끼를 네 배나 갚아 주어야 하리라고 나단에게 말하지요. 그러자 나단이 다윗에게 다윗 왕 당신이 바로 그 사람이라고 말합니다. 그리고 나단은 하나님이 다윗의 죄에 대하여 보응하실 것을 전해주지요. 그제서야 다윗은 자기의 죄를 알아차립니다.

다윗의 그 죄 때문에 밧세바와의 사이에서 낳은 첫 아들이 죽지요. 다윗은 자기 본체가 아닌 육신의 욕망으로 잠시 죄에 빠졌었지만 어린 아들이 죽어가는 것을 지켜보는 고통을 통해 자신의 진정한 본체를 찾아갑니다. 즉 유혹되어 죄를 저지른 육신적 자아는 다윗의 본체를 깨닫게 하기 위한 수단 또는 길이었던 것이지요. 자기의 죄를 돌이켜 회개한 다음 다윗은 누구보다도 충성스러운 하나님의 종이 되며 이스라엘의 성군이 되지요. 그래서 그는 이렇게 노래할 수 있었습니다.

"**내게 조언해 주시는 여호와를 찬양합니다. 앞이 캄캄할 때도 내 속에서 갈 길을 알려주시니 내가 여호와를 항상 내 앞에 모셔 둡니다. 주께서 내 오른쪽에 계시니 내가 흔들리지 않을 것입니다. 그러므로 내 마음이 기쁘고 뛸 듯이 즐거워하며 내 몸도 안전할 것입니다. 주께서 내 영혼을 지옥에 버려두지 않으시고 주의 거룩한 분께서 썩지 않게 하실 것입니다**(시 16: 7-10)"라고요. 다윗은 '주의 거룩한 자를 멸망시키지 않으실 것'을 믿고 그것을 찬양하지요. '주의 거룩한 자'는 다윗 스스로를 가리키는 것으로서 '내 양심이 나를 교훈하도다' 할 때의 그

'나'와는 구별되는 본체임을 알 수 있지요.

육신적인 자아의 욕망 때문에 죄에 빠질지라도 그것을 통해 하나님의 선하심을 맛보고 영은 즐거워하며 본체인 '거룩한 자'를 찾아 나아갈 수 있음을 다윗의 경우를 통해서 배울 수 있지요. 그러니 육체적인 삶은 자기 안의 '거룩한 본성'을 찾아나가기 위한 통로인 것이지요. 이 삶의 경험을 통해 하나님을 나타내는 것이 육체적 삶의 목표임을 다시 한 번 새겨야 할 것 같아요.

신약 성경의 바울 사도는 이렇게 말합니다. "**이는 피조물 자신도 썩어짐의 종노릇하는 데서 벗어나 하나님의 자녀가 누릴 영광의 자유에 이를 것이기 때문입니다**(롬 8:21)"라고요. 육신적인 자아만을 우리 존재로 인정한다면 우리의 정체성은 "썩어짐의 종노릇하는 것"이지만 우리의 본체는 "영광의 자유"를 누릴 수 있는 하나님의 자녀라는 것이지요.

정체성에 대한 마음을 바꾸면 우리는 참 큰 존재가 됩니다. "**우리가 흙에 속한 사람의 형상을 입은 것처럼 또한 우리는 하늘에 속한 사람의 형상을 입을 것입니다**(고전 15:49)"라고요. 그것을 향하는 과정은 물론 흙에 속한 자의 형상을 입고 살아가는 과정을 통해 이룰 수 있지요. 이 세상에서의 삶은 흙에 속한 자의 형상을 갖고 세상을 체험하며 하늘에 속한 자의 형상을 이루어 나가는 과정이라고 할 수 있겠네요.

육신의 몸은 나 아닌 것을 체험하는 도구일 뿐인 것 같아요. 그런데 그 도구만 위하겠다고 온 힘을 기울여 인생을 살면 무엇이 남을까요? 자식에게 서울에 가라고 자동차를 사 주었는데 서울 갈 생각은 않고 죽자고 자동차만 닦고 있다면 그 자식을 바라보는 마음이 어떠하겠습니까? 타고르의 시 중에 다음과 같은 시가 생각납니다.

> 여행자는 자신의 문에 이르기 위해
> 낯선 문마다 두드려야 하고 마지막
> 가장 깊은 성소에 다다르기 위해
> 온갖 바깥 세계를 방황해야 합니다.

우리는 모두 마지막 가장 깊은 성소를 목표로 향해 가는 여행자들이라고 할 수 있겠지요. 그 성소에 다다른다는 것은 하나님의 형상으로 지어진 본래의 자기로의 회귀일 것입니다. 그곳에 이르기 위해서 온갖 바깥 세상을 방황해야 한다는 타고르의 깨달음처럼 이 방황을 도정 삼아 도달할 수 있는 문이 그 성소이며 신으로서의 본체일 것입니다. 그렇다고 온갖 바깥 세계를 다니며 일평생 방황만 하다가 가겠습니까? 방황은 지금이라도 끝낼 수 있으면 좋지요.

우리가 하나님의 형상을 따라 지어진 존재들이고 결국 그 온전함에 이르는 것이 목표라면 우리는 빛을 향해 간다고 빛으로 된 길만 갈 수 없겠지요. 그 빛이 온전한 빛이기 위해서 어둠도 경험해야 되고 뜨거운 것을 알기 위해서 차가움을 알아야 되고 높음으로 가기 위해서 낮음으로부터 출발해야 하는 것이겠지요. 그러니 하나님이 있다면 세상에는 왜 악이 존재하느냐, 왜 어둠이 존재하는 것이냐에 대한 답은 여기 있는 것이 아닐까요? 어둠도 필요한 것이고 추함도 악함도 필요한 것 같아요. 모든 것을 체험하고 모든 것을 알았을 때라야 영광의 자유에 이를 수 있을 테니까요. 우리는 누구인가요?

우리는 근본적으로 행복한 자들이래요.

우리는 근본적으로 부유한 자들이고요.

우리는 근본적으로 신적 존재들이랍니다.

우리의 이러한 존재 의식을 날마다 새롭게 하고 날마다 새로운 자신을 선언한다면 우리의 현실이 놀랍도록 달라질 것 같지요.

왜 사느냐고요

미국 작가 헨리 데이빗 쏘로우는 그의 대표작인 『왈든』을 통해서 인간에게 신성이 내재되어 있음을 밝히며 인간이 자신의 신성을 의식하지 못하고 육체적 삶에만 매복되어 사는 것을 일깨우고자 노력했습니다. 그리하여 인생이 동물의 삶과는 달라야 함을 역설합니다. 그는 인간이 살아가면서 자기 안에 내재되어 잠자고 있는 신성을 일깨워 동물적인 수준을 극복해야만 보다 고매한 삶을 살 수 있음을 역설하고 문명이란 이름으로 물질적 삶에만 치우치는 것을 개탄했습니다. 그는 『왈든』을 통해서 우리가 문명의 발전에만 주목할 것이 아니라 자연에 귀를 기울이고 자연과 조화로운 호흡을 하도록 해야 하며 만유 가운데서 인간과 함께 하는 신성을 자각하라고 독려합니다.

일생을 살아가면서 왜 사는가에 대한 질문에 확실한 답을 할 수 있는 사람이 과연 몇이나 될까요? 우리는 보통 자신의 생명이 자신의 의지에 의해 주어진 것이 아닌 만큼 할 수없이 주어진 생을 살 수밖에 없다는 생각으로 살아가기 쉽습니다. 죽는 것 역시 마음대로 할 수없으니 사는 날까지 운명에 맡기고 살 수밖에 없다는 생각으로 살게 되지요. 믿는 사람들은 모든 것은 하나님의 뜻에 달려 있으니 인간은 자신의 인생을 신께 맡기고 수동적으로 살 수밖에 없다고 생각하지요.

자신이 이 세상에 올 때 아무 의식도, 의지도 없이 부모님의 뜻에 의해 그들의 욕망이든 사랑이든, 불가피한 여건이었든지 자신의 생명을 탄생케 한 주체의 의지에 의해 수동적으로 이 세상에 보내어진 존재라고 생각하지요. 그러나 우리 각자는 이 세상에 올 때 각기의 삶에 대한 목적을 주체적으로 선택하여 온답니다. 이 세상에 올 때 갖고 온 자기 영혼의 목적을 이성의 능력으로 기억하지 못할 뿐이래요. 그래서 영혼의 특별한 소명은 보통 성직자들이나 위대한 사람들에게만 해당되는 것으로 여기고 있습니다만 이 세상에 온 모든 생명에 사실은 목적이 있다는데요. 왜 이 세상에 왔는지 그 의지와 의도와 목적이 다 있다는 것이지요. 그것을 기억해내지 못하고 살아가니까 뜻대로 되지 않는 삶의 와중에서 부모를 원망하기도 하고 신을 원망하기도 하는 것이고요.

성경에서 말한 대로 우리의 존재가 신적 존재라면 우연히 일회적으로 우주에 던져진 생명체는 아닌 것이 분명하잖겠어요? 우리는 완전한 신의 부분들로서 신의 여러 측면을 체험하며 신의 온전함과 일체를 이루는 과정에 있는 존재들이라고 하면 비로소 삶은 의미를 갖겠고요. 그래야 이 생에 아무 목적이 없는 우연한 생명체로만 살다 가는 무의미한 존재라는 허무를 극복할 수 있겠지요.

각자의 영혼의 목적은 결론적으로 말하면 영적 진보일 거라고 생각해요. 우리 안에 있는 예수로서의 영적 자아는 완전하지만 육체는 불완전하므로 그 육체를 통해 영적 완전함을 드러내 가는 과정이 영적 진보의 과정이라고 할 수 있겠지요. 개인적 삶에서 어느 부분의 영적 진보를 이루려는가 하는 목표는 다 다르다고 할 수 있을 거예요. 그것을 찾는 것이 각 영혼의 구체적인 목적을 찾는 일이 아닐까요. 그 소명을 이루기 위한 가장 적합한 체험들이 각자에게 주어지겠고요. 그 속에서 소명을 찾아 의식하며 삶을 마주하면 영혼은 자유로움을 느낀답니다. 역으로 이야기하자면 자기의 영혼이 억눌림 없이 자유로움을 느끼면서 할 수 있는 일이 그 사람의 영적 목적이며 그것을 통해 가장 효율적으로 영이 진보할 수 있다는 것이지요.

하나님은 야곱에게 "**내가 너와 함께 있을 것이며 네가 어디로 가든지 너를 지켜주겠다. 그리고 너를 이 땅으로 다시 데리고 오겠다. 내가 네게 약속한 것을 다 이룰 때까지 너를 떠나지 않겠다**(창 28:15)"라고 하셨습니다. 하나님이 허락한 축복을 다 이루기까지 우리는 인도함을 받는다지요. 하나님이 이끌어 들이기를 목표로 하는 땅, 곧 가나안이자 천국인 그곳에 이르기까지 우리는 우리를 지키며 떠나지 않고 우리를 인도하는 신의 사랑을 잊지 않는다면 좋겠지요. 하나님이 인도하는 땅, 완전한 평화와 사랑의 땅을 목표로 해서 전진해 나가는 것이 영적 진보의 길이겠지요. 그것이 삶의 가장 중심이 되는 목표이자 소명을 이루는 길일 거라고 생각해요. 그리고 그 땅은 지도 속에 표현될 수 있는 공간적 개념으로 생각할 필요는 없을 거예요. 하나님 나라는 물리적 지형을 초월하는 영의 세계니까요. 육체적 흙이라 할 수 있는 '나'라는 육체적 존재가 신을 찾아 합일을 이루는 과정이 의미 있는 삶일 거예요.

내적인 소명인 영혼의 진보를 이루기 위해서 가장 완벽한 외적 경험을 쌓으며 살아가는 것이 이 세상살이라고 할 수 있을 거고요. 즉 자기에게 일어나는 일들이 자신의 영혼의 진보를 위한 완벽한 기회라는 것이지요. 그 '완벽한'이란 것이 고통스러운 것일 수 있다는 데에 문제가 있지요.

죤 스타인벡의 『분노의 포도』를 읽다보면 인생의 여정이 고통의 여정이라는 생각을 하게 됩니다. 경제공황과 자연재해의 역경 하에서 고향을 떠나 서부로 떠나는 이주민들의 삶을 그린 이 소설에서 작가는 삶의 여정 내내 끊임없이 닥치는 재난과 고통 속에서 우리가 찾아야 할 의미는 무엇인가 생각하게 합니다. 핵심은 폭군 같은 자연과 무자비한 사회조직의 압력 속에서도 삶의 존엄성을 찾아야 한다는 것이지요.

다윗은 시편에서 "**내가 고난을 받기 전에는 방황했는데 이제는 주의 말씀을 지킵니다**(시 119:67)"라고 고백합니다. 인생의 고난은 사실 주의 율례를 배우기 위한 것이라고 할 수 있다는 것이지요. 그런데 그 주의 율례라는 것이 우리 마음 속에 있는 하나님을 따르려는 의지라고 할 수 있는 것 같아요. 마음 속의 그 의지가 이 삶에서 이루고자 하는 소명일 수 있다는 말이고요. 고난을 통해 그것을 발견하는 것이 삶의 목표를 찾는 일이 아닐까요? 가령 이 생에 용기 있는 삶을 배우러 올 수도 있고 희생하는 삶을 목적으로 갖고 왔을 수도 있고 사랑을 실천하려고 또는 인내를 배우려고 왔을 수도 있겠지요. 영적으로 성장하기 위한 법이 하나님의 법이라고 할 수 있다는 것이지요.

이 세상에서 겪는 고통은 사실 자기 영혼의 목적을 기억하기 위한 표지석이라고 할 수 있을 거예요. 인생에서 맞닥뜨리는 갖가지 고통 속에서 넘어지고 깨지고 원망하면서 고해의 파도에 시달리다가 일생을 다 보내버리도록 디자인 된 것은 아니잖겠어요? 우연한 일은 없다는 전제 하에서 반복되는 일들은 필연의 어떤 메시지를 우리에게 보내고 있을 거예요. 그것은 우리의 영혼이 이 세상에 올 때 배우기로 한 것이거나 이루기로 한 목적일 수 있을 거고요. 각자 패턴을 가진 형태로 부딪히는 고난은 자기 영혼의 목적을 기억해내라고 주는 지침일 수 있대요. 자기 인생에서 계속되는 어떤 패턴이 있는지 잘 찾아볼 필요가 있겠지요?

어떤 고난이든 얼핏 보기에는 완벽함과는 거리가 멀어 보일 때가 많아요. 원하지 않는 상황이자 피해가고 싶은 상황으로 보이기 십상일 때가 많지요. 고통과 투쟁 없이 영혼의 진보를 이루어갈 수 있다면 좋을 텐데 사람들이 내적 목표 자체에 대한 자각이 없으니까 첫째는 자각시키기 위해서 고통과 고난이 있을 수밖에 없는 걸 거예요. 죽을 때까지 고생해도 내적 목표를 자각 못하고 그냥 고난의 생을 마감하기도 쉽고요. 의식하지 않았더라도 그 인생의 과정을 통해 영혼은 어느 정도의 목표 달성에 가까이 갈 수는 있겠지요. 그러나 자각하지 못하고 겪는 고통은 무의미하게만 여겨지고 고통은 더욱 고통스러울 수밖에 없지요.

인생의 내적 목표인 영혼의 진보를 의식하면 고난은 더 이상 고통스럽지 않을 수 있을 텐데요. 하나하나 깨달음의 과정으로 지나갈 수 있을 터이니까요. 사실 고통이라는 것은 관점의 문제일 뿐이지요. 산고를 겪는 어머니를 생각해 보세요. 그것이 말할 수 없는 고통이지만 아이 낳는 기쁨의 관점에서 보면 그것은 기꺼이 견딜 수 있는 고통이 되는 것이지요.

어머니가 산고를 겪을 때는 미리부터 아이를 낳기 위한 것이라는 자각을 가지고 고통에 들어가니까요. 이와 같이 어떤 고통스러운 일이 일어나도 그것이 내 영혼을 새롭게 하고 잘 되게 하기 위한 비바람이라고 자각하면 얼마든지 감사한 마음으로 그 고통의 과정을 지나갈 수 있을 거예요. 그러니 고통은 영혼을 자라게 하는 비료나 영혼의 치유를 위한 쓴 약이라고 할 수 있을 거고요. 이렇게 해서 고통에서 벗어나는 것이 구원이고 각성이겠지요. 그러니 완성을 향해 가고자 하는 영혼의 내적 목적과 외적 삶의 목표가 일치할 수 있다면 그보다 더 이상적인 것은 없을 텐데요.

내 안의 피에타

모든 것이 마음 먹기 달렸다는 말은 너무나 닳아빠져서 엄청난 진리임에도 불구하고 실질적인 힘이 되지 못하고 마는 경우가 많아요. 그러나 그것은 정말 힘을 회복해야 할 진리 중의 진리지요. 마음에서 모든 것이 시작되고 끝나는 것이 인간사 아니던가요? 마음이 연금술사예요. 그런데 그 마음이 하나가 아니고 둘이라는 데에 문제가 있지요. 마음을 잘 들여다 보세요. 우선 외부적인 일에 일희일비하는 마음이 있지요. 그 마음은 틀림없이 불합리한 일을 만나면 화내고 슬퍼하고 짜증내고 안타까워하는 마음, 즉 자동적으로 외부에 반응하는 힘이지요. 무엇이 늘 충분치 않다고 생각하는 마음이고 조금이라도 불편하면 불만이 터져 나오는 마음이고 무엇이 잘못되면 외부적 환경이나 타인을 원망하는 마음이지요. 그 마음의 속성은 누구에게나 같습니다. 그것을 심리학에서는 에고라고 이름 붙이지요.

그런데 마음 속을 깊이 응시해 보세요. 그 속에 에고를 지켜보고 있는 또 하나의 마음이 있음을 알 수 있잖아요? 슬퍼하고 있는 나를 바라보며 "괜찮아. 너무 슬퍼하지마."라고 말하는 내가 있음을 알 수 있습니다. 남을 비판하는 마음이 있지만 "너도 잘못이 있어."라고 말하는 중립적인 내 마음이 또 있잖아요?

즉 관찰되는 나와 관찰하는 내가 동시에 살아있다는 것이지요. 그런데 우리는 이것을 의식하지 않고 삽니다. 외부적인 현실에 반응하여 사는 에고 덩어리 나를 나의 전부인 양 생각하고 살지요. 그것은 관찰되는 대상인 나만을 나인 줄 알고 사는 거지요. 그러나 관찰되고 있는 객체가 주인이 아니고 관찰하는 주체가 주인이잖아요?

나를 객관적 대상으로 놓고 관찰하고 있는 내가 주인이라고 생각해 보세요. 내 책상 앞에 놓인 인형이나 꽃병을 바라보듯이 자기 자신을 객관적으로 바라 보세요. 인형이나 꽃이 내가 아니듯이 내가 바라보는 대상은 내가 아닌 것이 분명하지요? 그렇다면 누가 나입니까? 나, 즉 에고 덩어리 나를 바라보고 있는 주체인 내가 '참 나'이겠죠. 외부적인 현실에 반응하고 있는 에고로서의 나를 대상으로 놓고 바라보고 있는 관찰자인 내가 진짜 나라는 얘기지요.

바울 사도는 우리 인간의 이중적인 내면의 모습을 이렇게 말하지요. **"내가 속사람으로는 하나님의 법을 즐거워하지만 내 지체 안에서 하나의 다른 법이 내 마음의 법과 싸워 나를 내 지체 안에 있는 죄의 법의 포로로 잡아가는 것을 봅니다**(롬 7:22-23)"라고요. 죄의 법에 속한 것이 에고라고 할 수 있겠지요. 육신적인 자아와 동의어겠고요. 하나님의 법을 즐거워 하는 '속사람'이 영적 자아이며 신성이며 성령일 테고요. 그가 언제나 우리 에고가 하는 것을 지켜 보는 존재일 것입니다.

시편에 보면 "**여호와께서 하늘에서 사람의 자손들을 내려다보시며 지각이 있는 사람이 있는지, 하나님을 찾는 사람이 있는지 살펴보셨지만 모든 이들이 곁길로 돌아섰고 다 함께 썩어 선을 행하는 사람이라고는 없으니 정말 하나도 없습니다**(시 14:2-3)"라고 되어 있습니다. 하나님이 하늘에서 굽어살피신다고 되어 있지만 성경에서의 하늘은 저 푸른 공간적 하늘이 아니잖겠어요? 우리 마음 속에서 관찰자로 계시는 하나님이 우리의 육신적 존재인 에고를 보면 선을 행할 수 있는 마음이 전혀 아니라는 것이지요. 자기 욕심만 채우려는 '더러운 자'가 육신적인 존재의 속성이기 때문이지요.

죠셉 콘래드의 작품에는 자기가 품어온 이상적 자아를 배신하는 또 하나의 자아 때문에 갈등하는 주인공들이 나오지요. 『로드 짐』에서의 청년 짐은 자신을 선하고 용감한 자로 자부하고 있다가 위험이 닥쳤을 때 비겁한 모습을 드러낸 또 하나의 자아에 대한 혹독한 자책으로 괴로워하지요. 위험이 닥쳐오면 누구보다도 용감하게 처신할 것을 자신했지만 그가 선원이 되어 탄 배가 800명의 승객을 태우고 가다 좌초하자 그는 승객들의 죽음을 외면하고 선원으로서의 의무를 회피한 채 도망하는 자가 됩니다. 그가 잃어버린 명예를 되찾고자 피신해 간 파투산이라는 곳은 상징적으로 보면 그의 내면 세계라고 할 수 있는 곳이지요. 그곳에서 그는 수치스러운 과거를 잊고 원주민들의 영웅이 되어 '로드짐'이라는 이름으로 성공적인 변신을 하지요. 그러나 파투산은 자아와의 정면대결을 요구하는 내면 세계를 상징하는 곳이기도 해서 거기서 그는 결코 자아의 정체를 깨끗이 털어버리지는 못합니다.

끝내 이중적 자아의 어두운 면이 그를 놓아주지 않자 그는 자진해서 죽음의 길로 들어섭니다. 콘래드의 또 다른 소설인『어둠의 핵심』에서도 작가는 인간의 내면에 도사린 '어둠의 핵심'을 보게 해주지요. 강을 따라서 아프리카 내륙으로 들어가는 여정은 '속을 알 수 없는' 인간의 내면을 상징하는 것으로 보이지요. 거기에는 짐승 같은 야만인들의 실상과 말할 수없이 비참한 원주민들의 학대받는 모습들이 그려져 있습니다. 퇴락하고 썩어가는 서양 문명의 잔재들도 부각됩니다. 원주민을 학대하며 상아를 수집하여 돈을 벌려는 백인들의 추악한 욕심이 드러나 보이지요. 그러나 미개한 원주민을 개화시키겠다는 높은 이상을 갖고 아프리카에 온 커츠라는 인물에 말로우는 희망을 걸지요. 그러나 커츠 역시 이기적인 욕망에 사로잡혀 타락과 죄악에 빠져있음을 보게 됩니다. 그러면서도 커츠는 자신이 인도주의적 이상을 갖고 있다고 믿지요. 말로우는 결국 백인들의 우월주의에 치를 떨며 아프리카 원주민도 백인과 같은 인간이며 오히려 백인보다 더 훌륭한 점도 있음을 자각하게 됩니다.

애초에 원주민을 교화하여 인간으로 만들겠다는 커츠의 이상은 실현될 수 없는 이상이었는지 모릅니다. 교화하겠다는 사람의 마음에 교화되어야 할 어두운 욕망이 굳건히 자리잡고 있으니까요. 그렇게 우리의 에고는 자기의 욕망을 이루기 위해 선함을 가장하기도 하지만 '로드짐'같이 영웅이 될 수 있는 신성도 함께 갖추고 있다고 할 수 있습니다.

누군가 미켈란젤로에게 어떻게 피에타상이나 다비드상 같은 훌륭한 조각상을 만들 수 있었느냐고 물었다지요. 그러자 그는 이미 조각상이 대리석 안에 있다고 상상하고 필요 없는 부분을 깍아 내어 원래 존재하던 것을 꺼내 주었을 뿐이라고 답했다는 이야기는 아주 유명하지요. 우리 안에 원래 있는 아름다운 본체는 그 위를 덮고 있는 육신적인 존재를 깍아 내면 그 훌륭한 모습을 드러낼 수 있다는 것으로 생각해도 되겠지요.

그러니 부인하고 깍아 내야 할 존재는 본래 존재인 신성을 드러내기 위한 재료인지도 모릅니다. 이제까지의 환경, 교육 등으로 쌓아 올려지고 만들어진 자기는 잠시 이 세상에 머무는 한시적인 것이겠고요. 그 기억으로 이루어진 자기를 몽땅 지워버리는 작업이 자기를 부인하는 것이고 하나님 의식, 예수님 의식으로 회복되는 것이 궁극적인 하나님의 계획이라고 생각되지요. 자기라고 생각했던 그 육신적 존재를 털어버리고 나면 굉장히 자유로워질 것 같아요. 그 자유로움, 평안함이 하나님 의식이 아닐까요? 하나님은 자유고 평화고 행복이기 때문이지요. 그 의식을 일깨우는 것이 본체를 찾아가는 것이고 그 의식으로 깨어나기 위해서 우리는 우리 자신이라고 생각해왔던 지금까지의 나의 마음을 버려야 되는 것일 텐데요.

그러니 하나님을 믿는 것 또는 기독교인이 되는 것에 반감이 든다 하더라도 실제 우리가 죽기 전에 알아야 할 것은 우리 모두가 우리 안에 있는 아름다운 피에타, 영원불멸의 예술품을 드러내기 위해서 겉모습을 깍아내야 하는 것이라는 이야기지요. 가짜를 가지고 죽을 때까지 살아야 한다는 것은 얼마나 어리석으며 또 억울한 일이겠어요?

바람을 심은 에브라임

바람을 심는다면 무엇을 거둘 수 있겠어요? 바람을 심는 헛된 일을 할 자가 있을까요? 아침 구름이나 새벽 이슬을 바라보며 맹세를 할 사람이 있겠어요? 보고 있는 사이 눈 앞에서 사라지는 것들을 누가 신뢰하며 그것들을 잡기를 소망할 수 있을까요? 그런데도 우리는 종종 바람을 심는 일을 하며 아침 구름이나 새벽 이슬을 믿는 그런 어리석음에 빠지고 말지요. 눈 앞에서 변절하는 사람의 약속을 믿고 그 지혜를 신뢰하며 금세 사라지는 인간적 아름다움과 인간의 교훈에 착념하기도 합니다. 그것이 바람을 파종하는 일이 아니고 무엇이겠어요? 그것이 구름이나 이슬에 집착하는 일이 아니고 무엇이겠어요?

에브라임의 멸망을 바라보면서 하나님은 **"에브라임이 우상에게 딱 붙었다. 그를 홀로 내버려두라!**(호 4:17)"고 명하십니다. 그의 죄목은 우상과 연합하였다는 것이지요. 에브라임의 마음에 음란함이 있어 신을 알지 못한다고 하면서 그는 사람의 명령 좇기를 좋아하므로 압제를 당한다고 통탄하십니다. 그러므로 에브라임의 마음에 음란함이 있었다는 것은 사람의 명령을 좇는 데 마음을 기울였다는 것이지요.

다시 말해서 에브라임의 죄는 신의 말씀 대신 사람의 명령을 좇은 일이었다는 것입니다. 그러므로 음란한 마음, 행음하는 마음이란 신 대신 사람의 명을 좇는 일이라는 의미임을 다시 되새기지 않을 수 없지요.

신의 명이 아니고 사람의 명이라고 해서 어디 악한 것이기만 한가요. 사람들이 세운 도덕과 윤리는 어디 나쁜 것을 가르치던가요. 모두 다 옳은 말들이며 훌륭한 가르침이 아니던가요. 모두 옳은 행실을 가르치는 교훈이며 그 옳은 것들을 듣고 지키려는 것이니 나쁠 것이 없는데 사람의 명을 좇는 것이 왜 행음이란 말인가요. 그러나 성경은 사람의 교훈을 좇는 것을 행음이라고 규정하고 있네요.

아담과 이브가 죄를 지은 후 얻게 된 수확은 선과 악을 알게 된 것이었지요. 선과 악을 알게 되었다는 의미가 과연 무엇일까요? 자기와 자기 아닌 존재로 나뉘게 되었다는 의미로 볼 수 있지 않을까요?

본래 자기는 신과 하나였던, 신의 형상을 닮은 존재였던 반면 또 하나의 자기는 신에게서 분리된 반대편의 자기라고 할 수 있지요. 그래서 성경에서 말하는 악이나 마귀는 신에게서의 분리를 말하는 것으로 볼 수 있을 것 같아요. 그래서 가장 우선시 되어야 할 일은 신과의 화목일 테고요.

신과 화목된다는 것은 신의 사랑이자 신의 부요, 신의 건강, 신의 지혜, 신의 모든 것과 하나 된다는 것을 의미하겠지요. 인간의 합리적인 생각과 사람의 분별력 등은 얼마나 많은 한계를 갖고 있나요? 기본적으로 사람의 생각은 자기 관점에서만 보는 것이기 때문일 거예요.

사람의 이지적인 생각대로 무엇을 하려 드는 것은 신의 관점에서 보면 행음하는 일이 아닐 수 없다는데요. 사람의 생각으로는 전체 그림을 볼 수 없기 때문에 당장 자기의 짧은 안목으로 보이는 것만을 좇아다니는 것을 행음이라고 규정하는 것 같아요. 하나님의 분노는 안타까운 시선에서 비롯되는 것이지요. 완전한 것을 덮어두고 불완전한 것을 좇는 것이니 하나님이 보시기에는 얼마나 안쓰러운 노력으로 보이겠어요? 사람의 시각은 항상 자기 관점에서 무엇을 해석함으로써 타인의 유익과 충돌하는 한계를 갖게 되기에 말이지요.

여호와는 희생이나 번제보다도 하나님을 아는 지식을 원한다고 했지요. 하나님을 세상 살아가는 동안 고통이나 피해 가게 하는 진통제쯤으로 여기는 사람들이 얼마나 많은지요. 그런 시시한 신이 아니라 우주 만물을 주재하시고 인간의 사후사까지를 낱낱이 관장하시는 확실한 신으로서의 위상을 사람들이 알기를 그분은 원하시죠.

호세아서에 나오는 에브라임은 포도주와 곡식 때문에 애굽으로 유혹되어 가다가 병이 들었음을 깨닫습니다. 그 병과 고난으로 인하여 얼굴을 다시 여호와께로 돌려 간구하지요. "**여호와께로 돌아가자. 그가 찢으셨지만 우리를 고쳐 주실 것이다. 그가 때리셨지만 우리를 싸매 주실 것이다. 이틀이 지나면 그가 우리를 살리실 것이다**(호 6:1-2)"라고요. 그러나 여호와는 그들의 그런 믿음이 아침 구름이나 쉬 없어지는 이슬 같다고 책망하시지요.

고난과 슬픔이 있을 때만 잠시 잠깐 하나님을 불러 부르짖다가 또 다시 보이는 것의 유혹에 이끌려 애굽으로 마음을 돌이키는 자들, 거기서 술과 먹을 것으로 배부르고 즐거우면 다시 바알 신에게 제사 드리며 여호와를 까마득히 잊어버리는 자들, 그들이 에브라임 족속이었지만 그것은 우리의 모습을 보여주는 것이기도 한 것 같아요.

"에브라임은 쉽게 속아 넘어가는 비둘기 같다. 그들은 이집트를 부르고 앗시리아에게 간다(호 7:11)" 하고 여호와는 한탄하십니다. 한 번에 한 가지밖에 보지 못하는 비둘기처럼 애굽의 위로만을 찾아서 허겁지겁 달려가는 에브라임 족속 중에 우리는 속해 있지 않나요? 때로 신께로 돌아오는 척 하나 어느새 자기 판단대로 하며 병들어 죽게 되어 돌아오지만 일생의 모든 것을 맡길 만한 높은 자로 간주하고 돌아오는 것이 아니라 우선 당장의 병만을 낫게 해주길 기대하는 그런 낮은 자로 신을 맞이하는 것이지요. 하기에 "**그들이 바람을 씨 뿌려 폭풍을 거둬들일 것이다**(호 8:7)"라고 하십니다. 그 얼마나 허무한 짓인지요. 바람을 심다니, 형체도 없고 생명도 없는 바람을 심었으니 수확할 것은 여전히 생명도 형체도 없는 모질고 쓰라린 광풍일 밖에요.

인간의 명철로 심은 것은 "**곡물 줄기에 싹이 없으니 곡물을 생산하지 못할 것이다. 혹시 무엇을 생산하더라도 이방 사람들이 삼켜 버릴 것이다**(호 8:7)"라고 하네요. 이 세상에서의 출세나 부를 얻는 것이야 인간의 명철로 얼마든지 열매를 얻을 수 있는 것이지요. 그러나 이성의 힘으로는 본질적인 영혼의 성장의 성과를 얻을 수 없다는 것이지요. 신앙생활을 한다고 해도 인간의 명철로 종교적 활동에만 초점을 맞춘다면 줄기도, 이삭도 없는 것을 가지고 수확하기를 꿈꾸는 어리석은 자가 될 수 있다는 것인지도 몰라요. 그렇게 에브라임은 헛된 것을 꿈꾸므로 그 영광은 새같이 날아가고 해산함이나 잉태함이 없으리라고 하나님은 경고하십니다.

목숨의 보전을 위해 애굽으로 달려갔으나 저희의 은 보물은 벌레가 덮을 것이요, 저희의 장막 안에는 가시덩굴이 퍼지리라고 하지요. 애굽으로 달려갔다는 것이 무슨 의미이길래 이토록 험한 결과를 초래할까요? 이스라엘인들에게는 도움을 청하려고 애굽에 내려가지 말라고도 하셨지요. 애굽은 종살이 하던 땅이니만큼 우리의 육신적 자아가 종으로 매여 있다고 할 수 있는 욕망, 자기의 이기적인 생각 등을 은유하는 것임을 짐작할 수 있지요. 하나님과 하나 되는 것이 애굽에서의 해방이라면 다시 애굽으로 간다는 것은 신에의 의지에서 자기 생각으로 돌아간다는 의미일 수 있겠고요. 그래서 그 길은 바람을 심고 수확하기를 꿈꾸는 것만큼이나 부질없는 길이라는 것이지요.

나다니엘 호손의 단편소설 『젊은 굿맨 브라운』은 기독교인의 내면세계를 우화적으로 그린 작품이지요. 이 우화적 이야기는 17세기에 마녀들과 악마들이 함께 모여 예배의식을 갖는다는 세일럼의 민간 설화를 토대로 한 것으로 보여집니다.

이야기는 굿맨 브라운이 믿음이라는 뜻의 이름을 가진 아내 페이스(Faith)에게 해질녘에 숲 속에 다녀온다며 인사를 하는 장면으로 시작합니다. 결혼한 지 세 달밖에 안 되는데 무슨 의심을 하느냐며 아내의 만류를 뿌리친 채 브라운은 마을을 벗어나 어둡고 음산한 숲 속으로 들어섭니다.

숲 속에 들어서면서 브라운은 악마로 지칭될 수 있는 중년 남자를 만나 동행을 합니다. 이쯤에서 밤의 숲 속으로의 여정은 신앙인의 마음속 유혹의 길에 대한 은유임을 눈치챌 수 있지요. 숲 속에서 브라운은 경건한 주일학교 교사, 성스러운 목사와 집사 등을 만나고 경악을 합니다. 숲 속으로 빨려 들어가면서 너무 멀리 왔음을 깨닫지만 돌아가지 못하고 그는 숲 속 한 가운데서 벌어지는 사탄의 집회 장소까지 가게 됩니다.

악마는 "나의 자식들아, 너희를 환영한다. 너희는 너희 본성과 운명을 찾았다"라고 말합니다. 폭풍우와 함께 아내 페이스의 모자에 달려 있던 분홍색 리본이 떨어져 날립니다. 브라운은 꿈속인 듯한 숲 속 세계에서 돌아오지만 성직자들까지 포함하여 모든 사람들의 선함을 의심하는 회의적인 사람으로 변해 버립니다. 경건하게 신앙생활을 하는 척 하나 은밀하게 죄악에 빠지는 사람들의 이중적인 모습들을 보게 해주는 작품이지요.

신앙생활을 하다가도 자기 안의 욕망에 이끌리어 은밀하게 죄악 속에 빠지기도 하는 우리네 신앙의 모습을 잘 보여주고 있는 소설입니다. 좋은 열매를 바라고 신을 믿기 시작했다 할지라도 바람을 좇는 허망한 길로 가버릴 수도 있다는 이야기지요. 그러나 신은 우리를 그렇게 바람과 모래로만 가득 찬 인생을 살지 않도록 거듭거듭 여러 경로를 통해서 이야기하십니다.

귀를 기울여 보세요. 여기저기서 들려오는 소리들이 우연히 들려오는 소리만은 아닙니다. 쓰나미가 얼마나 무섭도록 빠른 시간 안에 우리가 일생에 걸쳐 이루어 놓은 문명을 물거품으로 만들어 버리는지 보았잖아요? 모래 바람이 휘몰아쳐 순식간에 모든 것을 파괴해 버리는 재앙, 대홍수, 화산 폭발 등등 무시무시한 경고가 여기저기서 우리의 주의를 끌고 있습니다. 내게 들으라고 보내시는 여러 신호음들을 잘 지켜보고 거기서 신의 사랑을 발견해야 할 것 같아요. 나의 지성과 지식과 이성만을 믿는 마음에는 그런 소리들이 그저 헛되이 위협하는 소음처럼 들릴 수도 있어요. 그러나 귀를 기울이면 세미한 사랑의 음성을 들을 수 있습니다. 그것은 교회당의 설교에서나 들을 수 있는 음성만은 아닐 거예요. 신은 모든 사람의 영적 마음을 통해 말씀하실 수 있지요. 자기 내면의 깊은 속에서 울려 나오는 신의 음성은 누구나 귀 기울이면 들을 수 있는 사랑의 음성이랍니다. 귀 있는 자는 복이 있다고 했지요.

깨져야 할 항아리

미국 작가 허만 멜빌의 장편소설 『모비딕』에는 성경에 나오는 인물들의 이름이 등장하지요. 흰고래 모비딕을 잡기 위해 목숨을 바치는 포경선 선장인 아합과 우울한 현실의 탈출구로 포경선의 선원으로 합류하게 된 이스마엘이 있습니다. 아합은 이전 항해에서 모비딕에게 다리 하나를 잃은 후 복수를 다짐하고 피쿼드호의 선장이 되어 모비딕을 추적합니다. 그러나 그는 결국 모비딕을 향해 던진 작살의 밧줄에 목이 감겨 죽게 되지요. 모비딕을 추격하다가 피쿼드호는 침몰당하고 이스마엘을 제외한 선원 모두가 살아남지 못합니다.

성경에 나오는 아합은 이스라엘이 남유다와 북이스라엘로 분리된 후 북이스라엘의 왕이 된 인물입니다. 아합은 이방 여자 이세벨을 아내로 맞아 우상숭배를 일삼아서 그 이전의 어떤 왕들보다도 하나님의 노여움을 산 왕으로 되어 있지요. 성경 여러 곳에서 그는 에고의 집착과 욕망이 강한 인물로 그려지고 있습니다.

이스마엘은 아브라함이 정실 아내 사라와의 사이에서 이삭을 낳기 전에 하갈이라는 계집종을 통해 낳은 아들이고 나중에 사라에 의해 내쫓김을 당하지요.『모비딕』에 나오는 흰고래가 무엇을 의미하는지는 분명하지 않습니다. 아합에게는 맞닥뜨려 물리쳐야 할 악이고 적이며 그를 감금하는 벽인 데 반해 이스마엘에게는 신과 같은 불멸의 존재며 이성으로 파악할 수 없는 거대한 신으로서의 존재입니다. 이 양가적 의미를 갖고 있는 흰고래를 성경에 나오는 아합과 이스마엘의 시각에서 보면 상징적 의미는 좀 더 분명한 모습을 띄게 될 수도 있습니다.

아합 왕에게 있어서의 적은 그의 욕망을 제어시키는 힘일 수 있지요. 에고를 제압하려는 슈퍼 에고 같은 존재일 수도 있고요. 그래서『모비딕』에서 아합선장과 흰고래와의 싸움은 자기의 에고를 제어하려는 힘과의 싸움 또는 신과의 싸움일 수도 있겠지요. 종의 자식인 이스마엘에게 있어서의 신은 그를 추방한 아버지로서 영원히 부정할 수도 회피할 수도 없는 존재이며 그의 혈통이기에 끝까지 생명을 같이 하는 존재이기도 할 것입니다.『모비딕』에서의 투쟁처럼 우리 모두는 일생 자아에 부딪쳐오는 힘과 대적하든지 순응하든지 간에 어떤 식으로든 싸움을 피할 수 없는 것인지 모릅니다.

누군가는 여호와 하나님을 호전적인 전투의 신이라고 말할지 모릅니다. 구약을 읽다보면 과연 하나님은 전쟁을 즐겨하시는 것만 같다는 생각도 들지요. 이방 민족을 이스라엘 민족과 대적케 하고 또 이스라엘 민족의 손에 이방 민족을 붙이는 등 하나님이 전쟁을 일으키는 장본인인 것 같으니까요. 이스라엘 민족이 숱하게 치러내야 했던 그 많은 싸움들은 과연 무슨 의미의 싸움일까요?

전투의 신으로서의 하나님은 우리에게 어떤 전쟁을 하도록 인도하시는 것인지 이스라엘인들의 싸움 속에서 그 의미를 새겨볼 수 있을 것 같습니다. 섰는가 싶으면 넘어지고 반듯이 걸어가고 있는가 하면 곁길로 빠지기 일쑤인 우리의 생활을 살펴보아도 일생 끊임없이 싸움 속을 걸어가고 있는 것 같기는 하지요.

구약 성경에 그려진 이스라엘 민족의 끊임없는 싸움이 시사하는 바는 하나님을 바라보며 살아가야 하는 삶의 조건은 내내 전투를 치러내며 가야 하는 길임을 나타내주는 것은 아닐는지요. 기독교인이 믿는 하나님은 이스라엘의 하나님이라고 하고 또 이스라엘 민족은 자신들만이 하나님의 선택된 민족이라고 하여 다른 모든 민족을 이방인으로 배타하지요. 그래서 구약 성경에는 이스라엘 민족과 이방 민족과의 싸움이 그치지 않고 이어지지요. 그러나 말이지요. 앞서도 이야기 한 것이지만 성경을 믿는다면 기독교인이 믿는 하나님은 만유의 하나님이시죠. 즉 모든 인류의 신이시라는 거지요. 그 신이 기록하게 하신 이스라엘의 역사는 한 모델로서 모든 인간에게 적용되는 비유적 가르침일 것이라고 생각됩니다.

구약성경에 기록된 이스라엘 민족의 전쟁사를 모든 인간을 가르치기 위한 비유로 본다면 이 전쟁들은 이스라엘 민족과 이방 민족과의 싸움이 아니라 우리 안에 있는 신의 본성과 육체적 존재인 에고와의 싸움이라고 볼 수 있다는 것이지요. 실제 인간의 본성이 신성이라면 이스라엘이라고 할 수 있는 것이 본성이고 이에 대적하는 육신적 자아가 이방 민족에 해당되겠지요.

이 싸움들은 우리를 빛과 어둠을 알되 어둠에 거하지 않는 신과 같은 존재로 성장시키기 위한 하나님의 계획 속에 있는 싸움이라고 볼 수 있고요. 심리학에서 사용하는 '에고'라는 용어를 썼지만 신약 성경에서 바울은 이를 '육신'이라고 표현하며 우리의 또 다른 존재인 '영'과 구별하여 "**육신의 생각은 하나님을 적대하는 것입니다. 그것은 하나님의 법에 복종하지 않을 뿐더러 복종할 수도 없습니다**(롬 8:7)"라고 기록하고 있지요.

앞서도 언급되었지만 근본적으로 인간은 하나님의 형상을 따라 만들어진 신성의 존재이자 선악과 사건 이후 신성과 분리된 육신적 자아가 함께 가야 되는 이중적 존재로서의 삶을 살아가게 되었지요. 신성이 본체이지만 육신적 자아의 물리적 삶을 통해서 신성이 드러나도록 그 개별 영혼이 확대되는 과정, 즉 개별 영혼이 신성을 나타내가며 성장하는 과정이 삶의 과정이라고 볼 수 있다는 것입니다. 이스라엘의 역사라 할 수 있는 구약에 기록된 이스라엘과 이방 민족의 싸움의 과정을 보면 이런 하나님의 계획을 잘 볼 수 있지요.

이스라엘 자손들이 하나님을 등지고 이방신을 섬기는 악을 행하자 하나님은 칠 년 동안 그들이 미디안의 공격을 당하게 하십니다. 미디안이 이스라엘을 쳐서 이기므로 이스라엘 사람들은 산에 굴을 파고 숨어야 할 지경이 되지요. 하나님께서는 이스라엘 사람들을 애굽에서 이끌어 내어 어디에 거하든 땅의 신들을 두려워 말라고 하셨지만 그들은 그 목소리에 순종하지 않지요. 반대로 땅의 신들을 두려워하여 바알신을 섬기고 목상을 만들어 거기 절하곤 하였지요. 이는 육신적 자아가 보이지 않는 신을 금방 잊어버리고 보이는 것에 의존하곤

하는 모습을 보여주는 것이라고 생각되지요. 그래서 하나님은 그들로 하여금 미디안의 공격에 패하게 하고 그들을 곤고하게 만드십니다.

그러나 하나님은 끝내 이스라엘 사람들을 버리시진 않습니다. 기드온을 선택하셔서 그를 통해 이스라엘을 구원할 기회를 허락하시지요. 그런데 기드온은 어떤 사람이었기에 하나님의 선택을 받을 수 있었을까요? 기드온은 "**내 집안은 므낫세 가운데 가장 작고 나는 내 아버지의 집에서 가장 어린 사람입니다**(삿 6:15)" 하며 자기가 어찌 이스라엘을 구원하겠는가 하고 무릎을 꿇습니다. "**그때 여호와의 성령이 기드온에게 임했습니다. 기드온이 나팔을 불자 그 뒤를 따라서 아비에셀 사람들이 모였습니다**(삿 6:34)."

하나님의 음성을 들은 기드온은 우선적으로 아버지 때에 쌓아 놓았던 바알신을 섬기는 단을 헐어버리고 아세라 목상을 도끼로 찍어 내립니다. 그는 우선 자기의 작음을 보고 겸손하게 하나님의 말씀에 귀를 기울였지요. 그 다음에 하나님의 약속을 믿고 우상을 찍어 없앴던 것입니다. 승리의 우선적인 조건은 우상을 없애야 한다는 것이지요. 우상은 꼭 물질로 만든 조각상만을 가리키는 것은 아닐 거예요. 자기의 명철을 내세워 하나님을 의지하지 않는 개인적인 믿음이나 생각을 말할 거예요. 그것을 없애는 것이 하나님에게 전적으로 맡기겠다는 의지 표명이겠지요.

미디안 사람들은 아말렉과 동맹하여 이스라엘에 대한 공격을 개시하려 하였습니다. 기드온은 용감하게 나팔을 불어 그의 족속을 끌어 모읍니다. 기드온 편에 선 병사는 삼만 명 이상이 되었습니다. 그 숫자로도 이미 미디안 군사를 이길 힘이 될 것 같았지요. 그러나 하나님께서는 그 숫자 많음을 보시고 그대로를 허용치 않으십니다. 미디안 군대를 이기면 기드온의 군대는 자기들의 숫자가 많아 승리한 줄로 생각할 것이었습니다. 하나님께서는 이미 그것을 다 아셨던 게지요. 그래서 길르앗 산에서 기드온을 시켜 광고하게 하십니다. 싸움이 두려운 자는 떠나가라는 것이었지요.

두려운 자는 떠나라고 기드온이 외치자 이만 이천이나 되는 병사들이 돌아가 버립니다. 남은 자가 만 명쯤 되었지만 하나님 보시기에 그것은 아직도 많은 숫자였습니다. 그들을 물가로 인도하여 물 먹는 방법으로 시험하십니다. 물에 입을 대고 먹는 자와 손으로 물을 움켜서 떠먹는 자를 따로 세워 놓도록 명하십니다. 손으로 움켜서 먹은 자 삼백 명만 기드온의 병사로 택하고 나머지는 모두 돌려보냅니다.

그 삼백 명이란 미디안 군대와 싸우기에 어림도 없는 숫자였습니다. 그러나 하나님께서 함께 하신 삼백의 힘은 미디안을 넉넉히 이기게 하는 힘을 이미 갖게 된 것입니다. 삼백명이나마 그들에게는 칼도 없었습니다. 그들의 무기는 항아리에 든 횃불과 나팔뿐이었지요. 미디안과 대적했을 때 그들은 나팔을 불며 항아리를 깨뜨렸을 뿐입니다. 나팔 소리가 울리며 항아리가 깨지고 횃불이 전장을 밝히자 미디안 군들은 당혹하여 서로 자기들끼리 칼로 치고 받아가며 도망쳐 버립니다. 기드온 군대는 이렇게 하여 승리를 거둡니다.

이것이 우리로 하여금 세상을 이기게 하시는 하나님의 방법인 것 같아요. 우리의 힘을 절대로 의지하지 못하도록 하시는 것이 그 첫 번째 단계였지요. 상식으로는 도저히 이길 수 없다고 생각되는 출발점에 우리는 서야 한다는 것 같아요. 그래야만 우리는 우리의 힘을 의지하지 않게 되니까요.

하나님의 힘이 아니면 도저히 이길 수 없으리라는 데서 출발한다는 것은 두 가지 의미가 있다고 생각되어요. 하나는 하나님을 전적으로 의뢰하는 마음을 갖는 것이지만 또 한편으로는 이쯤 가지고는 이길 수 없겠는데 하는 인간적인 두려움을 갖고 출발한다는 것입니다. 그래서 싸움에 임하기 전에 하나님께서는 걸러내는 작업을 하십니다. 두려운 자는 떠나라고 명하시는 것이지요. 거기서 삼분의 이 이상이 떨어져 나갑니다. 이들은 자기를 보는 자들이겠지요. 하나님께 충성된 마음을 갖고 있는 듯하지만 하나님의 힘을 진정 의지하지 못하는 자들이 삼분의 이 이상이 된다는 것이지요.

그 다음에는 물을 먹는 방법으로 시험하시는 것인데 그 의미는 무엇일까요? 엎드려 물을 핥는다는 것은 무엇이며 손으로 움켜 물을 마신다는 것은 무엇인가요? 물은 우선 갈증을 해소하기 위한 필수 불가결한 것인데 그것은 세상일 수도 있고 인간 안의 욕망일 수도 있겠지요. 무조건 무릎을 꿇고 입을 갖다 대는 행위, 이것은 절제가 없이 욕망 앞에 허겁지겁하는 태도를 이를 수 있지 않을까요? 너무 배가 고파 앞뒤 안 가리고 장자권을 주고 팥죽을 얻어먹은 에서처럼 말이지요.

싸움엔 두려움이 없다 하더라도 그것이 자기의 욕망과 자기의 의지 때문이기도 한 자들이 있다는 것일지요. 자기 욕망 앞에 또는 세상 앞에 무릎 꿇고 마는 자들을 하나님은 그의 병사로 원하시지 않는다는 것이겠지요. 손으로 움켜 자기의 최소한의 갈증을 해소하는 자들, 그들은 분수껏 생명을 지키고 하나님의 명에 순복할 준비가 되어있는 자들일 거예요. 엎드려 물을 마시다가는 뒤에서 적이 달려들어 발로 차거나 할 경우 속수무책으로 당할 수밖에 없을 터이니까요.

물가에서 손으로 물을 움켜 마시는 자세는 언제나 준비되어 있는, 즉 늘 깨어있는 자세를 의미할 것 같습니다. 기드온이 승리할 수 있었던 과정은 우리가 삶을 성공적으로 살 수 있는 방법을 잘 가르쳐줍니다. 가장 먼저는 자기가 작은 자라는 겸손한 의식이지요. 그 다음에는 두려움을 없애는 것이었지요. 두려움은 자기 안에 있는 하나님을 의식하고 의지하는 것으로 없앨 수 있는 것이고요. 두려움은 사실 에고의 특성이므로 에고를 없애는 자가 승리한다는 의미이기도 하지요.

항아리를 깨뜨려 그 안의 횃불을 드러내는 것으로 무기를 삼아 이긴다는 것 자체가 에고를 깨뜨리고 신의 능력을 드러나게 해야 승리한다는 것을 의미하는 것이라고 생각해요. 항아리는 토기이고 우리는 하나님의 토기이니까요. 흙에서 와서 흙으로 돌아가야 하는 존재 속에 신성의 횃불이 감추어져 있음을 드러내는 것이 항아리를 깨뜨리는 것이지요. 우리는 어떤 영적 싸움에 있어서나 질그릇에 지나지 않는 육신적 자아를 깨뜨려야 된다는 것 같아요. 나팔을 불며 항아리를 깨뜨려 횃불이 드러나게 했다는 것은 의식을 일깨워 신성을 드러내는 것을 의미할 것이고요.

이스라엘 민족과 이방 민족의 싸움에는 공통점이 있어요. 먼저 이스라엘 민족이 하나님께 기도를 해야 하는 것이 우선이고요. 그것은 우리가 먼저 우리 안의 신성을 의식하여 의지하는 것이 우선되어야 함을 가리키는 것이라고 여겨지고요. 다시 말해 영적인 성장을 원하는 존재 인식이 전제되어야 한다는 뜻이지요. 즉 자아와의 싸움을 하겠다는 의지가 필요하다는 말이지요.

그 다음에는 두려움을 떨쳐버리라는 명령이 따르지요. 사실 우리가 육신적인 요구를 무시하기가 참 어렵잖아요? 이 세상에서 살기 위해 사람들이 추구하는 최고의 덕목이 안정감이기 때문이지요. 그것이 위협받으면 두려워하지 않을 사람이 없잖아요. 그래서 언제나 이스라엘인들의 싸움 앞에서는 '두려워 말라'는 하나님의 음성이 앞서는 것을 볼 수 있어요. 군대 장관인 여호수아에게도 여러 번 되풀이해서 '두려워 말라'는 당부가 이어지는 것을 볼 수 있고요.

그리고는 나팔을 울려 불라는 명령이 따르지요. 나팔은 요한 계시록에서 보면 하나님의 음성으로 비유되어 있음을 알 수 있어요. "**나는 주의 날에 성령께 사로잡혀 있었는데 내 뒤에서 울리는 나팔소리 같은 큰 음성을 들었습니다 … 이 일 후에 내가 보았습니다. 보십시오. 하늘에 열린 문이 있고 전에 내가 들은 그 음성, 곧 나팔소리같이 나에게 들린 음성이 말했습니다. '이리로 올라오너라. 그러면 내가 이후 마땅히 될 일들을 네게 보여 주겠다**'(계 1:10, 4:1)." 그러면 우리가 우리의 육신적인 자아와 싸울 때 하나님의 음성을 듣도록 의식을 높이라는 것일 수 있겠지요. 하나님의 음성은 사실 우리 안에 있는 신성의 음성에 귀를 기울임으로써 들을 수 있는 것이지요. 그만큼 의식을 집중하고 높여서 성령의 횃불이 밝혀지면 토기 같은 육신적 자아의 항아리가 깨질 수 있는 것이겠고요.

이스라엘 민족의 싸움에 또 하나의 공통점은 그들이 이방 민족을 물리치려 할 때 하나님의 명령을 따라 진군하면 적들은 저희들끼리 서로 대적하여 자멸한다는 것이에요. 우리가 우리 안의 에고를 이기려는 의지로 싸움에 임하면 나를 대적하던 어떤 적대적인 사람도 또는 어려운 상황도 저절로 풀려버림을 경험할 수 있을 거예요. 즉 상대를 변화시키려면 자신이 먼저 변하면 된다는 것이지요. 그래서 하나님은 '대적을 너희 손에 붙이겠다'는 표현을 쓰시지요. 우선은 물리적 세상 또는 자기 자신의 생각에만 의지하는 우상 숭배를 떠나서 영적 싸움의 필요성을 인식해야 하고 영혼의 진보를 위한 성령에의 의지에 주의를 기울이는 것이 필요한 것 같아요.

또 하나의 눈

그는 몹시도 교회를 핍박했지요. 집집마다 다니며 그리스도인들을 잡아다가 옥에 넘겨 죽임을 당하게 했습니다. 그리스도인들에게 살기가 등등하던 그는 교회들을 진멸할 계획을 가지고 다메섹으로 가던 길이었습니다. 그가 다메섹으로 가던 도중 홀연히 하늘로부터 내리비치는 빛에 둘러싸여 쓰러지게 됩니다. 엎드린 채 그는 자기가 박해하던 예수님의 목소리를 듣게 되지요. 그 후 그는 일어나 눈을 떴으나 사흘 동안 보지도 못하고 먹지도, 마시지도 못하게 됩니다. 그리고 하나님의 심부름을 맡은 아나니아의 안수로 그는 눈을 뜨게 되고 이후로는 그가 그렇게 박해하던 그리스도인들과 함께 예수님이 하나님의 아들이심을 온 이방에 전하게 되지요.

바울 사도의 이야기지요. 그가 눈을 뜨면서 이방의 전도가 시작되었습니다. 바울은 보이지 않는 하나님을 보지 못하고 오직 가문과 학식을 자랑하던 이방인의 대표적인 인물이었지요. 그는 보이지 않는 하늘 나라의 법을 전파하는 사도로 세움 받기 위해서 소경이 되었다가 다시 눈을 뜨는 과정이 필요했던 것입니다.

신을 인정한다는 것은 지금까지 본다고 했던 것들에 대한 의지를 버리고 다시 눈을 떠야 하는 과정이 필요하다는 것이지요. 가문, 혈통, 부유함, 학식 이 모든 보이는 것들 때문에 볼 수 없었던 것들을 보게 되는 것이 신성으로의 깨어남이지요.

눈을 뜨고 있는데도 대상을 보지 못하는 장님을 우리는 청맹과니라고 합니다. 그런데 얼마나 많은 사람들이 눈을 뜨고 모든 것을 보며 산다고는 하지만 정말 보아야 할, 보이지 않는 것들을 보지 못하고 사는지 모릅니다. 우리가 눈으로 보는 세계는 사실 보이지 않는 실재계의 반영에 불과한 것이고 실제의 세계는 육안으로는 보이지 않는 것임을 알지 못하고 사는 경우가 대부분이지요.

인류의 조상도 애초에 육안으로 보이는 것에 속고 말았지요. "**여자가 보니 그 나무의 열매가 먹기에 좋고 눈으로 보기에도 좋으며 지혜롭게 할 만큼 탐스러워 보였습니다**(창 3:6)"라는 말에는 여자의 관점이 담겨 있어요. 다시 말해서 보이는 대상은 하나님이 먹기를 금지시킨 과일이라는 것 외에 그저 중립적인 대상이었는데 특정 정보가 이브의 귀에 수신되고 나서 그 대상을 보니 대상이 그녀의 마음으로 재해석되어 그녀의 눈에 보였던 거지요. 특정 정보라는 것은 그 과실을 먹으면 눈이 밝아져서 하나님처럼 된다는 사탄의 말이었지요. 여기에 인간이 눈으로 보며 사는 세계의 특징이 드러나 있지요? 우리는 눈과 귀와 코와 입, 손 등으로 세상의 정보를 입수하게 됩니다. 입수된 정보는 자기의 지식이나 욕망에 따라 마음대로 재해석되어 판단의 자료가 되지요.

그래서 자기 나름의 의미가 부여되고요. 대상 자체가 처음부터 의미를 가진 것은 없다고 할 수 있습니다. 육안으로 보고 우리는 '크다, 작다, 길다, 짧다, 예쁘다, 밉다' 등등의 판단을 하고 '재미있다, 멋있다, 훌륭하다, 쓸모없다' 등의 가치부여를 하며 대상을 선호하기도 하고 버리기도 하지요. 육신의 수신 기관이 가져온 정보들은 각자의 색깔로 덧입혀지거나 왜곡되어서 마음에 자리 잡습니다. 그렇게 해서 파악된 현실은 실제와 다르게 왜곡되고 따라서 그것을 경험하는 것이 왜곡되고 그로 인해 생기는 감정도 왜곡된 것이고 가치관도 결국 달라질 수밖에 없어요.

예수님은 예수님을 따르며 그의 하는 일을 믿는 제자들에게 "**그러나 너희 눈은 볼 수 있으니 복이 있고 너희 귀는 들을 수 있으니 복이 있다**(마 13:16)"라고 칭찬하셨습니다. 육신의 눈으로 하나님이 일으키는 기적을 보면서도 그 기적을 일으키는 보이지 않는 힘을 보고 깨닫지 못한 이스라엘 민족들은 결국 가나안 땅에 들어가지 못했지요.

계시록에 보면 하나님의 보좌 주위에 있는 생물들이 나오는데 그 생물들은 앞뒤로 눈들이 가득하더라(계 4:6)고 묘사되어 있지요. 계시록에 나오는 어린 양의 묘사에도 그 머리에 일곱 뿔과 함께 일곱 눈이 있다고 되어 있습니다(계 5:6). 실재계를 보는 것이 하나님의 보좌에 나갈 수 있는 자격임을 알 수 있잖아요?

육신이 보는 대로 판단하는 일은 왜곡된 정보를 갖는 첫 번째 실수입니다. 첫 단추가 잘못 꿰어지면 삶 전체가 왜곡되어 버릴 수밖에 없지요. 육안으로 보이는 것에 신뢰를 보내지 말아야 합니다. 육안이 보는 것은 모두 중립적인 것으로 보고 내 이면의 눈이 모든 것을 다시 보게 해야 하겠지요. 그것은 달리 말하면 언제나 하나님의 눈으로 보도록 해야 한다는 말일 수 있을 거예요. 누가 복음에는 **"네 눈은 네 몸의 등불이다. 눈이 좋으면 너희 온몸도 밝을 것이다. 그러나 눈이 나쁘면 몸도 어두울 것이다**(눅 11: 34)"라고 했는데 우리의 온전히 성한 눈은 우리 안에 있는 하나님의 눈 뿐이지 않겠어요?

전도서에는 우매자는 어둠 속에 다니지만 지혜자는 그의 눈이 그의 머릿 속에 있다(전 2:14)고 되어 있습니다. 머릿속에 있는 눈은 신의 의식으로 밝아 있는 눈이요. 영안이라고 할 수 있겠지요. 또 예수님은 **"내가 심판하러 이 세상에 왔으니 보지 못하는 자들은 보게 하고 보는 자들은 맹인이 되게 하려 함이라**(요 9:39)"라고 하셨는데요. 보지 못하는 자들을 보게 하고 보는 자들을 맹인되게 하는 것을 심판하러 오신 목적의 내용인 것처럼 말씀하고 계시잖아요? 예수님이 오신 것은 인간을 구원하시기 위함인데 그렇다면 보지 못하는 자들을 보게 하는 것이 구원이라고 할 수 있겠네요.

구원은 하늘 나라에 가는 것이고 하늘 나라는 현실계 너머의 실재계라면 그 실재계를 보는 것이 구원이라는 이야기일 수 있지요. 육안으로 보는 것을 본다고 생각하고 그것으로 가치 기준을 삼고 판단하는 자들이 실제의 진리를 보지 못하게 되는 것이 심판이라고 할 수 있겠고요.

마음 눈이 밝혀지지 않으면 하나님의 사랑을 볼 수 없으니 그것으로 이미 심판받은 것이나 같다고 할 수 있지요. 그래서 바울 사도는 **"그가 여러분의 마음 눈을 밝게 하셔서 하나님의 부르심의 소망이 무**

엇이며 성도 가운데 있는 하나님 유업의 영광의 풍성함이 무엇인지(엡 1:18)" 알게 하시기를 원한다고 했습니다. 하나님이 왜 이 땅에 내 생명을 주었는지 내 인생의 의미가 무엇인지 등을 알기 위해서는 마음눈이 밝혀져야 되고 보이지 않는 것을 보아야 한다는 것이지요.

셰익스피어의 『리어왕』이라는 비극에는 본다는 것의 중요성이 잘 주제화되어 있습니다. 노년의 리어왕은 세 딸들에게 재산과 권력을 이양하기 위해서 자기를 얼마나 사랑하는지 말해보라고 요청하지요. 이에 첫째 딸과 둘째 딸은 욕심을 내어 온갖 아첨의 말을 늘어놓지요. 셋째 딸만이 자기 마음 속에 있는 아버지에 대한 사랑을 과장하지 않고 진실하고 소박하게 말합니다. 그런데 리어왕은 과장된 사랑의 말을 그대로 믿고 셋째 딸의 말은 서운하게 받아들이지요. 그래서 두 딸들에게 재산과 권력을 다 주고 셋째 딸은 추방해 버립니다.

어리석게도 아첨의 말을 믿은 결과로 그는 두 딸들에게 쫓겨나고 추방된 셋째 딸과 재회하나 결국 죽게 되는 비극을 맞이하지요. 마지막 장면에서 리어왕은 "보라! 보라! 보라!"라는 말을 여러 번 외칩니다. 말도 사실은 보이는 것이라 할 수 있지요. 보이지 않는 마음을 마음대로 꾸며서 거짓으로 보이게 할 수 있고요. 그런데 리어왕은 보이지 않는 마음을 보지 못해서 비극적 결말을 맞이하게 된 왕이라는 것이지요.

왕이라는 위치는 인간 세상에서 가장 높은 곳에 있는 권력을 의미하지요. 인간이 높은 곳에 있을수록 보이지 않는 것을 보지 못할 가능성이 많지요. 즉 교만할수록 보이지 않는 것을 경멸하게 되는 경향이 있다는 것이지요. 보이지 않는 것에 마음을 기울이는 것은 자신을 낮추기 시작하는 첫 단계일 거예요.

우리가 이 세상의 생명을 받아 갖게 된 육신의 눈은 자신이 보는 것만으로 판단하는 교만하고 제한된 눈일 뿐이라고 할 수 있지요. 그 눈은 절대 정확할 수 없음을 인정하는 것이 우선되어야 할 거예요. 그래야 육안으로 무엇을 판단하는 것을 조심하게 되지요. 그런 자세가 우리를 겸손하게 하고 보이지 않는 것을 보려는 태도가 우리를 지혜롭게 성장시킬 거예요. 눈이 밝아져 하나님과 같이 되어 선악을 알게 된다는 유혹에 빠져 에덴 동산에서 추방된 인류는 다시 역설적으로 눈이 밝아져 에덴 동산을 회복해야 하는 것이지요. 보이지 않는 것을 향해서 눈을 뜨지 못함이 심판을 받는 것이고 눈을 뜨는 것이 구원이라니까요.

장미향이 하나이듯이

우리는 각자 죽어야 할 죄를 지은 기억이 없다 할지라도 누구라도 언젠가는 최소한 이 육신으로는 죽어야 할 운명이라는 것을 다 압니다. 사람이 태어나면 결국 죽어야 하는 것이 최초의 인간이 지은 원죄 때문이라고들 하지요. 아담과 이브가 "따 먹는 날에는 반드시 죽으리라"고 선고된 법을 어긴 결과라고 합니다. 물론 선악과를 따 먹은 결과로 초래된 죽음은 영적인 죽음이기도 합니다. 하나님과 분리된 것이 영적 죽음의 상태라고 할 수 있을 테니까요.

죄라는 것은 원래 희랍어의 기원에서 본 의미로 "과녁에서 벗어난다"라는 의미를 가지고 있다고 합니다. 죄라는 것이 본 목표에서 벗어나는 것이라면 본 목표는 무엇이었을까요? 앞서도 이야기한 것이지만 본 목표는 신성과의 일체가 아닐까요? 그러니까 죄는 신성으로부터의 이탈이겠지요. 그런데 과녁에서 벗어난 것도 전능하신 하나님의 계획 속에서 이루어진 것이라면 다시 회복되는 것도 하나님의 계획 속에서 그 인도함에 따라 이루어질 수 있는 것이겠고요.

시작도 끝도 없는 하나님에게는 모든 것이 현재가 아니겠어요? 인간을 만들어놓은 것도 하나님에게는 현재요, 인간의 결국을 보고 있는 것도 하나님에게는 현재일 것입니다. 과녁에서 벗어난 인간을 위해서 하나님은 창세 전에 이미 예수 그리스도를 예비해 놓고 그리스도를 세상에 보내어 회복시키셨답니다.

인간은 어머니 뱃속에 있을 때부터 죄인이라고 성경에서 말하고 있지요. "**나는 분명히 죄 가운데 태어났습니다. 내 어머니가 죄 가운데 나를 잉태한 것입니다**(시 51:5)"라고 되어 있으니까요. 그런데 사실은 그 죄가 이미 용서된 것이라는 뜻이죠. 우스갯소리로 천국과 지옥의 차이는 ㄹ과 ㄴ의 차이라고 하잖아요? 용서하실 것을 믿는 사람은 지옥이고 용서하신 것을 믿는 사람은 천국이라고요. 창세 전에 예수 안에서 택해졌다는 의미는 죄인으로서의 나는 이미 예수 안에서 소멸된 존재라는 것 아니에요? 죄인인 나는 없다는 것이지요. 죄를 짓고 죄책감 속에서 괴로워해 왔다 할지라도 하나님 편에서는 이미 모든 문제를 해결해 놓았다니까 이미 이루어진 그 사실에 연결만 되면 되지요.

그런데 예수님은 십자가에 못 박히는 모진 고초를 겪고 죽었으나 다시 살아났습니다. 그는 우리 인간의 운명의 모델로서 온 분이었습니다. 무엇보다도 죽음이 없음을 가르쳐 주신 모델이지요. 인류의 죄를 짊어지고 죽으셨다가 다시 사심으로 죄성의 인간은 죽고 성인으로 다시 부활할 수 있는 우리의 길을 보여주셨습니다.

십자가를 지셨던 예수님은 이렇게 가르치셨지요. "**또 누구든지 자기 십자가를 지지 않고 나를 따르는 사람도 내게 합당하지 않다**(마

10:38)"고요. 자기 십자가를 진다는 것은 여러 의미가 있겠습니다만 예수님이 지신 십자가의 역할을 잘 생각해보면 의미가 선명히 드러나지요. 앞서도 언급한 것처럼 일차적으로 십자가는 죄인이 죽는 곳이지요. 그러므로 죄인으로서의 자기를 없애는 것이 자기 십자가를 진다는 첫 번째 의미일 것입니다. 죄성을 가진 에고로서의 자기가 죽는 자리라는 것이지요. 그러나 그것뿐이 아닐 거예요.

예수님이 십자가를 지신 것은 자기 아닌 다른 사람을 위해서 대신 짐을 져준 것이었습니다. 전적으로 순수한 이타적 행위였지요. 우리가 예수님처럼 십자가를 져야 한다는 것은 우리도 다른 사람의 죄를 용서해 주어야 한다는 의미가 포함되어 있을 거예요. 자신만을 위한 삶이 아니라 용서와 관심과 사랑을 옆으로 확대해가는 삶을 이야기할 것입니다.

영국 소설가 그레암 그린은 인간의 도덕적 결함과 죄를 주제로 한 종교적인 걸작들을 남긴 작가입니다. 그는 그의 종교적인 소설 『권력과 영광』에서 도덕적인 결함과 정신적 나약함으로 모범적이지 못한 인간이지만 그보다 더 나약하고 절망적인 사람들을 돕는 데 헌신하는 성직자를 그림으로써 경건의 형식보다 진정한 사랑이 중요함을 강조한 것 같습니다.

1930년대 멕시코의 타바스코 지방은 공산당 혁명의 바람이 불자 종교 활동이 강압적으로 중지되고 성당은 폐쇄되어 성직자들이 체포되는 수난을 겪게 됩니다. 이 지역의 위스키 신부는 때로는 술에 취하고 여자관계로 사생아까지 있는 모범적이지 못한 신부이지만 도주 도중에서도 목숨을 걸고 끝까지 남아 어려운 사람들을 돌봅니다.

교회의 위선에 증오심을 품은 경위는 신부를 체포하지만 결국은 그에게 호의를 갖게 됩니다. 위스키 신부는 자신이 성인도 아니고 용감한 자도 못 되었음을 고백하는 참으로 인간적인 죽음을 맞이합니다. 경건의 모습은 없었어도 타인에 대한 관심과 사랑을 끝까지 실천했던 위스키 신부야말로 십자가의 의미를 실천한 사람이라고 할 수 있겠지요.

또 하나 예수님이 명하신 "**누구든지 나를 따르려거든 자기를 부인하고 자기 십자가를 지고 따라야 한다**(마 16:24)"에 담긴 '자기를 부인하고'란 무슨 뜻일까요? 이때의 자기란 자기 유익만을 구하려는 이기적인 자기를 말하는 것이겠지요. 앞서 이야기 한 육신적인 자아와 같은 개념일 테고요. '자기를 부인하고'의 다음에 나오는 '십자가를 진다'는 것이 남을 용서하는 애타적인 마음가짐을 가리키는 것이라면 말이지요.

자기 경험 세계에서 만나지는 모든 존재들은 자기 영혼의 수업을 위해서 영혼 차원에서 계약이 된 관계인지도 몰라요. 나로 하여금 용서의 관용을 배우게 하기 위해서 상대가 내게 잘못을 했을 수도 있겠고요. 그를 용서하지 않으면 내가 누군가에게 지을 수 있는 죄도 용서받지 못할 수도 있겠고요. 그러니 자기를 부인하고 자기 십자가를 진다는 것은 궁극에 가서는 자기 자신을 위하는 일일 수밖에 없지 않겠어요?

자기 인생 범주에 들어와 있는 모든 이, 즉 가족이나 친지 외에도 자기가 만나는 모든 사람들이 하나로 연결되어 자기 인생의 직물을 짜는 데 함께 하고 있다는 생각을 해보세요. 다른 사람의 인생에 내 책임이 많음을 느끼게 되지요. 그래서 이웃의 불행 앞에서도 용서를 구하고 사랑한다고 말해보면 무언가 통하는 것이 있음을 느끼게 되지요. 영적 차원에서 서로 통하는 것을 체험할 수 있을 거예요. 나의 책임도 아니고 더더구나 나의 죄 때문에 어떤 이가 가난하거나 병들었거나 고통 당하는 것이 명백히 아닐 때라도 그와 내가 공유하는 이 삶이라는 의식 속에서 하나 된 연결을 느낀다면 세상은 훨씬 온화해질 것 같지요.

세상에서 일어나는 모든 일에 내가 직접적으로나 간접적으로 연관이 되어 있다면 어떤 나쁜 일에도 내 책임이 있다는 이야기지요. 쓰나미도 대지진도 환경 오염에 일조를 한 내 책임이 거기 있잖아요. 그래서 그 해결을 위해서 우리는 우리의 최고 모델인 예수님처럼 십자가를 져야 하는 것인지 몰라요. 그렇게 함으로써 우리는 분리된 존재로서의 모든 균열을 치료할 수 있고 진정 사랑을 실천할 수 있는 사회를 만들 수가 있을 테니까요.

여기저기 흩어져 피어 있는 장미꽃들을 떠올려 보세요. 눈에 보이는 형태로는 조금씩 다른 모습으로 각기 다른 장소에 피어 있어도 공기중을 떠도는 형태 없는 장미향은 하나로 퍼져 있듯이 형태 없는 의식으로 연결되어 있는 한 커다란 영을 생각해 볼 수 있지요. 우리의 참 본체는 그 하나인 의식이라고 할 수 있잖겠어요? 분리된 것으로 보고 또 분리된 것으로 생각하는 모든 상반된 것들은 겉으로 그렇게 보일지라도 실제로는 서로 보완적 국면을 지닌, 같은 하나인 것이라고 할 수 있겠지요.

하나님이란 절대 정신은 형태가 없는 보이지 않는 존재로서 그 자신을 경험하기 위해 형태가 있는 세상을 창조한 것이라고 생각할 수 있지요. 신성이라는 이데아는 경험을 통해 완전함으로 이루어지는 것일 테니까요. 보고 듣고 냄새 맡고 만지고 맛보고 하는 오감을 통해 세상을 경험하기 위해 절대 정신은 세상에 나뉘어져 있지만 원래 하나였던 것이겠고요. 오감의 그 뒤에 있는 생명력, 그 원천을 나뉘어져 사는 우리에게 계속 일깨우면서 말입니다.

성경은 하나로의 회복을 위해 예수라는 존재를 가운데 두고 있음을 알려주지요. 예수님은 하나님과 우리 사이의 막힌 담을 허물고 화목케 하셨다고 되어 있으니까요. 우리 모두의 속에 있는 신성은 사실 분리될 수 없는 존재겠지요. 공기를 가를 수 없듯이 말이에요. 그렇다면 같은 신성을 고루 갖고 있는 우리 모두는 한 의식이며 각기 다른 외관으로 존재하는 하나라는 것을 인정할 수 있지 않을까요?

헤밍웨이는 그의 소설들을 통해서 인간은 누구도 하나의 섬이 아님을 깨우쳐 줍니다. 『노인과 바다』에서 비록 노인은 망망대해에 혼자 나아가 청새치와의 사투를 벌이지만 바다에서 만나는 날치, 돌고래, 제비갈매기들과 생명이라는 힘으로 연결되어 있는 친구라는 인식을 보이지요. 『누구를 위하여 종은 울리나』에서도 주인공 로버트 조단은 극한 상황 속에서 모든 존재가 상호 의존 관계에 놓여있음을 깨닫게 됩니다. 나와 타자가 구별된 존재가 아니라 상호 관련되어 있는 하나의 존재로 인식되는 순간들을 직시하게 됩니다.

사랑의 출발점은 우리가 모두 따로 떨어져 있는 섬들이 아니라는 것을 인식하는 것이어야 한다고 생각해요. 우리는 개별적인, 분리된 존재로 알고 있지만 사실은 그렇지 않다는 것을 자주 스스로에게 환기시켜야겠어요. 신이 이 세상 만유에 충만한 존재라면 신은 우리 모두에게 나뉘어져 있다는 것을 반복해서 생각하다 보면 모두가 화목해질 듯하잖아요? 우리 모두가 합하여 신을 이루고 있는 한 존재라고 생각하면 한 혈통의 형제끼리 친밀감을 느끼듯이 낯선 사람들끼리도 혈육 같은 따뜻함을 품을 수 있을 것 같아요.

신은 인간에게만 나뉘어져 있는 것이 아니라 자연과 무생물까지를 아우르는 만유의 모든 것에 편만해 있다고도 할 수 있지요. 그렇다면 우리는 우리 인간끼리만 연결되어 있는 것이 아니고 자연과 무생물, 모든 것과도 연결되어 있는 것이고요. 그 모든 것이 신을 이루고 있다면 자연과 인간도 신성한 관계로 연결된 하나라고 할 수 있죠. 자연을 함부로 파괴할 수 없는 이유지요.

눈으로 보이는 존재들은 모두 따로따로 분리되어 있는 것 같지만 보이지 않는 빛의 고리로, 파동의 끈으로 다 이어져 있는 것이래요. 그러니 빛과 파동이 서로의 존재에게 침투하고 간섭함으로써 보이는 현실이 변화하고 새롭게 드러나기도 하잖아요? 그러니 우리 모두가 함께 힘을 합쳐 보이는 현실을 만들어 가는 것이지요. 그러니 드러난 현실에 대한 책임도 우리 모두에게 나뉘어져 있는 것이고요. 선과 악의 상대적 세상의 경험을 통해 타자와의 경계선을 허물고 신과의 합일로 나아가야 되는 것이 이 세상 삶의 목적임을 다시 한 번 생각해 보아야겠고요.

너와 나의 거울

간음하다가 현장에서 잡힌 여인이 있었지요. 율법을 잘 지킨다는 사람들이 그녀를 끌고 예수님께로 데려왔습니다. 율법에는 음행한 여인을 돌로 치라 명했는데 어떻게 하면 좋겠느냐고 묻습니다. 예수님은 잠시 생각하다가 "**너희 가운데 죄 없는 사람이 먼저 이 여인에게 돌을 던지라**(요 8:7)"라고 하시지요. 이 말씀에 모여 섰던 사람들은 양심에 가책을 느끼고 하나 둘 모두 떠나가지요. 돌을 들고 죄인을 치려던 사람들은 그 순간 자신들의 죄를 보게 된 것이겠지요. 우리 앞에 정죄 받을 사람이 서 있을 때 예수님의 이 말씀을 기억하게 되면 누구도 비판의 대상으로 보이지는 않을 거예요. 그 순간 예수님의 말씀이 들려온다고 생각하면 그가 오히려 거울이 되어 자신을 비추고 있다고 생각할 수 있겠지요. 사실이 그렇지 않던가요? 누군가 비난을 하다가도 자신을 바라보면 그가 자신의 한 면을 보여주고 있는 경우가 많잖아요?

셰익스피어의 극 중에 로마의 역사적 인물이 소재가 된 『줄리어스

씨저』에 그런 주제가 잘 나타나 있어요. 부르터스의 친구 캐시어스는 씨저를 시기하여 부르터스를 부추겨 씨저 암살에 동참하도록 하지요. 씨저가 자기보다 약한 자였는데 자기 위에 군림한 것을 못마땅해 한 것이었어요. 부르터스는 암살 음모에 가담하는 것이 자신에게 명예로운 일인가 고민합니다.

결국 부르터스는 씨저가 황제가 되기 이전인 현재는 문제가 없지만 그가 황제가 되면 아래 사람들을 억압하는 독재자가 될 것이라고 하며 그를 죽이는 일에 캐시어스와 동맹을 합니다. 공익을 위한 일이니 명예로운 일이라는 깃발을 내세우지요. 사람들이 낮은 자리에서 위로 올라가 높아지면 아래를 굽어보고 자기가 올라갔던 그 아래를 경멸하는 것이 일반적인 일이라면서 그렇게 되기 전에 싹을 없애는 것이 합당하다는 것이 씨저를 죽이는 명분이었어요.

씨저 암살을 합리화하게 된 부르터스의 말을 자세히 살펴보면 참 아이러니하지요. 높아지면 자만하는 것이 사람들의 일반적인 성향이라고 스스로 규정하면서 그 일반적인 일에서 자신만을 빼놓고 있으니 말이에요. 부르터스가 암살에 동참하게 된 것은 로마 백성들이 부르터스가 일어나 로마를 압제자로부터 구제해 주기를 원한다는 캐시어스의 거짓 전략에 의한 것이었거든요. 즉 그는 로마인들이 자신을 높여준 것에 고무되어 사실상 스스로 교만한 마음이 되어 교만한 독재자가 될 가능성이 있다고 씨저를 죽였던 것이지요.

씨저 암살과 그 이후의 과정을 보면 부르터스는 여러 번 캐시어스의 정확한 통찰에 의한 판단을 무시하고 자기 의견대로 일을 진행시켜 나갑니다. 그래서 결국 암살은 성공했지만 권력을 안토니우스에게 빼앗기고 비극을 맞이하게 되지요. 자기가 그 누구보다 더 낫다는 높은 마음을 버리지 못한 그의 죄가 보응을 받은 것이지요.

씨저라는 이름은 높아지고자 하는 인간 욕망의 은유로 볼 수 있지요. 캐시우스는 씨저보다 높아지고 싶었고 부르터스에게는 다른 사람들의 의견보다 자기의 판단이 절대적으로 옳다고 생각하는, 자만심이 높은 독재자의 마음이 있었구요. 이 작품의 주인공들은 하나같이 서로가 서로에게 거울임을 깨닫지 못합니다. 그래서 극 초반에 캐시어스는 브루터스에게 "자네는 자네의 얼굴을 스스로 볼 수 있느냐?"고 묻지요. 브루터스는 자기 얼굴을 직접 볼 수 없지만 자기 얼굴을 비추어주는 것에 의해 볼 수 있다고 대답합니다. 아이러니하게도 그렇게 말한 당사자들이 자기를 비추어주는 타인들의 모습에서 자신들을 보지 못하고 죽음에 이릅니다. 이 작품의 주제 중의 하나는 우리는 타인의 모습 속에 있는 자신의 모습을 보지 못함으로써 비극을 초래한다는 것이지요.

예수님은 우리 주변의 죄인에게 비판의 돌을 던지고 싶을 때 그 비판의 대상이 자기를 보여주는 거울은 아닌가 생각해 보도록 일깨웁니다. 물리적 거울은 우리의 외모를 보고 더러운 것을 지우거나 아름답게 치장하는 데 쓰이지요. 마음을 보여주는 거울은 무엇이겠어요? 내 주변에 있는 모든 사람들이 거울이라고 보면 나는 그들을 보면서 자신의 마음의 모습을 비추어 볼 수 있겠지요. 자기의 좋은 모습을 타인에게서 볼 수도 있겠고요. 자기 주변에 비판할 사람이 많다면 한 번 생각해 봐야 할 것 같아요. 자기의 어떤 부분들을 치유해야 하는지 자각이 떠오를 수 있을 테니까요. 자기의 얼굴에 티가 묻은 것을 거울에서 보고 지우듯이 타인의 모습에서 보인 더러움이 자기에게 있음을 보고 그것을 지우고 아름답게 고쳐 나간다면 모든 인연의 거울들이 얼마나 고마울는지요.

그런데 우리는 일반적으로 타인에게서 투영된 자기 자신의 모습을 보면 그것을 더 싫어하게 되지요. 심리학에서는 그렇게 타자에 투영된 자신의 모습을 그림자라고 하지요. 상대 속에 자신의 그림자가 있음을 부정하거나 저항합니다. 자신의 모습인 줄도 모르고 그 모습이 타인에게서 보여지면 더 저항하고 싫어하는 것이 심리랍니다.

성경에는 집안 식구가 원수라고 되어 있지요? 가장 가까이서 볼 수 있는, 자신이 투영된 모습을 원수시하는 것이지요. 자식에게서 자신의 단점이 그대로 보이는 것을 참 싫어하게 되잖아요? 원수 같은 그 모습을 가까이서 거울처럼 자주 접하면서 자기의 모습을 고치도록 주어진 관계라는 것을 알아차리지 못하고 사는 것이 대부분입니다. 평생 원수가 천생연분인 줄도 모르고 서로를 할퀴며 상처내기만 하고 헤어져 버리기도 하지요.

자기가 비판하려는 사람은 자기 자신의 다른 측면일 뿐이라는데요. 대면하기 싫은 자신의 모습이라 어둠 속에 억압하고 있는 그 모습이 가까운 사람에게서 드러나 보이면 그것이 싫어서 마구 돌팔매질을 하게 된답니다. 그래서 남을 보고 비판하는 것은 자기 자신에게 삿대질을 하는 거나 같은 것이겠지요. 거울 속에 비친 자기의 모습이 싫어서 돌팔매질을 한다면 자기의 모습은 고쳐지지 않은 채 거울만 깨는 손해를 입게 될거예요. 타인이라는 거울 속에 비친 자기의 모습을 객관적으로 볼 수 있는 것이 아름다운 자기 모습을 회복하는 첫단계일거예요.

본심을 잊지 않는다면

성경에서 이스라엘 민족들이 움직여 간 지도는 인생이 영과 육의 존재로서 이 세상을 살아가는 과정을 나타내는 지도라고 할 수 있을 것 같아요. 이스라엘인들이 애굽에서 400여 년간 종살이하는 과정은 신을 알기 이전 세상의 삶을 의미하는 것이겠지요. 그들이 애굽의 압제 하에서 괴로운 신음 소리를 냈을 때 하나님이 그 신음 소리를 듣고 그들을 기억하셨다고 성경에는 기록되어 있습니다. 하나님이 건망증이 있어서 다 잊고 있다가 신음 소리를 듣고서야 그들을 기억했겠어요? 그것은 우리가 하나님을 만나게 되는 경위를 이야기하는 것이 아닐까요? 세상 삶의 어려움에 부딪혀서 고통받기 전까지 우리는 우리의 힘으로 얼마든지 쉽게 세상을 살 것처럼 지내지만 고난이 오고 마음 속에서부터 신음 소리가 날 때 신의 존재를 생각하기 시작하지요.

애굽의 통치자는 하나님의 여러 가지 기적을 보고서야 이스라엘 민족을 애굽에서 해방시켜 줍니다. 모세가 홍해를 가르는 기적을 통해 이스라엘 민족은 애굽을 벗어나 광야로 나오게 되지요. 애굽에 내린 많은 재앙들이 있은 뒤, 애굽 가정의 모든 장자들이 죽어가자 애굽 왕 바로는 결국 이스라엘 민족들을 애굽에서 떠나도록 허락했지요. 애굽의 장자들이 죽어갈 때 이스라엘의 가정에선 문설주에 양의 피를 바름으로써 장자의 죽음을 면합니다. 이는 양으로 상징되는 예수님의 죽으심으로써 영적 이스라엘인들이 구원받았음을 상징하지요. 그래서 죽음을 면하고 홍해를 건너는 것을 기독교인이 세상에서 하나님 모르고 살다가 예수를 믿고 교회에 나옴을 상징하는 것으로 봅니다. 그래서 성경에서 애굽을 건너 이스라엘 민족의 그 다음 거처가 된 광야는 교회로 상징된다고 하지요.

이스라엘 민족의 광야 생활은 구름과 불기둥으로 인도하시는 하나님의 안내에 맡겨집니다. 그들은 하늘에서 내려주는 만나를 먹고 생활하게 되지요. 애굽의 압제를 벗어나 자유로워졌는데 하나님이 일일이 발걸음을 인도하는 대로 따라가며 하나님이 내려주시는 만나를 받아먹고 사는 지극히 수동적인 삶이었습니다. 그래서 그들은 때로 모세에게 마구 불평을 하지요. 애굽에서 먹던 음식들이 그리워 다시 애굽으로 돌아가고 싶다고 말이에요.

이들의 이야기는 하나님을 만나고도 육체적으로 무엇인가 부족하다는 생각으로 인한 욕망이 수시로 다시 살아나는 불씨처럼 우리 안에서 일어나고 있음을 가르쳐주지요. 그들이 애굽에서 광야로, 광야에서 다시 가나안으로 이동하는 과정은 우리 영혼의 발걸음이 움직여 가는 지도인 것 같은데요. 그러나 떠나온 곳을 다시 쳐다보고 뒷걸음

친다면 얼마나 삶은 더 고달플까요?

광야 생활 이후의 이스라엘 민족들의 최종 목적지는 가나안이었지요. 가나안 정복을 앞두고 모세는 이스라엘 열두 지파의 두령 12명을 먼저 그 땅을 탐지하도록 파견합니다. 가나안 땅을 탐지하고 돌아온 두령들 중 10명은 그 땅이 그들이 가서 살 수 없는 곳이라고 악평을 합니다. 우선 그 땅은 가나안 7족속이 요새에 버티고 있어 정복하기 어려운 곳이고 그곳의 주민들은 아주 장대한 거인들이라 이스라엘인들은 그들에 비하면 메뚜기처럼 보잘 것 없고 연약하여 도저히 상대조차 할 수 없는 상황이라고 겁에 질려 부정적인 보고를 하지요. 열두 두령들 중 여호수아와 갈렙이라는 지도자만 하나님이 허락하시면 그들이 들어가 살기에 아름다운 땅이더라는 긍정적인 보고를 하지요. 똑같은 상황을 보는 관점이 아주 상반되는 것이었습니다.

그들에게 가나안 땅을 주리라고 약속한 존재가 애굽에서 그 많은 기적을 경험하게 하고 또 결국 홍해가 갈라지는 기적을 통해 자신들을 구출한 전지전능한 하나님임을 어느새 잊어버렸던 거지요. 그 약속을 잊지 않은 사람은 여호수아와 갈렙 두 사람뿐이었습니다. 똑같이 똑같은 땅을 탐지하고 왔지만 그 둘의 보고는 정반대였지요.

여호수아와 갈렙은 하나님이 약속하신 땅을 아름답게 보았지만 다른 사람들은 겁을 먹고 차라리 애굽으로 돌아가게 해달라고 모세에게 항변을 하지요. 그래서 결국 하나님이 약속하신 가나안 땅을 눈 앞에 두고도 여호수아와 갈렙 외에 모든 이스라엘 민족은 광야에서만 머물다 죽고 맙니다.

하나님이 약속하신 가나안 땅의 상징적 의미는 무엇이겠습니까?

그곳은 하나님이 선택한 민족에게 최종적으로 약속한 땅이니 결국은 천국이 아니겠어요? 그런데 그 천국은 하나님이 선택한 민족의 손을 이끌고 자동적으로 들어가게 하시는 땅이 아니라는 데 문제가 있네요. 바로 그 앞에서 중대한 믿음의 시험을 이겨야 되는 것이지요.

우선적인 시험은 관점의 시험입니다. 똑같은 상황을 어떻게 보느냐 하는 것이 가나안 입성의 첫 관문이었어요. 그렇다면 가나안 즉 천국이란 곳은 어떤 곳이겠어요? 누구나 보기에 아름답고 평안하며 근사한 곳이 아니라는 것이지요. 자기네 땅이라고 가나안 일곱 족속이 버티고 있는 곳입니다. 천국은 여전히 영적 싸움이 있는 곳이라는 거지요. 그러나 하나님을 기뻐하는 자가 되면 아름다운 땅의 소유주가 될 수 있는 그런 곳이지요. 그러하니 천국은 주어지는 땅이 아니라 창조되는 땅이라는 것이고요. 관점이 그것을 창조한다는 것이지요. 천국을 누리기 위해서는 긍정적인 관점이 필요함을 가르쳐주는 것 같아요.

이 세상의 삶엔 죽는 날까지 문제가 없을 수 없겠지요. 광야 교회에도 문제는 많지요. 성경엔 여호와의 불은 시온에 있고 여호와의 용광로는 예루살렘에도 있다고(사 31:9) 되어 있습니다.

시온과 예루살렘은 이스라엘의 중심이고 영적 이스라엘인들의 중심인 교회를 가리킨다고 할 수 있습니다. 불과 용광로는 세상의 고통이나 지옥의 묘사에 등장하는 물리적 조건이죠. 하나님은 이스라엘 민족을 애굽에서 구출해낸 것을 "**너희는 여호와께서 철이 녹는 용광로인 이집트에서 이끌어 내어 오늘 이같이 기업으로 삼으신 백성들이다**(신 4:20)"라고 하셨습니다. 그렇다면 용광로 불이 하나님이 없었던 애굽에서뿐 아니라 예루살렘에도 있다는 것은 여전히 문제와 어려움이 신앙 생활 가운데에도 나타나며 그것이 불에 타는 고통처럼 이어진다는 의미겠지요.

광야를 건너 가나안에도 여전히 대적해야 할 문제는 많다는 것을 알 수 있어요. 가나안 칠 족속이 그 문제들을 상징하는 것이라 할 수 있으니까요. 그러니 천국은 좋은 것만으로 이루어진 어떤 곳이 아니라는 것이지요. 거기엔 이미 그 땅의 주인이라고 주장하고 있는 거인들이 있답니다. 그들을 정복해야만 그 땅을 차지할 수 있는 것이라는 전제가 있지요.

가장 우선되는 것은 그 앞에서 두려워하지 않고 하나님의 약속을 믿는 긍정적인 마음일 거고요. 하나님이 젖과 꿀이 흐르는 땅을 주신다고 약속하셨으니 어떤 문제가 버티고 있는 땅이든 불리한 것처럼 보이는 어떤 지형이든 내 긍정적인 관점이 창조하는 곳이 천국이라는 이야기지요.

이 땅에서의 삶은 어떤 경로에 있든지 도전을 필요로 하잖아요. 늘 눈 앞에는 크고 작은 문제들이 있습니다. 그때마다 우리는 육안으로 보고 내 생각으로 상황을 판단하고 선택을 할 가능성이 많지요. 믿는 사람들에게도 지난 과정에서 수많은 하나님의 도우심을 경험했어도 또 어려움 앞에 서면 두려움이 닥쳐옵니다. 눈 앞의 현실을 문제로 보거나 적으로 보기 때문이지요. 약속만을 바라보는 긍정적인 마음만 있으면 현실은 장애가 아님을 여호수아와 갈렙이 가르쳐 주잖아요.

버티고 선 거대한 거인들로 상징되는 문제들을 앞에 두고 긍정적인 마음이 된다든가 기뻐하는 마음이 되기란 어려운 일이지요. 그러나 이 우주 전체에 편만해 있는 최고의 힘은 하나님의 힘이잖아요. 어떤 대상에게도 우리는 힘을 실어줄 필요가 없는 거고요. 그 대상에 힘을 실어주는 것은 나의 선택이지요. 여호수아와 갈렙은 가나안 거민들의 힘을 인정하지 않았잖아요. 오직 힘은 하나님께만 있다는 믿음을 견고히 붙들고 있었던 거지요. 어려움이 눈 앞에 나타났을 때 그 어려운 대상 자체에 아무런 힘이 없음을 선언하고 하나님만이 힘임을 일깨우면 눈 앞의 어려움은 문제가 안 된다는 거지요.

인생에는 항상 도전적인 상황이 먼저 주어져 있으니 천국은 침노하지 않으면 내 것이 될 수 없는 것 같아요. 인생은 고해라지 않습니까? 오래 살아봐야 연수의 자랑은 수고와 슬픔뿐이라고 하고요. 그것이 인생들에게 주어진 상황입니다. 그러나 그것은 하나님의 본심도 목적도 아니랍니다. 하나님을 잘 모르고 오해하고 있으면 하나님은 너무나 인색하거나 무심한 존재로밖에 생각되지 않지요.

주어진 상황이 어렵다면 그 어려움은 그 너머에 있는 천국을 주기 위한 가상적 단계라고 인식하면 좋을 듯해요. 어려움 속에서 고통을 겪으라는 것이 하나님의 본심은 아닌 것 같아요. 고생스럽다고 생각되는 순간마다 "**주께서 사람의 자녀들에게 고난이나 슬픔 주시기를 즐겨하지 않으신다**(애 3:33)"라는 말을 되새길 필요가 있겠어요. 하나님의 본심은 우리 모두가 하나님 나라에 합당한 자로 여기심을 얻게 하려는 것(살후 1:4)이며 온전하게 하고 굳건하게, 강하게 하시기 위함(벧전 5:10)이라고 믿어요. 어떤 어려움도 천국으로 향하는 문이라는 관점으로 보기 시작하면 좋을 거예요. 그 시간부터 천국은 창조되기 시작하겠지요. 하나님의 본심을 잊지 않는다면 재앙이나 고난은 더 이상 고통에 머물지 않겠지요.

먼저 오는 저녁

자식을 키워본 어머니들은 잘 알지요. 아이가 감기라도 앓고 나면 부쩍 여물어지고 성숙해져가는 것을 느낄 수 있습니다. 살아가면서 이런저런 고난과 고통의 가시밭길을 거친 사람은 평탄하게만 산 사람보다 마음의 깊이가 다름을 또한 알 수 있지 않나요? 고생하여 여행을 다녀온 후 마음 길은 더 깊어져서 보잘것없는 집안의 안락함도 더 소중히 느껴집니다. 군대에서 거친 밥도 먹어보고 고된 훈련도 받아보고 돌아온 아들이 훌쩍 성장해 있음을 감지하기도 합니다.

자연의 모습도 그렇지요. 모진 태풍이 휩쓸고 가면 오히려 호두 알맹이는 실하게 차오르고 바다 속엔 풍년이 든다고 합니다. 이 모든 것이 하나님의 섭리지요. 성경에 기록된 하나님의 창조 사역을 보면 재미있는 것이 있어요. 하나님은 첫째 날부터 여섯째 날까지 이세상의 것들을 하나하나 창조하시는데 언제나 한 가지 창조의 끝에는 "저녁이 되고 아침이 되니 몇째 날이니라"라고 되어 있습니다. 우리의 하루는 아침이 되어야 시작되고 저녁이 되어야 끝납니다. 그러나 하나님께서는 저녁이 먼저고 그리고 아침이 와야 하루가 마감이 됩니다. 여기에도 하나님이 계획하신 모든 일의 원리가 있는 것 같아요.

하나님이 선택하여 기록케 하신 이스라엘 민족들의 역사에도 한결 같은 원리가 어김없이 발견됩니다. 이스라엘 민족들은 먼저 애굽이란 나라에서 종살이를 하게 됩니다. 억눌리고 힘든 삶이 400여 년 지속됩니다. 그들이 고통스러운 삶 속에서 신음 소리를 내자 하나님은 그 신음 소리를 듣고 그들을 애굽에서부터 구해냅니다. 모세를 지도자로 하여 홍해를 가르고 건너와 광야에 이르게 하지요.

에덴동산에 심겨진 두 나무 중 인간은 선악과를 먼저 따 먹습니다. 그러나 그 동산에는 생명나무가 마련되어 있었지요. 선악과를 따 먹은 인간에게 내려진 벌은 고통이었습니다. 아담은 이마에 땀이 흘러야 먹을 것을 얻을 수 있는 일생의 노고를 지게 되었고 이브는 산고의 고통을 겪어야 생명을 얻을 수 있는 형벌을 받았습니다. 그리고도 그들은 일생의 수고 뒤에 죽음을 맞이할 수밖에 없는 운명이었지요. 그러나 하나님의 계획 속에는 이미 생명나무가 있었지요.

나무는 태양을 향해 가지를 뻗고 자라지만 동시에 어둠 속인 듯한 땅 속으로 뿌리를 키워 나가며 자랍니다. 뿌리가 땅 속 깊이 박히지 않으면 지상의 줄기와 가지도 튼튼치 못합니다. 보이는 것은 반대일 수 있지요. 그러나 상반된 것을 통해 온전함을 가르치기 위해서 하나님은 저녁부터 시작하셨고 어둠부터 시작하신 것 같습니다. 겨울을 모르고는 봄을 느낄 수가 없는 것이니까요.

율법이 있어야 죄를 알게 되잖아요. 선악과를 따 먹지 말라는 율법이 없었다면 그것을 어기는 것이 무엇인지 또는 무엇을 어김으로써 얻게 되는 결과가 무엇인지 몰랐을 것입니다. 신약에는 **"그래서 율법은 그리스도의 때까지 우리를 인도하는 선생이 됐습니다. 이는 우리로 하여금 믿음으로 의롭다고 인정받게 하려는 것입니다**(갈 3:24)"라고 규정했지요? 율법이 없었다면 그리스도는 의미가 없는 존재였겠지요. 율법은 온전히 다 지키라고 준 것이 아니라 우리가 그것을 온전히는 지킬 수 없는 불완전한 존재임을 알게 하는 안내자라는 것이네요. 죄인이라는 어둠의 정체성은 우리를 참빛으로 인도하는 안내자 역할을 한 것이라네요.

셰익스피어의 희극들에는 한결같이 그런 구조가 담겨 있어요. 처음에는 추방 또는 재앙으로 시작되나 우여곡절 끝에 분노는 용서로, 분리는 화합으로, 재앙은 행복으로 회복되지요. 『한여름 밤의 꿈』에서부터, 『뜻대로 하세요』, 『십이야』, 『페리클리즈』, 『심벨린』, 『겨울이야기』 그리고 『태풍』에 이르기까지 공통된 것은 비극인 것처럼 시작된 일들도 고난을 잘 헤쳐나가면 희극으로 결말지어질 수 있다는 것입니다.

성경에 하나님이 키우신 모든 인물들의 성장 과정을 살펴보면 어둠과 빛의 원리로 인도하시는 하나님의 섭리를 잘 알 수 있습니다. 아브라함의 경우부터 그렇지요. 하나님은 아브라함에게 최초에 친척 본토 아비집을 떠나라고 명하십니다. 친척 본토 아비집을 떠난다는 것은 미지의 어둠의 세계로 발을 내딛으라는 것과 다름없었겠죠.

아브라함은 갈 바를 알지 못하고 나아갔다고 되어 있습니다. 그렇게 출발하여 험난한 인생길을 걸었으나 나이가 들도록 또 후사를 보지 못했습니다. 백세나 되어 아들을 주었지요. 그렇게 노년에 어렵게 얻은 아들을 또 제물로 바치라는 명을 받습니다. 그러나 아브라함은 그 모든 어둠처럼 보이는 과정을 지나는 동안 하나님의 말씀에 귀 기울이고 그 명령대로 했습니다.

그 결과는 영생과 영광이었지요. 어둠처럼 보이는 과정은 어둠으로 가는 길이 아니라 빛으로 가는 길이었음을 알 수 있습니다. 빛을 향해 나가는 통로가 어둡게 시작되었을 뿐입니다.

야곱도 아버지 이삭이 형 에서 대신 축복해준 복을 받기까지 참으로 긴 고난의 세월을 보냈잖아요? 다윗의 경우도 마찬가지였습니다. 목동에 불과했던 어린 소년 다윗이 이스라엘의 두 번째 왕으로까지 올랐지만 그의 역정 또한 어둠의 과정이 먼저였습니다. 사울왕의 질투 때문에 죽을 고비를 여러 번 넘기는 고난의 과정이 먼저 있었지요. 시험에 빠지기도 하고 아들을 잃기도 했으며 친아들에게 죽임을 당할 뻔한 어려운 고비를 넘기기도 했습니다. 그러나 다윗 또한 언제나 하나님의 말씀에 주의를 기울이는 충성된 종으로서의 기본 자세를 갖고 있었지요. 그래서 어둠을 통해 빛으로 나아갔습니다.

요셉도 그러했습니다. 형제들에게 잡혀 구덩이에 빠져 죽을 위기를 겪었고 우여곡절 끝에 애굽에 팔려가 억울하게 옥살이를 하기도 했습니다. 요셉의 승리의 비결도 언제나 하나님께 의식을 열어둔 것이었지요. 다니엘과 요나와 룻 그리고 욥 등등 성경의 주요 인물들은 영광의 빛에 이르기까지 저녁의 어둠을 먼저 거쳐야 했었습니다.

예수님이 우리의 가장 주된 모델이지요. 모진 고통과 죽음의 어둠을 이기고 부활한 영광의 빛이요, 생명의 모델입니다. 예수님은 어둠에 갇혀 있는 사람들을 해방시키러 오셔서 본인이 먼저 어둠을 뚫고 해방되는 과정을 모범으로 보이신 것입니다. 죄인을 해방시키고 병고에 매여 있는 사람들을 병고에서 놓여나게 했지요. 어둠에 갇혀 있던 소경을 눈뜨게 하고 앉은뱅이를 일으키고 심지어 죽은 사람을 살리는 데까지 해방자의 역할을 하셨습니다.

그런데 우리 안에 누구에게나 예수님이 계시다는 것을 상기할 필요가 있는 것 같아요. 고린도후서에서 바울 사도는 "**예수 그리스도께서 너희 안에 계신 줄을 너희가 스스로 알지 못하느냐**(고후 13:5)"라고 말합니다. 또 시편에서는 "**너희는 신들이니 지극히 높으신 분의 모든 아들들**(시 82:6)"이라고 합니다. 그러므로 우리 안에 신의 능력, 지혜, 사랑 그런 것이 다 장착되어 있다는 것이지요.

그 능력의 잠재력을 일깨우기 위해 평생 고통스럽기만 한 환경 속에 있을 수도 있고 죄 가운데 방황하는 삶을 살 수도 있습니다. 모르면 어떤 형태로든 어둠에 처해 있을 수밖에 없습니다. 그러나 신으로서의 모든 것이 내면에 장착되어 있음을 의식한다는 것은 얼마나 멋진 일이에요? 해방자로, 자연 치유력으로, 지금 바로 그것이 내 안에서 활동하고 있음을 의식하는 순간, 엔돌핀은 솟아나고 기쁨이 일구어지면서 기적 같은 몸의 변화가 올 수 있습니다. 죄책감은 사라지고 해방자의 자유를 누릴 수 있지요. 어둠의 터널은 끝나고 쏟아져 들어오는 햇빛 속에 눈부시게 서 있을 수 있습니다.

잠언에 "**의인은 해를 당하지 않지만 악인은 고난으로 가득할 것이다**(잠 12:21)"라는 말씀이 있는데요. 이 말은 자귀 그대로 받아들이면 틀린 말로 이해될 수 있습니다. 예수 믿고 죄사함 받은 사람을 의인이라 하는데 그런 사람들에게 아무 재앙이 임하지 않던가요? 예수 믿고 하나님 잘 믿고 교회 잘 다니는 사람들 중에도 어려운 일을 당하는 사람을 많이 볼 수 있잖아요. 그러면 이 잠언은 틀린 말씀일까요? 그렇지는 않은 것 같아요. 진정한 의인은 어떤 일이 닥쳐도 그것을 해를 당하는 것으로 생각지 않는다는 것일 테니까요. 그것이 재앙이 될 수 없다는 것이겠지요. 재앙이 아니라 더 큰 빛으로 나아갈 수 있는 계기일 뿐이라고 생각할 수도 있고요. 오히려 더 좋게 하시려는 하나님의 일로 생각하여 감사할 수 있는 일이기도 할 테고요. 재앙이 아니라 새벽으로 가는 잠시의 어두운 길이라고 할 수 있다면 얼마나 좋겠어요? 그러니 이러한 깊은 의미를 헤아릴 줄 아는 사람에게는 어떤 재앙도 임하지 않는 것일 테지요.

예수님은 또 이렇게 말씀하셨지요. **"누구든지 내 안에 있지 않으면 그 사람은 쓸모없는 가지처럼 버려져 말라 버린다. 사람들이 그런 가지들은 모아다가 불 속에 던져 태워 버린다**(요 15:6)"라고요. 예수님 안에 거한다는 것이 삶의 일상 조건이 되어야 한다는 것이지요. 예수님이 없는 , 다시 말해서 영적 존재가 그 내면에서 일깨워지지 않으면 그 생명은 마른 가지와 같다는 거지요. 아무 열매도 맺을 수 없답니다. 불에 던져 살라지는 죽은 목숨이라는데 기실 소모적 인생의 끝은 한갓 재로 돌아갈 뿐, 그 외에 무엇이 있습니까?

삶 자체가 우리에게 요구하는 것은 아무것도 없다고 할 수 있습니다. 우리 자신이 삶을 유의미하게 창조해가는 것이지요. 창조의 능력이 우리 안에 다 주어져 있다는 것을 아는 것이 중요한 일이겠지요. 능력을 써보기는커녕 능력이 있다는 것조차 깨닫지 못하고 수동적으로 삶에 끌려다니다 가는 인생을 살 수는 없지요. 저녁이 와 있음에 실망하지 않았으면 좋겠어요. 저녁이 먼저 와야 새벽은 오게 되어 있잖아요? 새벽을 향해 가는 그 어둠의 시간들마저 사랑해야겠어요. 어둠은 빛의 선상에 있는 것이고 짐짓 변장한 빛이라고 볼 수 있지요. 저녁이 먼저 와야 새벽이 오게 되어 있으니까요.

몸의 기쁨을 넘어서

미국의 극작가 에드워드 올비는 『동물원 이야기』라는 부조리극에서 현대인들이 소통의 문을 닫고 섬처럼 고립되어 있는 상황을 극화하고 있습니다. 평범한 출판사의 샐러리맨인 피터는 가족과 함께 있어야 할 일요일에 공원 벤치에 나와 앉아 홀로 책을 읽고 있지요. 그와 일면식도 없었던 제리는 독서에 빠져 있는 피터에게 "동물원에 다녀오는 길이다"라고 아무 맥락도 없이 말을 걸면서 접근합니다. 제리가 동물원이라고 표현한 곳은 여러 인종과 계층이 함께 살면서도 서로 의미있는 교류 없이 우리에 갇혀 있는 동물들처럼 소외되어 살고 있는 빈민 하숙집이지요. 그런 곳에 살고 있는 제리는 하숙집 동편의 공원에서 혼자 자폐된 듯 책을 읽고 있는 피터에게 접근하여 어떻게 해서든지 그가 자기와 교류를 할 수 있게 하려고 노력을 합니다. 제리가 피터를 간지르고 밀치고 때리고 침을 뱉어도 피터는 교류 의사를 보이지 않습니다. 제리는 결국 피터로 하여금 자기를 찌르도록 유도하고 그의 칼에 죽습니다. 이로써 제리는 강압적으로라도 피터가 자기와 결속되도록 하는 것입니다. 상징적으로 제리는 자기의 희생을 통해 인간이 신과 결속되도록 한 예수 그리스도에 비유되지요.

이 극은 우리를 자신의 신성과 연결시키려는 존재가 있다는 것을 우리가 얼마나 외면하고 사는지를 돌아보게 해줍니다.

틀림없이 바깥 세계로만 향해서 언제나 분주하게 돌아치는 마음 말고 그 껍질 밑에 더 깊은 곳에 돌아가야 할 또 하나의 마음이 있지요. 언제나 잠잠히 지켜보시며 우리를 사랑하는 마음입니다. 그것을 의식하는 순간 우리는 평강한 마음으로 돌아올 수 있는 것이고요.

이사야서에 이런 말씀이 있네요. "**회개하고 쉼을 얻는 것이 너희가 구원받을 길이고 잠잠히 믿고 의지하는 것이 너희가 힘을 얻는 길인데 너희는 그렇게 하려 하지 않는구나**(사 30:15)"라고요. 누구든지 바깥세계로 향하는 마음의 문을 닫고 조용히 내면으로 들어가 잠잠히 신성을 신뢰하고 있으면 기쁨과 평안이 자신을 감싸오는 것을 느낄 수 있을 거예요.

깨어있는 마음 즉 내면의 영혼의 존재를 인식하는 것이 육신의 고통을 치유하는 치료제도 될 수 있답니다. 의료계의 연구에서 보면 똑같은 증상의 수술환자의 회복 속도가 신을 의지하는 사람과 그렇지 않은 사람에게서 20%의 차이를 나타낸다고 하지요. 영혼의 속성이 기쁨이기에 코드가 거기에 가 닿으면 엔돌핀이 더 많이 분비되는 것 같아요.

그리고 심리학자들에 의하면 인간에게 기본적인 물질적 욕구가 충족되면 돈이나 명성이 더 쌓인다고 해도 만족감이 더 커지지 않는다고 합니다. 내면의 기쁨이 개발되지 않으면 외적으로 충족되는 조건으로 인한 기쁨에는 한계가 있다는 것이지요. 왜 그럴까요? 물리적인 욕구의 대상들은 마음을 온전히 충족시켜주지 못하기 때문이지요.

요즘 나오는 신종 기기들을 보세요. 몇 달이 멀다 하고 새로운 제품들이 나오는데 그 월부금을 채 갚기도 전에 새로운 물건이 나오면 기존의 물건에 싫증을 느끼게 되지요. 마음을 완전하게 채워줄 수 있는 대상 대신 그 대체물로만 계속 채우려고 하기 때문에 물리적 요구의 항아리를 온전히 채울 수는 없지요. 충족된 것처럼 보이는 그 뒤에 여전히 불만족해 하고 불안해 하는 에고의 요구가 남아 있어서 그러하겠지요.

본체와 분리된 육체적 존재는 식욕이 정말 왕성하지요. 그런데 그것이 그의 특성이랍니다. 인생을 끊임없이 고달프게 하는 것은 그 그칠 길 없는 식욕이지요. 그 식욕을 채워줄 수 있는 궁극적 본체를 발견하는 것이 유일한 치료책인데 반복되는 치환책만 가지고 만족해 보려고 하는 것이 인생의 대부분의 모습인 것이지요.

성경에 나오는 아합왕의 이야기를 생각해 보세요. 사마리아 왕으로서 궁정에 살면서 기름진 포도원도 소유하고 부러울 것이 없었을 아합에게 자기가 기왕에 소유하고 있는 것 말고 또 갖고 싶은 것이 있었어요. 아합은 나봇이라는 신하의 포도원을 갖고 싶어서 탐을 냅니다.

그러나 나봇은 아합왕이 탐내는 자기의 포도원이 조상들로부터 이어받은 땅이라 팔 수 없다고 하지요. 그것이 그토록 갖고 싶었던지 아합왕은 식음을 전폐하고 수심에 잠깁니다. 이를 본 아내 이세벨이 음모를 해서 나봇을 죽이고 탈취한 그의 포도원을 아합왕에게 줍니다. 그런 죄로 아합왕은 결국 죽어 개들이 그의 피를 핥게 되지요.

소유에 대한 탐욕이 얼마나 끈질기고 잔혹하도록 강렬한 것인지 잘 보여주는 이야깁니다. 결국 흙으로 돌아가고 말 소유에의 집착을 놓을 수 없는 것은 소유로는 마음이 차지 못하는 빈터가 있기 때문이겠지요. 몸의 기쁨은 그 무엇으로도 끝까지 채우지 못한다네요.

그렇다면 영혼이 기뻐하는 일을 찾아야지요. 육체적인 자기 속에 들어있는 참자기인 그 영적 본체가 기뻐하는 일이 있을 거예요. 그것은 각자마다 다를 수 있지만 공통적으로는 생명을 존중하고 서로를 이해하며 우리가 연결되어 있는 존재임을 자각하는 행위 등의 주제에 합당한 일들일 거예요.

우리가 대부분의 삶에서 우리 몸을 기쁘게 하기 위한 일을 추구하고 살고 있지만 이 몸이 참나가 아니기 때문에 온전히 만족을 모르는 것이지요. 몸을 기쁘게 하는 것들은 모두 시간 속에 있는 것들이고 제한된 것들이잖아요. 맛있는 음식, 예쁜 옷, 아름다운 집, 좋은 차, 마음에 드는 연인, 이 모든 것이 시간 속에 있어서 시간이 지나면 만족은 사라지는 것 같아요.

그러나 배려와 동정, 조화로움, 사랑 같은 속성들은 시간에 지배되지 않는 영속성을 가지고 있는 것 같고요. 그런 것을 향해 마음을 열 때 영혼 깊은 곳에서 옹달샘 같은 기쁨이 고여 오르잖아요. 거기엔 닳아 없어짐도 없고 지나가 버림도 없고 싫증남도 없고요. 언제나 현재로서 지각되는 흐름이 있을 뿐이지요.

고무 보트에 누워 창공의 흘러가는 구름을 보며 누워 있어본 적이 있나요? 모든 지나가는 것들을 멀리서 바라보며 현재에 머물러 있는 자의 여유로운 지복의 상태를 경험해 보세요. 지나가는 것들을 붙들려고 하지 않을 때의 한가로움을 상상해 보세요. 몸은 자연히 이완되고 그런 때 행복한 파장이 온 세포로 번져감을 느낄 수 있습니다. 그때 자아는 누워 떠 있는 바다와 하나가 되고 하늘과, 태양과, 갈매기와, 구름과, 물보라와, 바람과 하나가 되지요.

미국 극작가 유진 오닐의 『밤으로의 긴 여로』에서 늘 불안하고 불행해하던 에드문드라는 청년이 유일하게 행복했던 순간을 꼭 그렇게 묘사하고 있습니다. 순회극단 배우였던 아버지를 따라 늘 낯선 호텔을 전전하며 살아야 했던 유년시절의 불안정했던 경험 때문에 불행한 의식을 가지고 산 청년이었지요.

그런데 그가 지고의 행복한 순간이라고 느낀 순간은 자기를 둘러싼 모두와 아무 경계 없이 하나가 되는 듯한 느낌을 받은 순간이었어요. 그런 장면은 문학작품에 심심치 않게 나오지요. 인간이 결핍의 빈터 없이 행복을 느끼는 순간은 분리된 존재로서의 경험이 아니라 주변과 하나가 되는 경험을 하는 순간인 것 같아요.

헤밍웨이의 『노인과 바다』에서 고기잡이 노인 산티아고는 84일 동안 고기 한 마리 잡지 못한 불운 가운데서도 바다와 햇살과 다랑어와 물새 한 마리와도 교감을 나누며 행복한 순간을 경험합니다. 고령의 노인임에도 불구하고 그에게는 상어떼와 싸우는 힘이 솟아오릅니다.

그러나 결국 상어떼와의 사투에도 불구하고 잡은 청새어를 다 잃고도 인간은 결코 패배하지 않는 존재라고 외칩니다. 외면으로는 늙고 가난하고 외로운 노인에 불과하지만 꿈속에서 늘 사자 꿈을 꾸는 산티아고는 내면에 그의 참본체인 무한한 힘의 원천이 있음을 알기에 인간은 패배하지 않는 존재라고 외칠 수 있었던 것 아닐까요?

상황에 반응하는 오감의 감정 대신 어떤 상황이든 의식적으로 긍정의 감정을 선택하여 방출하면 그 감정은 부메랑처럼 긍정의 힘으로 몸에 작용하는 것 같아요. 감정의 좋은 에너지를 내보내면 건강한 활력이 다시 몸에서 생겨난다는 것이지요.

반대로 어떤 부정적인 상황에서 두려움이나 염려, 의심 같은 감정으로 반응하면 그것들은 육체에 병의 원인으로 작용하고요. 몸이 불편하면 또 그에 대한 감정의 반응은 불안과 염려와 두려움이 되지요? 악순환이 계속됩니다. 두려움과 근심이 면역계에 영향을 미친다는 것은 널리 알려진 사실입니다. 그래서 성경에도 "**즐거운 마음은 병을 낫게 하지만 근심하는 마음은 뼈를 말린다**(잠 17:22)"라고 되어 있잖아요?

하나님은 만유 위에 계시고 만유 가운데 계시므로 내 안과 밖 모두의 기류 속에 하나님이 계시다고 할 수 있을 거고요. 그러니 온 천지에서 무한히 자애로운 기운을 느낄 수 있지요. 의식만 한다면 언제 어디서나 하나님께서 함께 하시는 기쁨을 누릴 수 있을 거예요. 고요히 있을 수 있는 시간을 내어 의식을 집중하고 잠잠히 있어보면 잔잔히 번져 오는 영적인 기쁨을 맛보게 되지요.

시편에는 "**내 영혼아, 조용히 하나님만 바라라. 내 소망이 그분에게서 나오는구나**(시 62:5)"라고 되어 있지요. 밖의 세상으로만 열려 있는 마음의 문을 닫고 조용히 있어 보면 안으로 영혼의 문이 열리는 느낌을 받을 수 있지요. 그리고 거기서 자신을 바라보고 있는 시선을 마주

할 수 있어요. 자애로운 눈길로 자신을 받아주고 있는 그 힘을 느낄 수 있지요. 그러면 몸은 긍정의 에너지로 차오르고 아픈 곳도 다 사라지는 기적을 체험하기도 해요. 근사한 일이지요?

떠나는 삶

베데스다 못가의 38년 된 병자 이야기를 생각해 보지요. 낫고 싶으냐는 예수님의 물음에 그는 이렇게 답합니다. "**선생님, 물이 움직일 때 못에 들어가도록 나를 도와주는 사람이 없습니다. 내가 가는 동안 다른 사람들이 나보다 먼저 물속에 들어갑니다**(요 5:7)"라고요. 이것이 38년간이나 그가 병에서 해방되지 못했던 이유였습니다. 예수님은 아주 단순하게 해결책을 주십니다. "일어나 네 자리를 들고 걸어가라"는 것이었지요. '이제 내가 너를 낫게 했으니 일어나 가거라'라는 것이 아니고 '네 자리를 들고 걸어가라'는 것이 예수님의 말씀이었어요.

병자는 자리를 들고 가라는 말씀에 그대로 일어나서 걸어갔습니다. 말씀 한 마디에 38년이나 일어나지도 못했던 그 자리를 떠나게 된 것이지요. 그가 들고 간 그 자리가 무엇인가요? 들고 가야 하는 자리는 그 병자의 38년간의 과거 또는 그가 깔고 앉아 있었던 자기만의 생각 그런 것이 아니었을까요? 그를 붙들고 놓아주지 못했던 과거의 기억들 말이지요. 38년 전에도, 10년 전에도, 일 년 전에도 그를 붙들고 있던 과거는 누군가 나를 못에 넣어줄 사람이 필요한데 그런 사람이 없다는 원망이었습니다. 예수님이 그것을 털어버리고 일어나 걸어가라고 하니 그는 그대로 일어나 걸어가게 됩니다. 그 날은 안식일이었습니다. 안식일은 무슨 날인지요. 하나님이 천지를 창조하시고 모든 생명을 창조하기를 마치시고 쉬셨던 날이 안식일이지요.

안식일은 자기의 일로부터, 과거로부터 해방되는 날 아니겠어요? 자기 생각이나 일로 인한 스트레스, 과거의 상처로 인한 자유롭지 못한 마음들이 만성적인 병을 일으킨다지요. 예수를 믿는다는 것은 자기의 생각을 버리고 과거를 미련 없이 던져버리는 것이지요. 있던 자리에서 그냥 일어서서 앞을 보고 걸어가는 것이겠지요. 예수님의 말씀만을 순수하게 듣는 것일 테고요.

또 38년 된 병자가 앉아 있던 그 자리에는 무엇이 있었을까요? 켜켜이 쌓인 불신과 스트레스가 있었을 거예요. 스스로 뛰어들 능력은 없고 다른 사람은 자기를 도와주지 않고 눈 앞에서 병이 나아 떠나는 사람들을 보며 얼마나 사람들에 대한 불평과 스트레스가 쌓였겠어요? 또 그의 자리가 상징하는 것은 부정적 생각이라는 것일 거고요. '나는 나을 길이 없겠구나. 저렇게 나보다 먼저 못에 뛰어드는 사람들이 많은데 나는 도저히 안되겠구나.' 하는 부정적 의식, 이런 모든 것을 깔고 앉아 오랜 세월을 보내고 있었을 것입니다.

그러나 아무리 오래된 부정 의식도, 불신도, 심한 스트레스도, 과거의 기억도, 자기의 온갖 생각들도 한 순간에 물러갈 수 있다는 것이지요. "네 자리를 들고 가라"는 말에 순간적으로 일어서면 되는 것이었어요. 그 목소리에 단순하게 승복해버림으로써 해결된 것이었지요.

그 승복이 긍정적 변화를 가져오는 가장 중요한 일인 것 같아요. 그 승복하는 마음이 예수님 속에 있는 에너지와 연결되는 스위치일 것 같고요. 그 치료의 에너지에 접속이 되면서 병이 낫는 것일테고요.

"네 자리를 들고 가라"는 명령이 이 순간에도 모두에게 내려지고 있다고 볼 수 있지요. 수십 년 동안 내 마음을 차지하고 있던 과거의 생각들로부터 떠나라는 것이지요. 우리를 한 발자국도 앞으로 나아가게 하지 못하는 고정관념도 들고 가야 할 그 자리일 수 있겠지요. 내 고집, 내 주장, 나의 의로움, 타인만을 바라보는 시각의 옹졸함, 원망, 그 모두가 우리를 고정된 그 자리에 머물게 하는 요소들 아닌가요.

하나님은 믿음의 조상 아브라함에게 맨 처음 "네 본토 아비집을 떠나라"라고 명하셨습니다. 본토 아비집이 무엇을 가리키는 것일까요? 날 때부터의 환경과 여건, 내게 가장 익숙한 모든 것이 있는 그곳을 떠나라고 하는 것이 맨 처음 아브라함에게 내려진 하나님의 명령이었어요. 원래 태어난 자리인 그곳은 나의 육신적 존재가 태어나 자란 곳이므로 이제 육신적 존재의 속성을 버리고 그 자리를 떠나 하나님이 인도하시는 곳을 향해 가라는 것이지요.

'네 자리를 들고 가라'는 명령은 또 다른 측면에서 보면 편안하게 안주해 있는 자리를 떠나라는 말일 수도 있을 거예요. 삶은 과정이고 변화라고 할 수 있지요. 언제나 있던 자리에 머물러만 있으면 아무런 변화도 없는 지루한 삶이 되지 않겠어요? 머물던 자리에 그냥 앉아 있으려는 마음은 변화를 두려워 하고 회피하는 마음일 수 있겠지요. 삶은 우리로 하여금 머물러 있는 편안한 곳을 떠나라고 명하는 것 같아요. 끊임없이 새로운 것에 도전하고 변화하며 발전해 가는 것이 삶의 목표이기도 하니까요.

룻은 친정집을 등지고 시어머니 나오미의 가는 길을 따를 것을 선택하여 복을 얻은 여인이지요. 나오미는 유대 땅에 기근이 들었을 때 남편과 함께 두 아들을 이끌고 이방 민족의 땅인 모압 땅으로 갔습니다. 거기서 그녀의 두 아들들은 그 이방 민족인 여인들과 결혼을 합니다. 그런데 나오미는 거기서 남편과 두 아들들을 다 잃습니다.

나오미는 고향으로 돌아가기 위해 두 며느리를 불러 앉혀놓고 말합니다. 자기가 이제 고향 땅으로 돌아가려 하니 너희들도 친정집으로 돌아가라는 것이었지요. 그 소리에 두 며느리 중 하나인 오르바는 친정으로 돌아갔으나 룻은 기어코 시어머니를 따라갑니다.

고국 땅과 친정 부모님을 등지고 낯선 유대 땅으로 온 룻의 삶은 결코 평탄하지 않았지요. 남의 밭에 가서 이삭을 주워 자기와 시어머니의 생계를 이어가야 하는 고달픈 삶이었어요. 그러나 그녀는 결국 친척 보아스의 친절로 그와의 사이에서 아들 오벳을 낳게 됩니다. 오벳은 다윗의 할아버지가 되고 결국 예수님의 조상이 되지요.

아브라함처럼 룻 역시 아비집을 떠나고 본토를 떠나 낯선 곳의 삶으로 뛰어듦으로써 결국 하나님의 은혜를 받게 됩니다. 기존의 안정된 자리를 떠난다는 것은 언제나 용기를 필요로 하고 믿음을 필요로 하는 것이겠지요. 조국과 부모, 그것은 떼어내기 어려운 자기의 본바탕이며 자신의 일부이기 때문이겠고요.

영국의 극작가 버나드 쇼오는 기존의 도덕적, 종교적, 사회적 인습을 공격하는 것을 일생의 과제로 생각했던 작가였습니다. 쇼오의 세계관은 인간 세계가 변증법적 발전을 해가며 진보해가야 한다는 것이었지요. 모든 진보는 기존 질서와 사상을 거부하고 현재의 자신을 초극해야 한다는 것이 그의 대표작인『인간과 초인간』의 주제이기도 합니다. 그에 의하면 인간의 바람직한 존재방식은 기존 질서의 우상성을 파괴하는 투쟁과 도전의 방식이라는 것이지요.

38년 된 병자의 경우처럼 우리가 지금이라도 들고 가야 하는 그 자리는 인습적인 마음의 작용일 터입니다. 마음의 작용에서 일어나서 자신의 본체와 연결되는 것이 일어나서 새로움에 도전해가는 삶일 것 같아요.

숨어 있는 길

영국 작가 찰스 디킨즈의『위대한 유산』은 부모 없이 자란 소년 핍이 우여곡절 끝에 신사로 성장하는 이야기입니다. 핍은 어느 날 교회 묘지에 갔다가 탈옥한 죄수 매그위치를 만나게 되는데 그는 핍에게 줄칼과 음식을 가져오라고 협박조의 명령을 합니다. 핍은 불안에 떨면서도 식구들 몰래 죄수의 요구를 들어줍니다. 그 후 이 죄수가 익명으로 핍에게 신사로 성장하기를 바란다는 요구와 함께 막대한 유산을 전해주게 되지요. 불우한 환경을 수치스러워하던 핍은 런던으로 진출해서 신분상승의 삶에 편입합니다. 그러나 핍의 변화는 외면적인 변모에 불과할 뿐, 속사람은 여전히 촌스럽고 무위도식하며 돈을 낭비하는 신사다움과 거리가 먼 타락한 생활에 빠지지요. 그러다 자신에게 유산을 제공한 은인이 묘지에서 만났던 죄수임을 알게 됩니다.

핍은 처음엔 매그위치를 혐오하고 그를 회피했으나 그가 사형수로 다시 체포되자 그의 곁을 지키며 감사함을 표합니다. 감옥에서 매그

위치가 죽은 후 심한 병고를 겪게 되나 선량한 조의 지극한 간호로 회복되자 조의 신사다운 기독교 정신에 감화되어 진심으로 회개하게 됩니다. 핍은 진정한 신사로 거듭나서 옛날에 신분 차이로 멸시당했던 여인을 새로운 모습으로 다시 만나게 됩니다. 교회의 묘지에서 자기를 위협하던 죄수가 결국 자기의 구원자가 될 줄을 어떻게 알았겠습니까? 나쁜 일인 것 같아도 그 속에 구원의 길이 숨어 있었던 거지요.

쏠 벨로우의 소설, 『허조그』의 주인공 허조그는 결혼에 두 번 실패하고 가족과 사회로부터 소외된 지성인입니다. 그는 소외된 상태에서 역사학 교수로서의 그를 형성했던 모든 사람과 철학들을 점검해 보게 됩니다. 그가 자기에게 영향을 끼친 사람들에게 부치지 않을 편지들을 쓰는 행위를 통해 작가는 우리의 자아가 남의 생각들로 채워진 인위적 허구임을 깨닫게 합니다. 허조그는 그의 아내와 친구와의 불륜에 대한 복수를 계획하다가 자신의 삶을 돌아보고 스스로를 질책하다가 그가 리얼리티라고 믿는 것이 환상일 뿐임을 깨닫게 됩니다. 비로소 아집의 고통과 문제에서 해방되어 어떤 말도 필요 없게 되는 상황을 경험합니다. 본래적 자아인 신성을 회복한 순간이라고 할 수 있겠지요. 아내와 친구와의 불륜을 알았을 때 그것은 일시적으로 분노와 고통을 가져다 주었지만 그것이 계기가 되어 그는 구원에 이르게 되는 것이지요.

샤롯 브론테의 『제인 에어』에도 역시 이러한 주제가 담겨 있다고 할 수 있지요. 첫 번째 아내를 감금해두고 살아야 했던 로체스터의 불행과 그를 사랑하면서도 떠나야 했던 제인의 불행은 그대로 불행으로 끝날 수도 있었지만 화재라는 재앙으로 인해 사랑은 결실을 맺게 됩니다. 화재로 인해 로체스터는 불구가 되었지만 제인과의 사랑의 결합을 하게 되지요. 불행인 것 같은 재앙들 속에 축복의 길이 숨겨져 있는 경우는 너무 많지요. 우리 모두의 삶도 돌아보면 크고 작은 재앙들이 결국 나를 좋게 하기 위한 길이었음을 알게 하는 사건들이 많잖아요.

우리는 일어나는 어떤 나쁜 일을 불행한 사건이라고 하기도 하고 재난이라고 이름 붙이기도 합니다. 우리가 눈에 보이는 그대로의 모습을 우리 마음대로 판단하지만 그 속에 어떤 기적을 잉태한 씨앗이 숨어 있는지 아무도 모릅니다. 그것이 어떤 사람들과 어떻게 접촉되어서 아름다운 열매를 맺는 나무로 성장할지, 어떤 기적과 같은 결과를 가져오는 시발점인지 예측할 수 없습니다. 성경에도 그런 경우의 예가 있지요.

요셉은 야곱의 열두 아들들 중에 야곱이 가장 사랑하던 아들이었지요. 그래서 다른 형제들은 요셉을 시기하게 됩니다. 그런데 요셉은 해와 달과 열한 별이 자기에게 절을 하더라는 등의 꿈을 형제들에게 이야기해서 더욱 미움을 받지요. 형제들은 그들이 들에 있을 때 요셉을 죽여 구덩이에 넣어버릴 음모까지 세우지만 결국 한 형제의 만류로 미디안 상인들에게 팔아버립니다. 요셉은 상인들에 의해 다시 애굽으로 팔려 가서 우여곡절 끝에 그곳에서 권력을 얻어 나중에 그를 팔았던 형제들과 아버지 야곱을 구원하는 구원자가 되지요.

자기들이 죽이려고까지 했던 요셉에게서 도움을 받고 면목 없어 하는 형제들을 향해 요셉은 **"하지만 형님들이 저를 이곳에 팔았다고 해**

서 근심하거나 자책하지 마십시오. 이는 하나님께서 생명을 구하시려 고 저를 형님들보다 먼저 여기로 보내신 것이기 때문입니다(창 45:5)" 라고 말합니다. 죄 없이 낯선 땅에 팔려갔던 일도 미래의 어떤 일을 위한 필연적인 과정이었다는 것이지요. 시기심에서 요셉을 애굽에 팔아버렸던 형제들의 나쁜 행위조차 모두를 구원하기 위한 하나님의 계획의 청사진 속에 있었다는 것입니다.

세상살이를 하다 보면 어떤 일이든 우리의 의지와 상관없이 일어나는 것처럼 보이는 일들이 많지요. 정말 우리가 어떻게 해 볼 수도 없는 재앙들도 많고요. 그러나 인생에 우연은 없답니다.

모든 경험은 문맥을 가지고 있는 것 같아요. 다시 말하면 어떤 특정한 경험은 독립적으로 내게 오는 것이 아니라 정확한 원인을 따라 또는 어떤 결과를 위해 그렇게 되게 되어 있는 문맥 속에서 일어난다는 것이지요. 그렇더라도 그 일 자체가 일어나는 데까지는 내가 어찌할 수 없었다고 말할 수밖에 없는 경우가 많지요. 그래서 남을 또는 외적인 여건을 탓하기가 쉽습니다. 그러나 인생의 어떤 일도 나와 상관없이 일어나는 일은 없답니다. 내가 원인이 되어 일어나는 일들이고 나를 통해 이루어져야 할 결과를 위해 그런저런 일들이 필연의 문맥 속에서 일어난답니다. 그런데 내가 원인 제공을 한 그것을 의식하지 못하고 일어나는 일을 당하니까 나의 책임을 못 느끼는 것일 뿐이지요. 또는 인간의 안목으로 지금의 곤란이 어떤 결과를 가져올지 통찰할 수가 없어서 현재의 상황에만 일희일비합니다. 그런데 어떤 경우라도 일어나는 일에 반응하는 것은 내 의지대로 선택할 수 있잖아요? 이미 일어난 나쁜 일을 좋은 쪽으로 움직여갈 수 있는 힘이 우리에게 있다고 할 수 있지요. 그것은 아주 쉬울 수도 있습니다. 내게 좋은 것을 가져다 주기 위해 일어난 일이라고 생각만 하면 될 것 같아요. 그런 생각이 긍정의 파동을 일으킬 것이고요. 그 긍정의 파동이 보이지 않는 회로망을 타고 여러 사람이나 사건을 움직이며 새로운 국면의 일을 만들어 간다지요.

결과가 좋을 것 같지 않았던 일들이 좋은 쪽으로 결말을 맺어가는 때가 많은데요. 그 결과를 두고 사람들은 기적이 일어났다고 말하기도 하는 거지요. 내 안에 신이 함께 하고 있음을 의식하는 한 살아 있는 그 의식이 고난의 숲 길에도 숨겨져 있는 빛의 길로 나를 인도한다는 희망을 가질 수 있을 것 같아요.

육체의 탈골이 되기까지

그 새벽, 야곱은 얼마나 기가 막혔을까요? 칠 년 동안 외삼촌의 양떼를 치는 대가로 외삼촌은 야곱에게 작은딸인 라헬을 아내로 주기로 했지요. 사랑하는 여인을 아내로 맞기 위해 칠 년을 수일같이 여기며 인내하여 드디어 여인을 맞아 첫날밤을 보내고 눈을 떴던 아침이었어요. 그의 곁에 누워 함께 아침을 맞은 여인은 사랑하던 여인 라헬이 아니고 그 언니 레아였지요.

야곱은 외삼촌이자 장인이 된 라반에게 항의했지요. "**외삼촌께서 어떻게 제게 이러실 수 있으십니까? 제가 라헬 때문에 일해 드린 것 아닙니까? 왜 저를 속이셨습니까?**(창 29:25)"라고 항변합니다. 라반은 그제서야 풍습에 따라 언니보다 아우를 먼저 시집보낼 수 없으니 동생 라헬을 얻으려면 칠 년을 더 봉사해야 되겠다고 하지요.

기막힌 일이 아닐 수 없었을 거예요. 그러나 야곱은 라반의 요구를 순순히 따릅니다. 사랑하는 라헬을 얻기 위해 칠 년을 칠 일같이 참으며 기다렸던 그였습니다. 두말 않고 야곱은 또다시 칠 년을 라반에게 봉사합니다. 그리하여 십사 년을 인고한 끝에 꿈에도 그리던 라헬을 아내로 맞이하지요. 사랑하는 여인을 아내로 얻기 위한 수고와 인내는 참으로 길었습니다.

아내를 얻기 위해 십사 년을 수고하고 또 육 년 더 외삼촌의 양 떼를 치다가 도합 이십 년을 고생한 후에야 야곱은 고향으로 돌아갑니다. 아버지 이삭의 축복을 받은 대로 네 명이나 되는 아내에, 열두 아들들과 많은 가축 떼를 거느리고 고향으로 돌아가게 되지요. 그렇게 많은 가축 떼를 자기 몫으로 받을 수 있었던 것도 순전히 하나님의 은혜였습니다.

야곱은 자기가 치는 양 떼 중 얼룩무늬 양이 나오면 그것을 자신의 몫으로 한다는 약속을 외삼촌과 하지요. 야곱은 튼튼한 양이 새끼를 밸 때쯤이면 그 양이 물을 먹으러 오는 개울가의 푸른 나무 가지를 꺾은 다음 껍질을 벗겨서 얼룩무늬를 내어 물을 먹는 양이나 염소 앞에 꽂아두지요. 그러면 그 가축들이 얼룩무늬 진 새끼를 낳곤 했습니다. 그래서 야곱의 몫으로 튼튼한 얼룩무늬 양과 염소와 나귀들이 늘어나게 되었지요. 그래서 아내들과 자손들과 풍성한 가축 떼를 이끌고 고향으로 가게 됩니다.

야곱은 고향으로 돌아가는 도중에 얍복강 나루에서 하나님의 사자와 씨름을 하지요. 밤새워 겨루어 봤지만 하나님의 사자는 야곱을 이길 수 없었지요. 그는 야곱의 엉덩이 뼈를 쳐서 탈골을 시켜 버립니다. 그래도 야곱은 만만하게 물러서지 않지요. 그의 옷자락을 붙들고 늘어지며 축복을 해주지 않으면 놓아주지 않겠다고 떼를 씁니다. 하나님의 사자는 야곱의 이름을 이스라엘이라고 고쳐 부르며 그를 축복해주고 떠납니다.

야곱이 축복받는 과정은 이런 식으로 처음부터 억지에 가깝지요. 염소 털을 뒤집어 쓰고 아버지를 속여서 형의 축복을 가로챘었지요. 외삼촌의 양 떼를 칠 때는 나뭇가지를 벗겨서 새끼 밴 양 앞에 꽂아두는 술수를 써서 외삼촌의 양 떼들에 비해서 더 튼튼한 가축 떼만 자기 몫으로 하기도 했습니다.

하나님의 사자와 씨름을 해서 축복을 쟁취하는 과정도 억지에 가깝습니다. 야곱의 이러한 도정은 무엇을 말해주는 것일까요? 어찌 보면 사기꾼에 욕심쟁이 같기만 한데요. 야곱의 길이 우리에게 교훈이 되는 것이라면 거기에는 축복받기 위한 어떤 비결이 숨어있을 거예요.

사랑하는 라헬을 아내로 맞고 또 그 언니와 자매의 하녀들까지 아내로 얻은 것은 하나님의 은혜였지만 야곱은 정해진 기간 동안 묵묵히 일하며 인내하였지요. 사랑하는 여인을 아내로 맞이하겠다는 의지가 긴 세월 동안 변하지 않았습니다. 라반에게 속임을 당한 것은 그가 아버지를 속였던 데 대한 응보라는 시각으로 볼 수도 있지만요. 야곱은 외삼촌의 집에서 한결같은 마음으로 봉사를 했지요.

얼룩무늬 가축 떼를 자기 몫으로 정하고 꾀를 내어 자기 몫을 늘여나간 데에는 하나님의 축복에 대한 굳은 믿음이 작용했을 것 같아요. 나뭇가지 껍질을 벗겨 물가에 꽂아두는 행위는 우리가 어떤 결실을 위해서 믿음을 나타내 보여야 하는, 자기 몫의 최소한의 행동이겠지요. 나뭇가지가 얼룩진 것처럼 얼룩진 양 떼가 나오게 해주시리라는 믿음은 변함없었겠지요. 같은 것을 심어서 같은 것이 나오는 은혜의 원리인 것만 같습니다.

얍복강가의 씨름은 무엇을 가르치는 것일까요? 여기에서의 싸움의 판정은 조금 이상하지요? 틀림없이 야곱과 씨름하던 사람은 야곱의 허벅지 관절을 쳐서 탈골이 되게 하였는데도 그 사람은 야곱이 하나님과 그리고 사람들과 겨루어 이겼다고 판정을 합니다. 그러니 야곱이 끝까지 붙들고 늘어졌던 대상은 누구라고 할 수 있을까요? 결국 야곱은 그 싸움에서 이겼다는 판정을 받고 이름까지 새롭게 받았는데요. 또 야곱이 싸운 대상이 하나님과 사람들이라고 되어 있는데 그것은 또 어떤 의미를 갖고 있는 것인지요.

야곱의 싸움은 야곱 편에서는 기어이 축복을 받고야 말겠다는 결의에 찬 싸움이었어요. 그래서 결과적으로 야곱은 축복을 받아냈지요. 우리가 하나님으로부터 축복을 받을 수 있는 싸움이 과연 무엇인지를 알아낼 수 있다면 우리는 축복을 받기 위해서 야곱처럼 끈질긴 싸움을 해야할 것 같아요. 싸움의 결과 육체의 탈골이 일어났다니 그것은 육체를 굴복시키는 싸움일 것 같지요.

셰익스피어의 『베니스의 상인』에 나오는 고리대금업자 샤일록을 생각해봅니다. 그는 고리대금업을 비난하는 안토니오에게 야곱이 꾀를 내어 튼튼한 얼룩무늬 양 떼들을 자기 소유로 하는 성경의 예를 들어 자기의 고리대금업을 합리화하지요. 그러나 보석을 훔쳐 달아난 자기 딸이 죽어서 시체로 돌아온대도 보석을 단 채로 돌아와서 그 보석을 찾기를 소망하는 극히 물질적인 샤일록은 결국 저주를 받고 맙니다. 야곱이 하나님의 사자와 육체가 탈골되기까지 벌인 싸움은 자아중심의 육체적 희생을 제물로 하나님께 축복을 받기 위한 과정이었다고 할 수 있겠지요.

이상한 혈통

성경에는 참 이해하기 어려운 기록들이 많아요. 그중에서도 며느리가 엄연히 시아버지인 줄 알면서 그와 동침하여 쌍둥이를 낳은 다말의 이야기는 어떻게 이해해야 할지 난감한 경우지요. 성경을 비유의 책이라고 이해하지 않으면 어떤 사람들은 해괴하고 부도덕한 이야기에 성경을 닫아버릴 수도 있겠지요.

유다에게는 세 아들이 있었습니다. 그중에 큰아들인 엘의 부인이 다말이지요. 이 큰아들 엘은 하나님 보시기에 악한 일을 하여 일찍이 죽고 맙니다. 유다는 둘째 아들인 오난에게 과부가 된 형수와 동침하여 형의 대를 이어줄 것을 명하지요. 그러나 오난은 형수와 동침하기는 했지만 그 씨가 자기 것이 되지 않을 줄을 알고 땅바닥에 사정을 해버립니다. 이것이 하나님 보시기에 악한 일이었으므로 그도 역시 죽고 맙니다. 그때 유다의 셋째 아들 셀라는 너무 어렸지요. 유다는 큰며느리 다말을 보고 셀라가 장성하기까지 수절하고 기다리라고 하면서 친정이 있는 딤나로 보냅니다. 유다는 셋째 아들인 셀라마저 죽을

까봐 염려하여 일부러 다말을 친정으로 보낸 것이지요.

다말이 친정으로 돌아간 얼마 후 유다의 아내가 죽습니다. 유다가 아내 잃은 슬픔을 달랜 후 딤나에 갔을 때 누군가 다말에게 시아버지 유다가 딤나에 와 있다고 귀띔을 해줍니다. 다말은 과부의 옷을 벗고 다른 옷으로 갈아입은 다음 얼굴을 수건으로 가리고 길목에 앉아 유다를 유혹합니다.

유다는 변장한 여인 다말을 창녀로 잘못 알고 그녀와 동침의 흥정을 하지요. 유다는 동침의 대가로 염소새끼를 주겠다고 약속을 합니다. 다말은 그것을 주기까지의 지불 보증용으로 유다의 도장과 도장끈과 지팡이를 받지요.

이날의 동침으로 다말은 시아버지의 자식을 잉태합니다. 그리고 유다는 그 후에 염소 새끼와 창녀에게 준 자기 물건을 바꾸려 하나 그 창녀를 찾지 못하고 맙니다. 이 무렵, 누군가가 유다에게 며느리 다말이 행음하여 아이를 뱄다는 것을 알려주지요.

유다는 당장 행음한 다말을 끌어내어 화형 시키라고 엄명을 내립니다. 그러나 끌려 나온 다말은 시아버지의 물건들을 내놓으며 이 물건들의 임자와 행음하였노라고 말합니다. 기겁을 하게 놀란 유다는 그때서야 비로소 자신의 잘못이 있었음을 깨닫지요. 그가 다말과의 약속대로 막내 아들 셀라를 주지 않았음을 돌이켜 생각해낸 것입니다.

다말은 어떻게 해서든 유다 집안의 혈통을 이어줘야 할 여인이었습니다. 그녀는 행음의 죄를 덮어쓰면서까지 유다 집안의 혈통을 이어준 것이지요. 이후 다말은 유다의 씨앗인 베레스와 세라라는 쌍둥이를 출산합니다. 후에 보면 이 베레스와 세라를 거쳐 예수 그리스도의 족보가 완성됨을 알 수 있습니다.

베레스와 세라의 아버지인 유다는 어떤 인물인지요. 그는 야곱의 아들이지만 야곱이 사랑한 여인 라헬의 소생이 아니고 그의 미움을 받던 레아의 넷째 아들이었지요. 그러나 레아는 그녀를 미워하는 야곱에게서 유다를 얻고는 하나님을 찬양했습니다. 인간에게는 미움을 받았으나 하나님께 영광과 찬송을 돌리며 얻은 아들 유다로부터 예수 그리스도의 족보가 이어진 것이지요.

예수 그리스도는 좀 더 성결한 조상들 사이에서 나와야 하지 않을까 하는 것이 우리들의 상식적인 생각인지도 모릅니다. 왜 남편의 사랑도 못 받은 여인의 자식, 또 며느리가 시아버지를 상관하여 낳은 자식으로 이어져 예수 그리스도의 탄생이 와야 했을까요? 구차하고 부도덕해 보이는 이 혈통 잇기의 과정은 무엇을 뜻할까요?

예수님은 하나님의 약속으로 오신 구원자이십니다. 그는 죄에서 인간을 해방시키기 위한 약속으로 예정되셨었고 그 약속대로 이 땅에 오셔서 약속대로 죽으시고 부활하셨지요. 그래서 유다가 지켰어야 했던 다말과의 약속은 중요한 의미를 갖는 것이었겠지요.

분명히 유다는 다말에게 자기보다 옳다고 말하며 물러났습니다. 다말의 부정과 사기에 가까운 그 방법이 옳다고 한 이유가 있었겠지요. 어떻게 해서든지 유다를 통해 혈통을 이으려던 그녀의 의지가 옳았다는 것이지요. 그 혈통을 통해 예수님이 오시게 되어 있었으니까요. 이방 민족 출신인 룻이 시어머니 나오미를 따름으로써 다윗의 할머니가 되어 예수의 족보를 이어 주었듯이 다말은 시아버지를 억지로 붙듦으로써 예수의 혈통을 이어 주었어요.

우리가 예수 그리스도의 생명을 이어받는다는 것은 어떻게 해서든지 신의를 붙들려는 의지가 선행되어야 함을 의미하는 이야기일 수도 있을 것 같습니다.

다말이 낳은 유다의 쌍둥이 아들들이 세상에 나오는 모습은 야곱이 형 에서의 발꿈치를 잡고 나온 것과는 반대였어요. 형인 세라가 나오는데 산파가 먼저 나온 자라고 손목에 홍색 실을 매었는데 아기가 나오다가 그 손을 도로 들였다는 거예요. 그러더니 그 아우 베레스가 형을 앞질러서 먼저 나왔답니다. 산파가 그 아기에게 "**네가 왜 먼저 나오느냐**?(창 38:29)" 하면서 이름을 베레스라고 지어주었다는 거지요. 그리고는 손에 홍색실을 맨 세라가 뒤 이어 나왔다는 것입니다. 문자대로 보면 참 이상한 탄생이지요. 갓난아기가 나오다가 손에 홍색실을 매니 손을 도로 들였다는 것과 아우가 먼저 터뜨리고 나왔다는 것 등이 너무 이상한 이야기잖아요?

에서의 이름에는 붉은 사람이라는 뜻이 있다지요. 에서가 붉은 사람인 것처럼 세라의 손목에는 홍색 실이 매어졌었어요. 비유컨대 육신적인 자아인 에서의 뒤를 이어 영적인 자아인 야곱이 나온 것과는 반대가 되었지요. 그것은 우리 인간이 육신적인 자아가 먼저이고 그 다음에 영적인 자아가 깨어나는 것을 비유한다고 볼 수 있지요. 그런데 베레스와 세라는 그 반대인데요.

말하자면 육신적인 자아의 상징으로 보이는 세라는 홍색 실을 매자 손을 들여 형보다 늦게 나오지요. 먼저 나온 베레스에게는 '터뜨리고 나온 자'라는 이름이 붙었어요. 즉 영적인 자아인 베레스는 육신적인 자아를 의지적으로 밀치고 형보다 먼저 나왔고 육신적인 자아의 상징인 붉은 띠의 세라가 뒤 이어 나온 것이지요. 이는 예수님이 오시는 것을 그림자로 보여준 것이 아닐까 싶어요. 유다 지파에서 나오기로 되어 있는 예수님의 탄생을 위해 다말은 어찌하든 약속을 지킨 여인이었잖아요. 그 다말이 유다에게서 난 아이들의 모습은 에서와 야곱의 탄생 순서와는 반대가 되어야 했던 것 아닐까요? 예수님의 본 존재는 영이신데 육신을 입고 오신 것이잖아요? 영이 일차적이고 육은 이차적이라는 것이지요.

또 다른 의미로 보면 우리가 예수님을 믿음으로써 예수님을 우리 안에 모신다는 것은 육신적인 자아를 뒤로 밀치고 영적인 자아가 의지적으로 깨어난다는 것을 의미할 수 있잖아요? 또한 예수님은 성령으로 잉태되어 이 땅에 오신 분이시지요. 죄와 상관없이 성령으로 오신 분이기에 예수님의 족보로 이어지는 이야기 속에서 우리는 성령의 흐름을 보아야 할 것 같지요.

이방 여인인 룻으로, 또 시아버지와 며느리의 관계로 이어진 예수님의 족보를 읽다보면 영국 극작가 헤롤드 핀터의 난해한 극들이 생각납니다. 그의 극들 중『생일파티』,『하룻밤의 외출』,『방』,『귀가』등의 작품에는 이해하기 어려운 어머니상들이 나타납니다. 남편과 아들을 동시에 탐하는 여성 주인공들은 어머니와 아내의 역할을 동시에 하려고 합니다. 어머니로서의 여성과 창녀로서의 여성이 결합되어 남성인물의 이상적 대상이 되고 있지요. 남성인물들의 입장에서 보면 영원한 안식처인 어머니의 자궁과 융합할 때라야만 타자성이 사라지기 때문에 그 갈망을 멈출 수 없어하는 것 같습니다. 핀터 극의 중심에는 불안정한 개인의 타자성을 극복하기 위한 몸부림이 있지만 성경에는 예수님이 타자의 경계를 모두 초월하여 인간 세상에 나온 것을 이야기하고 있는 것 같아요.

역설의 문법

"네 아들, 네가 사랑하는 네 외아들 이삭을 데리고 모리아 땅으로 가서 내가 네게 지시하는 산에서 그를 번제물로 바쳐라(창 22:2)"라는 명을 받았을 때 아브라함의 심정은 어땠을까요? 자식에 대한 소망이 완전히 끝났을 때 기적처럼 그에게 허락해주신 독자 이삭을 불태워 제물로 바치라니 그 하나님의 명령이 얼마나 이해하기 어려웠겠어요?

그러나 아브라함은 새벽 일찍 일어나 나귀에다 번제에 쓸 나무를 쪼개어 싣고 이삭을 데리고 길을 떠납니다. 모리아 산을 향해 길 떠나는 아브라함의 마음 속에는 무슨 생각들이 오가고 있었을까요? 눈을 커다랗게 뜨고 아버지 손을 잡고 따르는 어린 이삭을 간간히 내려다보면서 그는 무슨 생각을 했을 것인가 참 궁금합니다.

아브라함은 그렇다 치고 어린 이삭의 마음은 또 어땠을까요? 번제를 드리러 가신다면서 양이나 염소를 이끌고 가시는 것도 아니고 한 손에 칼을 들고 자기의 손목을 부여잡고 가는 아버지를 올려다보며 이삭은 공포에 떨지나 않았을까요. 궁금한 나머지 이삭은 "아버지, 불과 나무는 있는데 어린양은 어디 있나요?"라고 묻지요. 그렇게 묻는 이삭을 내려다보며 아브라함은 태연히 대답합니다. "하나님께서 준비해 주실 거야"라고요. 이삭은 동그랬던 눈을 내려깔며 안도의 한숨을 쉬었을지도 모르지요.

그러나 얼마 후 아버지는 아들을 잡아 결박하기 시작합니다. 그리고 번제나무를 쌓고 그 위에 아들을 올려놓습니다. 이삭은 "아버지! 하나님께서 준비해 주신다더니 이게 무슨 일이에요? 싫어요! 무서워요! 난 죽기 싫어요!" 하고 공포에 질려 울부짖었을지도 모릅니다. 그러나 아브라함은 입술을 깨물며 '하나님께서 주신 것이오니 하나님의 명령에 따라 하나님께 돌리옵니다' 하는 기도로 아들의 애처로운 눈길을 피하며 칼을 잡았을 거예요.

칼을 잡아 이삭의 머리를 향해 내리치려는 순간, 하늘로부터 "이제 네 마음을 알았노라, 그 아이에게 손을 대지 말라"라는 소리가 들려오지요. 흘러내리는 땀을 훔쳐내며 아브라함이 고개를 돌렸을 때 한 나뭇가지에 뿔이 걸려 서 있는 양 한 마리가 눈에 들어옵니다. 아, 이 얼마나 잔혹한 시험인가요?

아브라함은 아들의 결박을 풀어내고 하나님이 준비하신 양을 잡아 올렸을 것입니다. 공포에 질려 울부짖었을 이삭도 안도와 기쁨 속에 아버지의 품으로 뛰어들었겠지요. 비로소 아브라함은 땀 대신 감사의 눈물을 흘리며 아들을 와락 껴안고 입맞추었을 테고요. 두 부자의 뜨거운 감사의 기도 속으로 다시 하늘의 목소리가 들려옵니다. "**여호와의 말씀이다. 내가 나를 두고 맹세한다. 네가 이렇게 네 아들, 곧 네 외**

아들을 아끼지 않았으니 내가 반드시 네게 복을 주고 반드시 네 자손을 하늘의 별처럼, 바닷가의 모래처럼 많아지게 하겠다. 네 자손이 원수들의 성문을 차지할 것이다(창 22:16-17)"라고요.

아들의 손을 잡고 모리아 산을 내려오는 아브라함의 가슴 속엔 찬송이 넘쳤을 것입니다. 하늘의 별처럼 많은 자손과 대대로 이어질 복을 약속받고 내려가는 길은 올라갈 때와는 사뭇 다른 감회로 그의 발길을 가볍게 했을 것입니다.

참으로 어려운 일이 아닐 수 없습니다. 우리는 아브라함의 이야기를 읽어 알면서도 그저 성경 속에 이야기로만 남겨두고 있지요. 소중한 것을 포기했을 때 하나님이 준비하시는 그 이상이 있다는 것을 알면서도 얼마나 우리의 이삭을 바치는 데 주저하고 걱정하며 결국은 못할 때가 많은지요.

그런데 가만히 생각해보면 아브라함의 시험은 날마다의 삶 속에서 우리가 겪는 시험이라고 할 수도 있겠어요. 날마다 우리는 아브라함에게 있어서의 이삭과 같은, 내 육신적 존재의 생각이나 소중한 것들을 기꺼이 버리도록 요구받고 있는 셈입니다.

그 소중한 것이란 나의 재능일 수도 있고 지식이나 나의 지혜, 나의 판단 등 내가 놓아버리기 어려운, 나에게 있는 모든 소중한 것들일 수 있지요. 그것을 포기하기란 정녕 어려운 그 무엇이겠지요. 그러나 내게 귀중하다고 생각되는 그것을 온전하게 내어놓을 때 하나님이 축복을 준비해놓고 있다는 것이 아브라함이 주는 교훈일지 모르겠습니다.

다시 셰익스피어의 『베니스의 상인』이 생각나네요. 거기서 안토니오라는 베니스의 상인은 자기 친구 밧사니오에게 목숨을 담보로 돈을 빌려주지요. 밧사니오는 벨몬트의 부유한 상속녀 포샤에게 구혼하러 갈 자금이 필요하다고 안토니오에게 돈을 빌려 달라고 한 것이에요.

그런데 안토니오는 그의 모든 상선이 다 바다에 나가 있고 현금이 없어서 자신의 목숨을 담보로 샤일록이라는 유대인 고리대금업자에게 돈을 빌려 밧사니오에게 줍니다. 샤일록은 안토니오에게 그가 정해진 날짜까지 돈을 갚지 못할 경우 그의 심장을 도려낸다는 증서를 쓰게 하지요.

안토니오의 상선이 정해진 날짜까지 돌아오지 못하자 돈을 갚지 못하게 된 안토니오는 피고가 되어 재판정에 서게 되지요. 안토니오는 친구를 위해서 목숨을 버리는 것을 아까워하지 않고 샤일록의 칼 앞에 가슴을 열고 죽음을 당할 각오를 하지요.

샤일록이 칼을 들어 안토니오의 심장을 도려내려는 순간 판사로 변장한 포샤가 명판결을 내리지요. 증서에는 심장의 살 한 파운드만 기록되어 있으니 피 한 방울 흘리지 말고 살만 떼어내야 한다는 판결이었지요. 그래서 결국 샤일록은 재판에 패하고 안토니오는 살아나게 되지요. 그 후 파선한 줄 알았던 안토니오의 상선들이 모두 무사히 돌아오게 되었다는 소식이 전해지지요.

아브라함의 이야기나 베니스의 상인의 이야기에서나 우리가 하나님의 심판대에 선다면 최종적으로 승리하는 자는 사랑을 위해 또는 하나님을 위해 자기의 목숨까지 기꺼이 내어놓을 수 있는 사람일 것이라는 암시를 받게 됩니다. 그런데 자기의 소중한 것을 잃을 각오를 한 결과는 더욱 풍성히 얻는다는 것이네요.

그래서 예수님도 그렇게 말씀하셨지요. "**누구든지 자기 생명을 구하려는 사람은 잃을 것이요, 누구든지 자기 생명을 잃는 사람은 보존할 것이다**(눅 17:33)"라고요. 역설의 문법을 모르면 하나님 나라는 잘 이해되지 않는 경우가 많지요. 육체적 목숨에 관한 이야기만은 아닐 거예요. 즉 자기만 살겠다는 이기적인 육신적 자아의 요구를 하나님의 사랑에 굴복시키는 것이 삶의 비결임을 알려주는 이야기라고 생각해요.

성경은 전체적으로 보면 자기 자신을 잃어야 된다는 주제가 압도적인 것 같습니다. 이 세상에 잠시 한시적으로 살다 가는 육체적인 존재인 자기가 본체가 아니라는 것을 성경은 이런저런 방법으로 다양하게 설득하려 하고 있는 것 같아요. 그래서 이 땅에서의 삶에서도 본체를 일깨우기 위해서는 육체적 자아가 죽어야 된다는 것을 강조하지요. 자기 생각을 온전히 잃고 자기 것을 다 내려놓았을 때 하나님의 방법으로 무엇이든 얻을 수 있음을 다양하게 가르치고 있잖아요? 물론 "**네 마음을 다해 여호와를 믿고 네 지식을 의지하지 마라**(잠 3:5)"는 것이 직접적인 주제지요. '잃는 자는 얻으리라'는 이 역설이 우리 삶에서 가장 실천하기 어렵지만 가장 아름다운 비밀인 것만 같습니다.

새로 짓는 마음

이스라엘은 우상 숭배 등으로 하나님을 노하게 하여 결국 시드기야 왕때 바벨론에 의해 수도 예루살렘이 무너지고 백성들은 바벨론에 포로로 잡혀갔지요. 느헤미야는 포로로 잡혀간 바벨론의 아닥사스다 왕의 궁정에서 술 심부름을 맡은 관리가 되어 있었어요. 그런데 그는 바벨론에 잡혀오지 않고 예루살렘에 남아 있던 동족들이 고통을 당한다는 소식을 듣고서 울며 하나님께 기도를 합니다. 그는 이스라엘인들이 하나님께 충실하지 못했던 죄를 대신 빌면서 하나님의 은혜로 다시 그들이 나라를 회복할 수 있게 해 달라고 간청합니다. 그는 그 때문에 왕에게 술을 올릴 때도 얼굴의 수심을 감추지 못합니다. 그의 근심어린 표정을 본 왕은 원인을 물어보지요. 왕에게 원인을 말하고 느헤미야는 예루살렘에 있는 무너진 성을 재건할 수 있는 재목과 땅의 통과 허가증을 얻어냅니다.

그리고 유대 땅으로 가서 백성들을 모으고 예루살렘 성을 건축하기 시작하지요. 그러나 그 땅을 다스리던 바벨론의 관리들인 산발랏과 도비야와 게셈 등은 이를 매우 근심스럽게 지켜보며 비웃고 업신여깁니다. 그러나 이스라엘인들은 아랑곳하지 않고 대를 이어가며 성벽과 성문과 망대와 빗장 등을 차례로 재건해나가기 시작하지요.

산발랏과 도비야의 비방은 계속되었고 그들이 건축해가는 과정에 혼란을 꾀하려 할 때 이스라엘인들은 힘이 빠지고 용기가 꺾이기도 합니다. 이스라엘인들은 한 손에는 예루살렘 성의 건축을 위해 망치를 들고 한 손으로는 적들을 물리치기 위한 창과 칼을 들어야 했지요.

여기저기 흩어져서 일을 하던 사람들은 적이 침입해 올 때는 나팔 부는 자들의 신호에 따라 모이고, 그때 하나님께서 그들을 위해 싸우시리라는 믿음으로 나아갑니다. 그들은 씻을 때 외에는 옷도 벗지 못하고 지내지요. 그것은 언제 쳐들어올지 모르는 적의 침입에 대비하는 것이었어요.

그러나 이런 과정에서 어김없이 불만이 터져 나옵니다. 자녀가 많은데 먹을 양식도 없으며 포도원과 집도 없다는 불평이 백성들 사이에서 터져나오는 것이었지요. 느헤미야는 이들을 보고 화를 내며 꾸짖습니다.

백성들은 느헤미야의 말을 듣고 불평을 돌이키고 다시 협력하여 성의 건축을 완성합니다. 이 과정에서 느헤미야를 넘어뜨리려는 산발랏과 도비야와 게셈의 음모가 있었지만 느헤미야는 넘어가지 않고 꾸준히 하나님을 의지하여 성을 완성하게 되지요.

완성된 예루살렘 성에는 그동안 이방에 포로로 잡혀갔던 수많은 이스라엘 백성들이 모여 거주할 수 있게 됩니다. 성전이 완성되고 백성들이 돌아오자 에스라와 같은 학자들이 하나님의 말씀을 가지고 백성들을 가르치기 시작합니다. 백성들은 말씀을 깨닫고 기뻐서 울기까지 하지요. 느헤미야는 백성들에게 "**가서 좋은 음식과 단것을 마시고 아무것도 준비하지 못한 사람들에게도 나누어 주라. 이날은 우리 주의 거룩한 날이니 슬퍼하지 말라. 여호와를 기뻐하는 것이 너희 힘이다**(느 8:10)"라고 하며 울지 말고 기뻐하라고 달래지요.

바벨론에 의해 예루살렘 성이 무너지게 된 것은 이스라엘인들이 우상숭배 등으로 하나님의 말씀을 지키지 않고 배신한 결과였어요. 예루살렘 성은 그 중심에 하나님 말씀이 있는 곳으로 은유될 수 있다면 예루살렘은 하나님을 믿는 성도를 가리키는 것이기도 할 거예요. 우리는 하나님을 마음의 중심에 둔다 하면서도 자칫 내 생각대로 눈에 보이는 것을 믿거나 의지할 때가 많지요. 그것도 우상숭배지만 "**탐심은 우상숭배입니다**(골 3:5)"라고 한다면 우리는 얼마나 자주 우상숭배의 어리석음에 빠지는지요.

우상숭배에 빠지면 성전은 외세에 의해 무너져 버린다는 것이 이스라엘 역사가 주는 교훈일 거예요. 현대의 삶은 우리가 하나님을 의지하기보다는 우리의 명철이나 과학적 사고나 새로운 기기들에 의존하게 만들지요. 거기에 마음을 다 빼앗기는 것이 외세에 의해 영적인 성이 무너지는 것은 아닐까요?

성을 다시 온전히 건축하는 것은 하루 아침에 되지 않았지요. 이방 민족의 비방도 감내해야 하고 성의 건축을 방해하려는 세력들과 싸움도 해야 했습니다. 한 손에는 망치와 또 한 손에는 칼과 창을 들고 늘 깨어 있어야 했지요. 편안하지만은 않은 과정이었지요. 그러나 성이 완성되고 난 후에 이스라엘 백성들은 기뻐 울기까지 했습니다.

우상숭배라는 것을 조각상에 절하고 조상에 제사 지내는 등의 일로만 생각하는 사람들이 많은 것 같아요. 사실 더 경계해야 할 우상숭배는 마음에 품는 탐심과 눈에 보이는 것만을 좇고 의지하는 것일 텐데요. 눈에 보이는 것 때문에 서로 비방하고 갈등하고 싸우는 일들이 하나님 보시기에 더 악한 우상숭배일 거예요. 예루살렘을 중건한다는 것은 더 넓은 의미로는 교회의 회복이라는 역사적 의미가 있겠지요. 그러나 개인적인 의미로 보면 또 다른 의미의 층을 읽을 수 있을 것 같아요. 그것은 잃었던 신성을 회복하는 일이어야 하고 그러기 위해서는 끊임없이 도전해 오는 자기의 탐심과의 싸움이 있어야 한다는 의미로 읽을 수 있다는 것이지요.

관통상을 입히는 싸움

이스라엘 민족의 역사를 읽고 있으면 참으로 인간을 따라다니는 두려움과 불신이 얼마나 끈질긴지를 보게 됩니다. 제대로 가는가 싶으면 금세 곁길로 가버리는 그 연약함과 변덕스러움에 한숨이 나올 지경이지요. 그것이 곧 나의 모습인데 말이지요. 하나님이 함께 하신다는 증거를 그렇게 여러 차례 경험했으면서도 또 다시 바알신의 우상이나 아세라 목상을 새겨서 거기다 절하고 숭배하곤 하지요.

바알신을 섬기는 그 불안을 치유하려고 하나님은 번번히 이스라엘 백성을 곤경에 빠뜨리시지요. 그들은 가나안 족속을 섬기다가 지치면 하나님께 손 들고 구원을 요청하곤 합니다. 그들이 모압 왕 에글론을 18년간이나 섬기다가 지쳐서 하나님께 호소했을 때 하나님은 그들의 구원자로 에훗을 세웁니다.

에훗은 길이가 1규빗 정도 되는 양날을 가진 짧은 칼을 만들어 자기 옷 속 오른쪽 허벅지에 숨겼습니다(삿 3:16). 공물을 다 바치고 나서 에훗은 주위 신하들을 물러나도록 하게 한 다음 가랑이에 감추어 간 칼을 빼들어 왕좌에 홀로 앉은 에글론 왕을 찌릅니다. 어찌나 힘있게 찔렀던지 그 칼끝이 등 뒤에까지 나갈 정도였지요. 그 칼을 몸에서 빼내지 않아 기름이 칼날에 엉기기까지 해서 나중에까지도 칼을 못 빼게 되지요.

에훗은 모압 왕을 죽인 다음 문을 잠그고 도망하여 에브라임 산지까지 달려와서 거기서 나팔을 불어 이스라엘 무리를 모읍니다. 그가 무리에게 하나님이 모압 족속을 이기게 하셨다고 외치자 무리가 에훗을 따라 내려가 요단 강 나루를 건너려던 모든 모압족을 쳐 죽입니다. 그때 죽은 모압족은 모두 대단한 용사들이었는데도 불구하고 한 명도 피하지 못하고 다 죽습니다.

에훗이 모압족을 섬멸한 이 사건에서도 우리는 자아에 대한 교훈을 얻을 수 있다고 봐요. 적장을 잔인할 정도로 철저하게 칼로 찌른 다음 그는 이스라엘 무리를 모아 놓고 선언하지요. 모압 족속과 아직 싸움도 하기 전인데 하나님이 모압 족속을 이기게 하셨다고 선언부터 한 거예요. 에훗이 처절하게 죽인 모압족의 왕인 에글론은 이스라엘 민족이 공물을 바치며 섬긴 육신적 자아의 은유가 아닌가 싶어요. 그것을 척결하고 나면 싸움에서 이기도록 인도하는 것이 하나님의 방법이고 사랑인 것 같지요.

그렇게 이방 민족을 없앴던 에훗이 죽자 이스라엘 사람들은 또다시 이방신을 섬겨 하나님을 진노하게 합니다. 하나님은 진노하셔서 가나안 왕 야빈으로 하여금 이스라엘 사람들을 학대하게 하시지요. 20년 동안이나 학대를 당하자 이스라엘 사람들은 다시 하나님의 구원을 바라며 부르짖습니다.

이스라엘의 장군 바락은 가나안의 시스라와 대적하여 그 군대 모두를 죽였으나 시스라는 겐 사람 헤벨의 아내 야엘의 천막으로 걸어서 도망쳤습니다. 하솔 왕 야빈과 겐 사람 헤벨의 가문은 서로 좋은 사이였기 때문입니다(삿 4:17). 시스라는 거기서 야엘의 아내가 그의 갈증을 채워주고 이불을 따스히 덮어주자 안도의 숨을 쉬며 깊이 잠들고 말지요. 그러나 야엘의 아내가 지쳐 쓰러져 누운 시스라의 이불을 들추고 들어가 말뚝을 시스라의 살에 대고 땅을 뚫고 들어가도록 박아버립니다. 바락이 시스라를 뒤쫓아 찾았으나 시스라는 이미 야엘의 장막에서 말뚝에 박혀 죽은 후였지요.

이스라엘을 대적하던 에글론과 시스라의 죽음에는 공통점이 있지요. 칼끝이 몸 밖까지 나오도록 찔려 죽은 에글론과 말뚝이 살점을 뚫고 땅에까지 박히게 되어 죽은 시스라, 이들의 죽음이 뜻하는 것에는 공통점이 있는 것 같아요. 이 두 싸움에서 이스라엘 민족들은 하나님의 도움을 간청했고 하나님은 이들의 대적을 그들의 손에 붙여서 친히 싸워주셨습니다. 그러하니 에글론을 찌른 에훗의 칼날도, 시스라를 꿰뚫은 말뚝도 하나님이 허락하신 도구들입니다. 적장의 육체를 꿰뚫고 나서 이스라엘 사람들은 남은 적병들을 물리치고 승리를 거두지요.

에글론의 살에 박힌 에훗의 칼날이 육체의 기름에 엉겨 빠지지 않았다는 것과 시스라를 꿰뚫은 말뚝이 땅에 박혀 빠지지 않았다는 것에는 공통점이 있지요. 육체의 기름도 사실은 흙이라고 한다면 흙에 속한 속성들을 완전하고 철저하게 흙으로 돌려 다시는 살아나지 못하도록 한다는 의미가 있겠지요. 이스라엘을 억압하는 민족의 적장들이 관통상을 입은 것은 그러니까 영적인 존재를 억압하는 육신적 속성들을 관통상을 입혀 죽음으로 보내야 한다는 것일 수 있지 않을까요? 그들이 철저하게 꿰뚫어지고 나서야 이스라엘은 승리를 거두게 된다는 것이고요. 기름이 엉겨붙어 다시 빼낼 수도 없게, 땅에 박혀 다시 되뽑을 수도 없게 관통해서 끝을 보는 싸움이었어요. 이것이 하나님이 원하시는 싸움이요, 그 승리의 방법이지요. 비유로 보지 않는다면 하나님이 원하시는 싸움이란 얼마나 잔인한 싸움인지요.

이 싸움의 방법은 우리 안의 우상숭배 사상을 철저히 물리쳐야 진정한 승리가 온다는 교훈을 주는 것이 아닌가 싶습니다. 우리 안의 본체인 신성을 거스르는 육신적 자아가 우상숭배의 존재요, 우리 모두의 적이라고 할 수 있으니까요. 그 존재가 어설피 죽어가지고는 시시때때로 고개를 들지요. 이스라엘 민족이 번번이 하나님을 배신하듯 우리는 육신적으로 편안해지면 금세 신성에 등을 돌리고 몸의 삶이 주는 안락에 빠지게 되는 경우가 많잖아요. 철저한 영적 승리를 위해서는 에고의 철저한 죽음이 필요하다는 이야기 같아요.

계산하는 죄

아브라함에게 하나님이 대를 이을 자식을 주겠다는 약속을 했을 때 이미 아브라함은 자식을 둘 수 있는 통상적인 나이가 지나 있었지요. 그의 아내 사라 역시 자식을 둘 수 있는 젊은 나이가 아니었기에 상속할 자식을 주겠다 하신 하나님의 약속은 이루어질 가망이 없어 보였습니다. 그래서 사라는 어느 날 남편에게 여종 하갈과 동침하여 자녀를 갖도록 제안을 합니다. 하갈은 애굽의 여인이었지요. 아브라함은 하나님의 약속을 상기했을 것입니다. 이미 후사를 약속하셨으니까 어쩌면 아무 생각 없이 하나님이 자식을 주시겠다고 하신 약속에 대한 믿음으로 사라의 말을 받아들였겠지요.

하갈과 동침하여 이스마엘이라는 아들을 얻은 것은 아브라함의 나이 팔십육세 때였지요. 그리고 그 후 하나님은 13년을 기다리다 아브라함의 나이 구십구 세 때 다시 그에게 나타나셨습니다. 그리고는 이제 다 늙은 사라에게서 아들을 낳을 것이며 그 아들과 그 후손 대대로 복을 주시겠다는 언약을 하십니다. 사라는 이미 경수가 끊겨 아이를 낳을 수 없는 자신을 돌아보며 속으로 웃지요. 하나님의 약속은 인간의 상식으로 불가능하다고 생각되는 곳, 인간의 판단으로는 웃을 수밖에 없는 곳으로 오시는 것인지 모릅니다.

약속대로 아브라함은 백세에 아들 이삭을 얻지요. 그리하여 아브라함의 하나님은 이삭의 하나님, 야곱의 하나님으로 이어져 갑니다. 처음 난 자식인 이스마엘이나 에서의 하나님이 되지 않았지요. 인간의 생각과 판단이 철저히 무시되어진 두 번째 경로를 통해서 하나님 자신이 상속되어져 간 것이지요. 그것은 처음 난 아담이 자기 판단으로 죄인이 되었으므로 다시 태어난 두 번째 아담으로만 하나님의 상속인이 된다는 예표일 것입니다. 자기의 의지대로 한 자와 하나님의 뜻대로 되어진 자가 엄격히 구별됩니다.

이스마엘은 하나님의 약속을 끝까지 기다려서 출생된 자가 아니라 사라와 아브라함의 인간적인 계획에 따른 산물이었지요. 육신적 존재의 생각의 결과물이지요. 그렇게 해서 태어난 이스마엘은 유리하며 방랑하는 운명에 처할 수밖에 없게 됩니다. 이스마엘과 하갈은 아브라함의 집에서 쫓겨나 오늘날 중동 지방의 무슬림의 조상이 됩니다. 그들은 역사 속에서 끊임없이 그리스도인들과 갈등하고 싸우고 있지요. 마치 우리 안의 육신적 존재가 끊임없이 신성을 거스르며 싸우고 있는 것과 같이 말입니다. 하갈의 자손은 종의 자손이고 따라서 육신적 존재는 우리 본체의 종과 같은 존재라고 할 수 있겠지요. 그런데 신약 성경에는 "**여종과 그 아들을 내쫓으라**(갈 4:22)"라고 하는 단호한 명령이 있지요. 비유로 읽지 않으면 이 부분도 하나님을 인정없는 야속한 존재로 오인하기 쉽습니다.

아비나답의 집에 있던 하나님의 법궤를 다윗의 성으로 옮겨올 때의 일을 생각해보지요. 아비나답의 아들 아효와 웃사가 법궤를 실은 새 수레에 앞장을 서고 다윗과 이스라엘 백성들이 온갖 악기를 갖춘 화려한 연주 행렬로 그 뒤를 따랐지요. 행렬이 나곤의 타작 마당에 이르렀을 때 난데없이 소들이 갈팡질팡 뛰는 바람에 법궤가 위태롭게 됩니다. 수레를 몰던 웃사는 궤가 떨어질 것 같아 재빨리 그것을 붙들지요. 그런데 하나님은 웃사의 그 염려에 진노하시어 그 자리에서 웃사를 쳐서 즉사케 하셨습니다.

이스마엘의 추방만큼이나 웃사의 죽음도 참으로 억울한 일인 것만 같지요. 하나님의 법궤는 하나님의 언약을 담은 궤입니다. 하나님의 언약은 사람의 생각으로 판단하거나 염려할 일이 아니라는 의미이지 않겠습니까? 하나님의 법은 영원히 위태로울 수가 없는 법이잖아요. 인간이 염려할 일도 불안해할 일도 아니지요.

법궤를 진 소들이 뛰든 땅이 진동하든 한결같은 마음으로 하나님의 법궤 뒤를 따른다는 것이 인간적 소견으로는 어려울지도 모릅니다. 그러나 염려로 지켜본 마음은 어떤 위태로운 지점에서 순간적으로 염려하는 행위가 되어 나옵니다. 웃사가 즉사 당하듯이 그 순간 하나님과의 연결은 끊어지고 맙니다.

아주 조그마한 의심이나 염려라도 하나님을 온전히 따르는 데는 아주 위험한 독이 되는 것 같아요. 법궤가 땅에 떨어지는 것을 막으려 했을 뿐인데 그 때문에 즉사당한 웃사의 이야기를 자귀대로 해석하면 하나님은 너무 인정없고 야속한 하나님으로 여겨질 수밖에 없지요.

성경에는 머리가 나무에 걸려 죽은 자가 있지요? 바로 다윗의 아들 압살롬입니다. 압살롬은 아버지의 배다른 아들 암논이 누이동생 다말을 능욕했다고 의기분천하여 형제인 암논을 죽였지요. 아버지의 아들을 죽인 죄로 그는 그 후 다윗성을 떠나 유리하다가 아버지의 백성들을 끌어 모아 헤브론으로 가서 임의로 왕 노릇을 합니다.

압살롬이 이끄는 반역의 무리가 커지자 다윗은 압살롬을 피해 성을 떠나 도망 길에 이를 지경까지 되지요. 압살롬은 아버지가 떠나고 난 궁의 옥상에 올라가 이스라엘 백성들이 보는 앞에서 아버지의 후궁들과 동침을 합니다. 백성의 마음이 다윗을 떠나 자기에게로 올 것이라는 예상을 한 전략이었지요. 그런데 압살롬의 군대와 다윗의 군대가 마주쳐 싸울 때 압살롬은 상수리 나무에 머리채가 걸려 매달려 있다가 다윗의 장군에게 죽임을 당합니다.

다윗은 여러 번 자기를 죽이려고 하던 사울을 하나님이 기름 부은 자라는 생각으로 원수 갚을 수 있는 절호의 기회가 왔어도 자기 스스로 원수 갚는 일을 삼갔지요. 그런데 압살롬은 하나님이 기름 부어 왕으로 세운 아버지를 배신하고 스스로 왕이 되어 아버지를 욕되게 한 죄로 머리가 나무에 달려 죽게 된 것이지요. 자신의 의로움에 불타 형제인 암논을 죽이고 자기의 생각대로 왕이 되고 아버지를 처치하려 했던, 자기 중심적인 생각에 사로잡혔던 대표적 인물이 아닐 수 없습니다.

그러나 다윗도 자기 뜻대로 계산을 해서 실수를 한 적이 있지요. 이스라엘 군대가 싸우는 전쟁마다 승승장구할 때였어요. 사단이 이스라엘을 거꾸러뜨리려고 다윗에게 이스라엘의 인구를 조사할 마음을 집어넣습니다. 그래서 다윗은 요압에게 이스라엘 사람 수를 세어서 그 숫자를 보고하라는 명령을 내립니다. 요압은 이 명령이 몹시 못마땅했던 것 같습니다. 지금까지 계산 없이 싸웠어도 하나님께서 이기게 해주셨는데 새삼스레 무슨 계산을 하란 말인가 싶었을 거예요. 요압은 왕의 명령이 심히 못마땅하여 인구조사를 하는데 두 지파의 백성을 빼놓고 숫자를 왕께 보고합니다. 하나님이 이 일을 보시고는 화가 나셨습니다. 다윗이 백성의 수를 세는 것도 괘씸하고 신하 요압이 왕을 속이는 것도 괘씸하셨을 터입니다. 아무 계산 없이 거인 골리앗을 쳐 죽이겠다고 배짱 있게 나섰던 소년 다윗의 모습은 어디 가고 말았던지요.

그 잘못 때문에 이스라엘엔 온역이 내려 수만 명이 그 온역으로 쓰러지게 됩니다. 백성들이 아무 죄 없이 고난을 당하는 것이 마음 아파 다윗은 울며 회개하지요. 그런데 성경에는 사단이 다윗에게 계산할 마음을 집어 넣었다고 기록되어 있습니다. 우리 마음 속에 스스로의 계산과 판단이 생기는 것은 사단이 주는 마음이라는 이야기겠지요. 우리 자신의 지혜를 의지하려 할 때 우리는 따지고 계산하고 판단합니다. 그런데 인간의 머리를 믿는 것, 자신의 지혜에 의지하는 것은 신성과 늘 역행합니다.

아더 밀러의 『가치(*The price*)』라는 극작품이 있습니다. 이 작품에 등장하는 두 형제는 옛집에서 함께 공유하던 가구들을 팔기 위해 가구 감정사를 사이에 두고 논쟁을 합니다. 형에게 있어 헌 가구는 쓰레기 더미에 불과하고 동생에게 살림 추억이 묻어 있는 가구들은 돈으로 환산할 수 없는 가치있는 그 무엇이 됩니다. 솔로몬이라는 이름의 가구상 주인은 중고 가구의 가치는 관점에 따라 좌우된다는 말을 하지요. 물질적 가치를 대변하는 형은 계산적으로 인생을 살아 부유한 의사가 되었고, 아버지를 부양하며 자기를 희생한 동생은 가난한 처지지만 정신적 가치를 중요하게 여깁니다. 이 극에 등장하는 가구더미는 인생의 재료들을 의미하고 그 인생의 재료들을 어떻게 바라보고 평가하는가 하는 시각을 독자로 하여금 선택하게 합니다.

이기적으로 계산하며 살아온 삶을 동생으로부터 질책받지만 마지막에 형은 동생에게 희생적인 삶을 산 것처럼 내세우는 그의 삶도 본인의 계산에 의한 것이었음을 지적하지요. 그리고 형은 자기들 둘이 결코 나뉘어질 수 없는 한 몸 속의 두 자아라고 말합니다. 성경에서 아이를 두고 다투는 두 여인에게 명판결을 내려 한 아기를 살린 솔로몬 왕처럼 이 극은 솔로몬이라는 이름의 가구상인을 중간에 두고 나뉠 수 없는 한 인간의 내면적 존재를 드러내 줍니다. 다시 한 번 자기 나름의 계산은 에고의 전략에 불과하다는 것을 가르쳐주지요.

이성적인 생각이 상식적인 것으로 판단되어도 모든 것 위에 상식을 넘어 운행하는 신성의 뜻이 있음을 잊지 말아야 할 것 같아요. 사라의 후손과 하갈의 후손이 싸우듯이 하나님의 뜻과 이성의 판단은 갈등 관계에 있는 경우가 많습니다. 웃사처럼 염려하지 말고 하나님의 뜻에 맡기고 있으면 될 것 같은데요.

머리를 의지하는 생각은 우리를 덫에 걸리게 하는 수가 많다는 것이 압살롬이 주는 교훈이 아니겠어요? 눈 앞의 것을 보고 판단하기보다는 내 눈 뒤에 있는 존재를 바라보아야 한다는 것이겠지요.

두려움을 넘어

미국 극작가 테네시 윌리암즈의 작품에『욕망이라는 이름의 전차』라는 극이 있지요. 이 작품의 여주인공 블랑쉬는 귀족 가문의 영어 선생님이었는데 형편없는 창녀로 전락하고 결국 정신 분열증으로 병원으로 실려 갑니다. 그녀가 그렇게 된 데에는 죽음에 대한 극도의 불안감이 작용을 한 것이지요. 어린 나이에 사랑에 빠져 결혼을 했는데 그 남편이 권총으로 자살하는 것을 목격하고 엄청난 충격을 받은 상처가 있었지요. 또 집안 사람들이 하나 둘 죽어나갈 때 그들이 죽음 앞에서 겪은 정신적·육체적 고통을 지켜보며 극도의 불안을 겪지요. 그 불안을 쌓아간 결과 그것을 잊기 위해 빗나간 성으로 탈출구를 삼은 것이 결국 비극의 결말로 이어진 거예요. 문학 작품의 주제 중에는 이와 같이 죽음에의 두려움을 다룬 것이 많지요. 인간이 살아 있는 동안 해결해야 할 중요한 문제가 바로 죽음에의 두려움에서 벗어나는 것이 아닐까 싶어요.

셰익스피어의 비극인 『햄릿』에서도 보면 덴마크의 왕자 햄릿이 아버지가 숙부에게 살해 당하고 어머니가 그 숙부와 결혼한 이후 세상에 대한 염증 때문에 자살을 하고 싶어 하지요. "죽느냐 사느냐 그것이 문제로다"라는 유명한 구절로 시작되는 그 독백에서 햄릿은 자살하고 싶으나 "생의 굴레를 벗어나 죽음 속에 잠들 때에 그 어떤 꿈이 우리를 찾아올까 생각하면 잠드는 죽음으로 발길이 내키지 않는다, 그 염려가 있기에 우리 인생은 불행을 일평생 끌고 나가게 된다"라고 하면서 자살을 실행에 옮기지 못하지요.

유한한 목숨을 갖고 태어나는 인간이 공통적으로 갖고 있는 것이 바로 죽음에의 두려움이라는 어둠이 아니겠어요? 그것은 앞서 무덤으로 간 이들이 돌아와 이야기해 준 것 때문이 아니라도 날 때부터 가지고 나와 자기도 모르게 분신처럼 껴안고 살아온 운명의 멍에 같은 것인지도 몰라요. 그것 때문에 유한한 시간 속의 향락을 향하는 욕망이 더 치열하다고 할 수 있을지도 모르고요.

신과의 진정한 만남이 없이 그 죄책감과 죽음에 대한 무서움이 조금도 없는 사람은 없을 거예요. 그 불안으로부터의 해방이 구원이라고 할 수 있겠지요. 분명히 신앙은 불안에 근거를 두고 있는 것이겠고요. 지식도, 젊음도 과학도 날카로운 핀셋이 되어 인간의 내면에 웅크리고 있는 불안과 두려움을 집어낼 수가 없지요.

그러나 죄책감과 두려움은 신성으로 깨어나기 위한 불가피한 어둠일 수밖에 없어요. 그것은 짐승처럼 엎디어 있다가 인간 영혼을 있는 대로 삼키어 버리고 어둠 덩어리를 그대로 흙으로 내던지는 그런 것일 수는 없지요. 누구나 그렇게 되도록 놔두어서도 안되겠고요. 불안은 인간을 영원한 안식에 도달할 수 있게 하는 통로이어야 할 것 같아요. 그러나 그렇게 하려는 의지가 있는 자에게만 그것이 가능하겠지요. 몸은 시간이 지날수록 늙어가고 병마와 늙음으로 시들어갈지라도 그 안에 빛을 품고 있는 귀한 그릇임을 죽기 전엔 깨우쳐야지요. 그러면 비로소 온 몸을 밝히는 빛이 내내 내면에 있었음을 알게 되면서 늦게서야 알게 된 것을 억울해 할지도 몰라요.

죽음을 무서워 하는 것은 단지 죽음의 세계가 미지의 세계이기 때문만이 아니라 햄릿의 말처럼 잠의 세계와 같은 그 미지의 세계에 어떤 꿈이 찾아올지 모른다는 것 때문이겠지요. 그것은 막연하게나마 이 세상에서 지은 죄에 대한 형벌이 있을 것이라는 데 대한 두려움 때문일 터이고요.

그러나 하나님이 이미 죄 문제를 다 해결해놓았음을 믿으면 두려워할 것이 없지요. 창세 전에 이미 예수 그리스도 안에서 택하여 놓았음을 믿는다면 말이에요. 택하여 놓은 자가 따로 있는 것은 아니라고 생각되고요. 그 안에 들어가기를 선택하는 모든 사람들에게 해당되는 말이겠지요. 이미 모든 사람을 다 택해 놓았다는데 그것을 인정하기만 하면 되는 것 아닌가요? 그것이 신성의 회복이겠지요.

이 세상에서의 어떤 삶도 사실은 하나님이 다 허락하시는 삶이라고 생각한다면 특별히 잘못 살았다고 더 무거운 죄책감으로 두려워할 필요도 없을 것 같아요. 체험을 통해서 완전한 데로 나아가기 위한 과정이라고 생각하면 되지요. 필요한 모든 것은 하나님이 다 공급하신다고 믿으면 되고요. 모든 것을 용서하시고 모든 것을 용납하시며 모든 필요한 것을 공급하시는 신성을 붙들기만 한다면 얼마나 마음이 든든해지는지요.

출애굽기에는 “**내가 친히 너와 함께 가겠다. 내가 너를 무사하게 할 것이다**(출 33:14)”는 말씀이 있는데요. 하나님은 어느 먼 곳에 있다가 오시는 분은 아니지요. 지금 이 순간 ‘내가 친히 너와 함께 가겠다’는 목소리를 듣는 것이 중요하겠지요. 그 소리를 듣는다 함은 내 의식 안으로 신성을 부르는 것이고 그것은 어느 순간이라도 가능하지 않겠어요? 그러면 마음에 일렁이던 두려움의 파도는 일시에 가라앉을 수 있잖아요. 사망의 음침한 골짜기를 갈 때라도 그 음성을 듣는 것은 듣는 자의 복일거고요. 무서움은 그저 자신이 지어낸 거짓 감정일 뿐이라고 생각하면 사실 이 세상에 무서울 것은 없잖겠어요?

무엇보다도 생에 어떤 일이 닥쳐와도 무서움 없이 맞설 수 있는 마음이 있는 자가 가장 복된 자일지 모르지요. 신성은 죽지 않고 우리를 지켜주는 힘이라는데요. 그것은 우리 안에 요지부동으로 있는 자비의 힘이고 완전한 능력이래요. 그렇다면 사실 무서울 일은 없는 것이잖아요?

내 안의 영원

시인 셸리는 키츠의 죽음을 두고 노래했다고 알려진 "아도나이스" 시편에서 "죽음은 죽었다"라고 선언하면서 아도나이스의 죽음을 애도하지 말라고 하고 있습니다. 세상을 풍요하게 하고 어둠에 빛을 비추어주는 시인은 결코 죽지 않음을 이야기하는 것이기도 하지만 우리 안에 있는 빛인 영혼은 육체의 소멸과 상관없이 부활의 생명력을 갖고 있음을 의미할 것입니다.

인간은 본래 흙으로 만들어져 흙으로 돌아갈 수밖에 없다는 생각만으로 인간을 생각하면 참으로 허무하기 그지없는 것이 인생이지요. 흙으로 만들어진 몸을 위해 일생 먹이고 입히고 보살펴 보아야 결국 이 땅 위에서 성취한 모든 것을 다 두고 다시 온 곳, 즉 흙으로 돌아가는 것으로 일생을 마친다면 이 세상에서 겪는 모든 고난과 이 세상에서 성취하고자 하는 성공의 요체라는 것이 도대체 무엇일까요?

반드시 결국은 잃어버리게 될 것을 뻔히 알면서 찾느라고 온갖 곳을 다 헤매며 사는 것이 억울하잖아요. 그럼에도 불구하고 무엇인가를 성취하고자 발버둥 치며 인생에 필요한 많은 재능들이 누구에게는 주어져 있고 또 누구에게는 주어져 있지 않음도 참으로 공평하지 못한 일이라고 생각할 수도 있고요.

성경에는 하나님이 아담을 흙으로 만들고 코에 생기를 불어넣었다고 되어 있지요. 생기는 하나님의 기운이요, 하나님의 호흡이잖아요. 그것은 즉 인간의 육신을 이루는 재료가 흙일지라도 그 안에 생명이 되는 영은 하나님의 속성이라는 의미일 거예요. 이것은 아주 의미 깊고도 중요한 이야기가 아닌가요?

하나님의 속성인 영이 인간을 만들 때부터 그 안에 장착되어 있다는 것을 깊이 생각해 보자구요. 하나님의 속성이 무엇인가요? 하나님은 완전한 존재 아니에요? 하나님의 속성 중 가장 먼저 떠올릴 수 있는 것은 영원한 생명일 거예요. 즉 하나님께는 죽음이 없다는 것이지요. 우리 안에 장착되어 있는 생명에는 죽음이 없다는 뜻이잖아요? 물론 그 영원한 생명을 받은 인간이 하나님의 명을 어겨 죽음이 왔다는 것이 인간의 비극적 운명의 시작이었지만요. 그러나 명을 어긴 것에 대한 벌은 예수님으로 인해 회복된 것이고요.

하나님의 명령을 어긴 후 아담과 이브의 반응은 하나님으로부터 숨는 것이었지요. 하나님과 분리되었다는 것, 그것이 죽음을 의미하는 것일 수 있겠지요. 하나님과 분리된 채로의 삶은 흙으로 왔다 흙으로 돌아가는 것으로 끝나는 삶에 국한되는 그런 삶이므로, 아무 의미 없이 '죽는 삶'일 테니까요. 자기 안의 신성의 회복 없이는 그렇게 언젠가 죽어야 한다는 두려움을 안고 사는 삶이므로 그것은 이미 죽은 삶이라고 할 수 있을 거예요. 그래서 이 두려움 때문에 두려움을 잊기 위한 온갖 몸부림이 인생의 투쟁인지 모릅니다.

아담과 이브가 사형선고의 조건이 붙은 선악과를 먹고 두려움 때문에 신으로부터 숨은 불안 의식은 모든 사람들의 무의식에 새겨진 원형이 되었겠지요. 그러나 선악과를 따 먹었다고 일단 불어넣은 하나님의 속성이 끊어지는 것이라면 하나님은 인간을 만드는 데 실패하신 것 아닌가요? 하나님께 실패라는 것이 있을 수 있겠어요? 하나님의 속성이 변하는 것이겠어요? 우리는 하나님의 속성으로 지어졌다지요. 하나님을 믿든 믿지 않든 우리 안에는 누구에게나 신성이 있다는 것인데요.

모든 종교는 우리 안에 신성을 경험하고자 하는 노력이 아닌가 싶어요. 종교라는 말의 라틴어 어원은 '재연결(reconnecting)'이라는 것이래요. 종교는 우리의 육체적 존재와 그 안의 신성과를 재연결하려는 제도라고 할 수 있겠지요. 원래 우리 안에 신성이 장착되어 있지만 의식하지 못하고 있는 상태를 깨워 재연결시키려는 시도라고 할 수 있겠지요.

하나님은 기독교인만을 만드신 것은 아니지 않겠어요? 그래서 "**하나님이 유대 사람만의 하나님입니까? 이방 사람의 하나님은 아닙니까? 진실로 이방 사람의 하나님도 되십니다**(롬 3:29)"라고 되어 있잖아요? 또한 우리가 하나님 안에 있으며 하나님은 우리 안에 있음을 성경은 얼마나 강조하고 있습니까? 그런데 평범한 많은 기독교인들 뿐만 아니라 하나님의 일을 위해 평생을 헌신하는 사람들도 하나님을 우리보다 더 높은 어떤 다른 곳에 있는 분으로 우러르며 우리의 마음에 찾아와 주길 소망하며 기도하는 것을 볼 수 있습니다.

하나님은 언제나 우리의 중심에 있어서 우리가 의식만 하면 되는데도 말입니다. 그래서 성경에는 여러 곳에서 "깨어라", "깨어 있으라"라고 권고하는 것 같아요. 깨어 있는 상태는 하나님의 현존을 의식하고 있는 상태라고 할 수 있지요.

멀리 계셔서 내가 부를 때만 오시는 하나님이 아니라 언제나 내 마음 속에 계시고 나를 떠난 적이 없는 하나님의 존재를 의식하라는 권고가 깨어있으라는 권고일 거예요. 하나님은 더 이상 3인칭의 하나님도, 2인칭의 하나님도 아니고 나와의 일치를 바라는 내 안의 나라고 생각하면 좋을 것 같아요.

예수님 때부터 "회개하라, 천국이 가까웠느니라"라고 말씀하신 것을 두고 사람들은 2000년 전부터 천국은 가까이 왔다고 하면서 예수님은 대체 언제 오시며 천국은 언제 도래하냐는 질문을 계속하고 있지요. '회개하라'는 것은 마음의 방향을 바꾸라는 것이래요. 나를 바라보던 마음에서 중심에 있는 신의 존재를 의식하라는 것이겠지요. 그러면 고난 때문에 불안하고 억눌렸던 마음은 금세 평강을 회복하고 그 상태가 곧 천국이랍니다. 그러니 마음의 방향만 바꾸면 곧 천국이니 얼마나 천국이 가까운 거예요? 천국은 우리가 열심히 교회 다니다가 나중에나 가야 할 어떤 장소가 아닌 것 같아요. 그래서 예수님도 "**하나님 나라는 너희 안에 있기 때문이다**(눅 17:21)"라고 말씀하셨지요.

하나님이 우리 안에 있다 함은 우리 안에 신의 모든 속성이 있음을 말하는 것이겠지요? 그 모든 속성이란 죽지 않음, 영원한 생명, 전능한 능력, 무엇이라도 할 수 있는 가능성, 무한한 지혜, 모든 것을 알 수 있고 또 알고 있음, 무한한 사랑, 누구라도 사랑할 수 있는 관용, 베풂, 인내, 용서, 기쁨 그 모든 것이 아니겠습니까? 그 모든 것이 내 안에 있다는 것은 얼마나 엄청난 축복인지요.

그런데 우리 집 창고에 이 세상 귀한 모든 보화가 가득하고 무엇이라도 할 수 있는 도구가 다 갖추어져 있다 할지라도 그것이 있다는 것을 모르면 무슨 소용이 있겠습니까? 그것이 있다는 것도 모르고 항상 남에게 빌리러 다니고 누가 무엇을 주기만을 바라고, 그것을 줄 수 있다고 생각되는 존재에게 계속 달라고 애원하고 부탁하고 해야 하지 않겠어요?

자동차나 스마트폰에 장착된 모든 기능을 알고 있으면 그것을 필요로 할 때마다 알아서 쓰면 되는데 어떤 기능이 장착되어 있는지도 모르면 아무리 좋은 기기도 쓸모가 없잖겠어요? 우선은 그 장착되어 있는 것을 알고 기쁘게 여기고 필요할 때 감사로 요구하면 된다는 것이 믿음이겠지요. 예수님이 오병이어를 가지고 수천 명을 먹이실 때도, 죽은 나사로를 살리실 때도 그러하신 것처럼요.

영원한 생명을 믿는 것이 신성이 장착되어 있음을 믿는 가장 기본적인 믿음이겠지요. 죽음은 없다는 믿음, 하나님의 생명을 가졌다는 믿음이 제 일차적인 믿음일 거고요. 죽음을 두려워하고 죽을까봐 불안해 하는 것을 그만 두는 것이 제일 먼저 해야 할 착한 피조물의 의무일 것입니다. 하나님은 인간의 모델로 예수님을 보내시지 않았습니까? 예수님도 눈에 보이는 죽음을 경험하셨지요. 신을 믿는 사람은 육체의 죽음을 예수님의 경우처럼 다시 살아나는 과정이라고 믿어야지요. 죽음처럼 보이는 것을 우리는 눈으로 보고 겪지만 그것은 영원한 종말, 없어짐이 아니고 새롭게 이어지는 정거장이고 차를 갈아 타는 것이라고 생각하면 어떨까요? 하나님의 생명은 없어지지 않는 것일 테니까요.

죽음이 파멸이 아니라 새로운 삶의 시작이라는 통찰이 담긴 문학작품은 참으로 많습니다. 17세기의 형이상학파 시인인 죤단은 그의 일련의 종교시에서 이중적 자아의 갈등문제와 삶과 죽음의 문제들을 주제화 하고 있습니다. "병상에서 나의 하나님을 찬양하는 노래"에서 그는 죽음의 장소인 갈보리와 낙원을 동일시함으로써 죽음이 곧 삶임을 표현하고 있습니다.

낙원과 갈보리, 그리스도의 십자가와 아담의 나무는 한 곳에 서있다고 생각합니다. "보소서 주여 제 안에 두 아담이 만나있는 것을; 첫째 아담의 땀방울이 내 얼굴을 감싸고 있듯 마지막 아담의 피가 내 영혼을 껴안게 하소서"에서처럼 갈보리 언덕에서의 그리스도의 죽음을 영혼의 새로운 삶임을 통찰하고 한 순간의 죽음은 영원히 깨어남을 의미한다고 그는 노래합니다.

그러니 죽음은 지금의 삶을 떠나 또 다른 건너편으로 가기 위한 다리와 같은 것인지 모릅니다.

하늘에 있는 것과 땅에 있는 것

천국과 지옥에 대해서 구체적으로 생각해보신 적이 있나요? 성경에 천국과 지옥에 대한 묘사가 있지만 비유로 되어 있어서 어떤 상상을 해야 좋을지 분명하지가 않지요. 천국은 겨자씨 같다고 비유되어 있고 또 가루 서말 속에 넣은 누룩과 같다고도 했지요. 값진 보석으로 장식된 곳이라든가 온갖 꽃과 열매가 풍성한 아름다운 곳이라고 표현되어 있지 않지요. 겨자씨나 누룩이라니요. 천국은 물질적인 이 세상의 어느 이상적인 곳처럼 묘사되어 있지 않아서 천국을 그리려 하면 어떤 지도를 그려야할지 잘 모르겠어요.

"하늘나라는 사람이 자기 밭에 가져다가 심어 놓은 겨자씨와 같다." (마 13:31)고 했을 때 그것은 천국의 어떤 면을 설명해주는 것일까요? 아주 작지만 싹이 나서 큰 나무로 자라 많은 새들이 깃들 수 있는 곳이 천국으로 비유되었다면 천국은 외면적으로 화려한 어떤 장소가 아니라 처음에는 작고 초라하지만 확대하고 성장시키면 많은 사람들을 쉬게 할 수 있는 곳이라는 의미일지요. 사실 우리가 하나님을 믿는다는 처음의 마음은 그저 의지할 곳 없어서, 또는 친구의 권유로 가볍게 시작한 믿음일 수 있지요. 그러나 세월이 지나 그 믿음이 자라면 자기뿐 아니라 많은 사람이 그 마음의 그늘에서 쉬고 함께 즐길 수 있는 아름다운 정원이 될 수 있지 않나요?

천국을 가루 서말 속에 넣은 누룩으로 비유한 것(마 13:33)도 천국의 기능적인 면을 표현한 것 같아요. 작고 견고한 것을 크고 부드럽게 부풀리는 것이 천국의 기능 중 하나라고 볼 수 있을 것이고요. 누룩이 없는 밀가루 덩어리로는 맛없는 빵 밖에 만들 수가 없잖아요. 누룩은 가루를 부풀릴 뿐 아니라 부드럽게, 향기롭게 하고 맛있는 빵을 만들 수 있게 하지요. 강퍅한 마음도 부드럽게 하고 황량한 마음도 향기롭게 할 수 있는 것이 누룩이지요.

또한 하늘나라는 바다에 던져 온갖 물고기를 잡는 그물과 같다(마 13:47)고도 했습니다. 역시 기능적인 측면을 표현하고 있네요. 물고기가 성도를 상징하는 것이라면 많은 성도들을 모아들일 수 있는 마음을 그물로 비유한 것은 아닐지요.

또 하늘나라는 좋은 진주를 찾아다니는 상인과 같다(마 13:45)고 비유한 것도 천국을 어떤 장소로 묘사하는 표현은 아니지요. 그렇다면 천국은 하나님이 좌정하고 있는 우리의 마음을 이야기하고 있다고 보아지네요. 우리의 마음이 겨자씨와 같이 또는 누룩과 같이 작은 것을 키워 풍요한 쉼터가 되게 하고 부드럽게 부풀게 하고 많은 성도를 모으는 마음이 되고 보화를 분별하여 자기 소유를 다 주고라도 귀한 것을 사는 마음이 천국으로 비유되고 있음을 알 수 있네요. 자기 안에 처음엔 대단한 것이 아닌 것으로 자리 잡지만 더욱 성장하며 자기 너머의 세계에까지 영향력을 미치는 것이 천국의 마음이라는 것이겠지요.

반면에 지옥은 어떤가요? 성경에 지옥이 천국의 경우처럼 다양하게 비유로 묘사되어 있지는 않지요. 지옥 불에 들어간다든가 불 못에 던지운다는 표현 등으로 지옥은 불이 타는 곳이고 믿지 않는 사람들이 그곳에서 영원히 타는 형벌을 받아야 하는 곳으로만 일반적으로 믿고 있지요.

천국을 묘사한 여러 비유들처럼 지옥불도 당연히 비유일 거예요. 천국이 자기 개인을 넘어 더 풍요한 세계로 확대되어 가는 것이라면 지옥은 자기 자신에게만 집중되어 욕망의 불 속에서 갈증으로 허덕이는 세계는 아닐지요.

천국과 지옥을 묘사한 우스갯소리가 있지요. 자기 키보다 긴 젓가락으로 밥을 먹는데 지옥은 그 젓가락으로 자기 입에 밥을 넣으려니까 도저히 밥을 입에 넣을 수가 없어서 고생하며 배를 곯는 곳이고 천국은 그 젓가락으로 상대방의 입에 서로 넣어주며 사이좋게 밥을 먹으며 화목하게 지내는 곳이더라는 것이지요. 무엇을 뜻하는 이야긴가요? 타인을 먼저 생각하고 배려하는 것이 하나님 나라요, 나만 생각하는 곳이 지옥이란 이야기 아닌가요? 나만 생각하는데서 불만과 원망과 싸움이 생기니까요. 자기의 본체를 깨닫지 못하고 에고에만 갇혀 있는 것이 지옥 심판을 받는 것이라고 할 수 있겠네요.

그렇죠. 우리 안에 있는 하나님의 속성은 아무것도 자신이 밖으로부터 받아서 채워야 할 필요가 없는 속성이지요. 주기만 하면 되는 존재예요. 그런데 우리 안에 있는 육체적 존재의 특징은 무엇이든지 가지려고 하는 존재잖아요. 밖으로부터 무엇이 주어져야 행복할 줄 아는 것이 이 존재의 특징이고요. 그러니 우리가 우리 안의 어떤 존재가 나타나기를 선택하느냐에 따라서 천국과 지옥이 선택된다는 이야기네요.

에덴동산에는 선악과 나무뿐만 아니라 생명나무도 있었지요. 그런데 생명나무로 가는 길에는 두루 도는 불칼이 있다고 되어 있지요. 불 칼이 돌고 있어서 쉽게 생명나무로 갈 수 없게 경계가 지어진 것이지요. 그렇다면 그 생명나무는 불같은 말씀으로 육신적인 자아를 태워야 닿을 수 있는 것이고요. 자기의 육체적 욕망, 이기적 생각 등을 불태워야 우리는 하나님과 하나가 될 수 있을 거라는 이야기 같아요.

마태복음에 씨 뿌리는 비유가 있지요? 씨가 길가에 뿌려진 것으로 비유된 사람은 내면의 신성이 존재함을 모르는, 육체적 존재로만 살아가는 사람이 아닐까요? 우리 안의 육체적 존재는 신성의 존재를 의식하지 못하게 하는 전략을 갖고 있대요. 씨앗이 뿌려져 있어도 언제나 현실적인 생각에 쫓기느라 외면적 힘에 휩쓸리고 그러한 외면적 바람에 씨앗은 날아가 버리고 말겠지요.

돌밭에 씨가 떨어진 것으로 비유된 사람은 내면의 신성을 의식하기는 하지만 그런 영적인 것이 주는 가치에 집중하지 않는 사람들일 거고요. 그런 생각이 빵을 주는 것도 아니요, 오히려 외면적으로 닥치는 고난 때문에 내면적 신의 목소리를 따를 힘이 없을 것이고요.

가시떨기에 씨가 뿌려진 것으로 비유되는 사람들은 내면의 목소리를 듣고 깊은 곳에서 의식을 하기도 하나 세상의 염려와 유혹 때문에 신의 목소리를 억누르게 될 거예요.

비옥한 땅에 떨어져서 많은 결실을 맺는다는 사람들은 내면의 목소리에 귀 기울이고 성령의 인도함을 받는 사람들이지요. 외면적 힘도 얻고 내면적 성장도 이룰 수 있는 사람들일 터입니다.

씨 뿌리는 비유는 사람들이 하나님의 말씀을 듣고 따르느냐 마느냐의 여부를 가리는 비유의 말씀으로 이해하고 있지만 사실 이 씨 뿌리는 비유의 말씀은 이 세상에 있는 총체적 인간의 자기 인식의 유형을 말하고 있는 것 같아요. 인간 모두는 영, 혼, 육으로 되어 있고 영이 없는 사람은 없는데 그 영을 의식하고 따르느냐 무시하느냐 하는 태도의 문제겠지요.

선악과를 먹고 분리된 세계에 눈을 뜬 존재는 신과 분리된 존재지요. 신과 분리된 육체적 존재는 영적 존재를 망각하고 있는 외면으로만 사는 인생이겠고요. 분리된 존재의 시력으로는 영적 자아의 존재가 보이지 않을 거예요.

그런데 분리된 존재로 살아가는 동안 우리가 욕망하는 대상들, 즉 온갖 소유, 집착의 대상물인 물건, 집, 성공, 명예 이런 대상들 때문에 인생엔 고통이 따르지요. 욕망하는 것을 손에 넣지 못함이 고통을 일으키니까요. 이 고통은 분리된 자아의식을 끊어야 비로소 끊어지게 되어 있대요. 사실 분리된 자아의 소유물에의 욕망은 온전함과 일체가 되려는 욕망의 변형된 형태라니까요. 전체에서 떨어져 나왔기 때문에 다시 그 전체가 되려고 하는 욕망이 있는 것이래요. 그런데 그 빈자리를 메꾸어 줄 수 있는 것이 이 세상에서의 물질적 성취인 줄로 착각하는 것이지요. 그래서 일생 그것을 위해 전력을 다 하지만 그것의 성취로는 온전함에 이르지 못한다는데요. 그것을 다 성취해도 인생의 허무를 이기지 못해 우울증에 빠지는 사람들이 많은 것을 볼 수 있잖아요.

내면 깊이에 누구든지 갖고 있는 영적인 존재의 요구를 알아차리지 못하는 한, 인생은 겉면에서만 끝나고 말 거예요. 중심에 도달하지 못하고 겉면에서만 맴돌다 사라지고 마는 인생이 얼마나 많겠어요?

우리 나라에서도 베스트 셀러가 되었었던 미국 작가 스코트 핏츠제랄드의 『위대한 갯츠비』라는 소설이 있지요. 갯츠비라는 청년은 데이지라는 처녀를 사랑했는데 그 처녀는 가난한 갯츠비를 버리고 부유한 사람한테 시집을 가지요. 갯츠비는 모든 수단과 방법을 다 해서 돈을 번 후 데이지의 집 맞은 편에 대 저택을 사서 날마다 화려함이 극을 이루는 파티를 열지요. 어떻게 하든 데이지를 되찾으려고 노력을 했지만 데이지는 그에게 돌아오지 않지요.

결국 갯츠비는 물질적인 세계의 가치관에 희생이 되고 비참하게 죽고 맙니다. 그가 사랑을 얻기 위해 부족하다고 생각한 것은 돈이었고 잃어버렸다고 생각한 것은 데이지에 대한 사랑인 것 같지만 사실은 갯츠비가 찾아야 할 것은 그의 영적인 자아였을 거예요. 아무리 되찾아도 그 결핍을 채워줄 수 없는 것을 그는 찾아 헤매었던 것이죠.

로마서에는 "**피조물이 허무한 데 굴복하게 된 것은 자신의 뜻이 아니라 오직 굴복하게 하시는 분으로 인한 것입니다. 그러나 피조물도 소망 가운데 있으니 이는 피조물 자신도 썩어짐의 종노릇하는 데서 벗어나 하나님의 자녀가 누릴 영광의 자유에 이를 것이기 때문입니다**(롬 8:20-21)"라는 말씀이 있지요. 분리된 자아로서의 피조물은 이 세상을 살면서 허무한 것에 굴복하게 되어 있대요. 허무한 물질적 성취를 목표 삼고 그것이 전부인 양 그 세력에 굴복하고 살아간다는 것이죠. 그러나 그것조차도 '굴복케 하시는 이'가 있어서라는 것인데요. '굴복케 하시는 이'가 하나님이고 우리 안에 계시는 영적인 존재잖아요. 그 존재는 이 세상의 이원적 경험을 통해 분리된 존재가 온전한 것으로 합일되기를 바라실 거예요. 결국은 썩어짐의 종노릇한 데서 해방되기를 바라는 것이지요. 그것이 영광의 자유에 이르는 길인 것 같아요.

에베소서에는 "**하늘에 있는 것이나 땅에 있는 것이 다 그리스도 안에서 통일되게 하려 하십니다**(엡 1:10)"는 말씀이 있지요. 하늘에 있는 것이란 하늘을 나는 새와 나비를 이야기 하는 것이 아니라 영적 존재를 말하겠고요. 우리 안에 있는 영적 자아와 땅에 속한 육체적 자아가 통일되어 일치되게 하는 것이 하나님의 목표라는 것이 아닐지요. 개인적으로 자기의 영적 존재와 육적 존재가 연합하여 통일을 이루는 것이 성공적인 삶일 수 있다고 생각되어요. 주기도문을 항상 외지만 마음 깊이 다시 한 번 되뇌어 볼 구절이 있어요. "**뜻이 하늘에서 이루어진 것처럼 땅에서도 이루어지이다.**"

담이 없는 하늘나라

예수님이 육신을 가진 신으로 오셔서 이 땅에서 한 일은 그 모든 분리의 경계선을 없애는 일이었지요. 사람들은 죄인과 세리를 구별하고, 평상일과 안식일을 구별하고, 형제와 이방인을 구별하고 사마리아인과 바리새인을 구별하였지만 예수님은 구별 짓는 모든 의식을 타파하셨잖아요?

간음하다 현장에서 잡힌 여인에게 돌을 던지려는 사람들을 향해 "누구든지 죄 없는 자가 여인에게 돌을 던지라"고 하심으로서 사람들로 하여금 간음한 여자와 자기들과의 사이에 그어놓았던 경계선이 허구임을 일깨우셨지요. 사람들은 자기와 간음한 여인의 사이에 아무런 차이가 없음을 깨닫고 여인을 향해 던지려던 돌들을 하나씩 놓아두고 심판의 자리를 떠났습니다.

또 예수님은 유대인들이 경계선을 그어놓고 상종하지도 않던 사마리아 여인에게 물을 달라고 청하셨지요. 그러니까 그 여인은 "당신은 유대인으로서 어찌하여 사마리아 여인인 나에게 물을 달라 하나이까?" 하고 의아해 합니다. 예수님께는 사마리아인을 구별하는 경계의식이 전혀 없었지요.

또한 예수님은 제자들과 있는 가운데 그 모친과 형제가 찾아왔다는 전갈을 듣고 "누가 나의 모친이며 동생들이냐?"라고 하시고 둘러선 모든 사람들을 가리켜 "내 모친과 내 동생들을 보라" 하시고 우리가 가장 기본적으로 구별하고 있는 혈연관계의 경계선마저 허물어 보이셨습니다.

마태복음에는 "**형제에게만 인사한다면 남보다 나을 것이 무었이겠느냐? 이방 사람도 그 정도는 하지 않느냐? 그러므로 하늘에 계신 너희 아버지가 온전하신 것같이 너희도 온전해야 한다**(마 5:43-48)"라고 말씀하셨지요. 우리가 온전해질 수 있는 최후의 기준을 말씀하신 것 같아요. 그것은 우리가 모두 하나라는 의식에 도달하는 것이지요. 어떤 경계선도 없이 전체라는 의식을 갖는 것, 모든 인간과의 관계에서 그리고 신과의 관계에서 벽을 없애는 것, 죽음과 삶과의 경계선마저 없애는 것, 이것이 온전해지는 조건이라는 것이지요.

적과의 경계선조차 허물라고 명하셨지요. 원수까지도 사랑하라고 하셨으니까요. 사랑할 수 있는 원수는 이미 원수가 아니지요? 그러니까 애초에 원수라는 관계의 경계선을 인정하지 않는 것 아닌가요. "서로 사랑하라 이웃을 네 몸같이 사랑하라"는 새 계명은 인간으로서 온전히 실천하기에는 어쩌면 불가능한 계명같이 들립니다. 모든 이웃을 어떻게 내 몸같이 사랑할 수 있겠어요?

그런데 말이지요. 우리가 개별적 존재로 나뉘어져 있는 것 같지만 본체로서 하나라는 것을 인정한다고 해보세요. 외면상 다른 모습들을 하고 있지만 내적으로는 하나의 의식으로 연결되어 있음을 깨닫고 그 경계선을 무너뜨릴 수 있다면 비로소 상대방을 나인 듯이 생각하는 것이 가능해질 수 있는 것 같지 않아요?

개별존재로서의 자기를 지키려는 데서 오는 분리와 소외를 느끼는 사람들은 실제 삶에서뿐 아니라 문학작품에도 무수히 많이 등장합니다. 그중에 특별히 생각나는 것은 버지니아울프의 『댈러웨이 부인』입니다. 클라리사는 국회의원인 리챠드 댈러웨이의 부인이지만 댈러웨이 부인으로보다는 클라리사로 불리길 원합니다. 그녀는 부부사이에서도 남녀의 개별성이 존중되어야 한다고 생각하지요. 지나치게 자신만의 개별성을 중요시하는 까닭에 그녀는 타인과의 원만한 유대관계를 갖지 못하고 홀로 바다에 떠 있는 듯한 소외감을 느끼며 삽니다. 외부세계와 벽을 쌓고 혼자 다락방에서 책을 읽으며 스스로를 차단하고 살던 클라리사가 파티 준비를 하는 하루 동안에 일어나는 일이 소설의 내용이지요.

이 소설은 클라리사의 의식이 흘러가는 대로 전개되며 의식의 흐름 기법에 의해 시간과 공간이 자유롭게 오고 갑니다. 빅벤의 시계나 공중의 비행기 등의 매개체를 통해 사람들의 의식이 한 군데로 모이기도 합니다. 이런 기법을 통해 개별적 존재들의 의식은 우주를 관통하는 하나의 의식일 수 있음을 암시하지요.

한편 어디서든 '나의', '나의 것'을 강조하는 클라리사의 의식은 에고의 전형적인 모습을 가리킨다고 할 수 있습니다. 그녀의 분신이라고 할 수 있는 셉티머스는 전쟁 후 정신분열증을 앓고 있는 사람이지요.

그는 분열된 상태에서 끊임없이 타인과의 관계와 소통을 희구합니다. 그는 우주적인 사랑, 즉 범신론적 일체감을 추구하며 실제 인간관계에서는 소외되어 있는 인물인데요. 클라리사는 파티 도중에 셉티머스의 자살 소식을 듣고 자신이 죽는 듯한 감각에 빠집니다.

셉티머스의 죽음은 어쩌면 클라리사 내부에 있던 소외된 자아의 죽음을 의미할 수도 있지요. 셉티머스의 죽음을 뒤로 하고 클라리사는 파티의 한 가운데로 다시 들어섭니다. 파티는 타인과의 교류이며 조화요, 에고로서의 자기를 죽이고 타자들과 소통하고 일체감을 추구하는 상징적인 것이지요.

이 작품은 우리가 인생에서 만나는 모두가 사실은 우리 자신들이며 우리는 우리의 개별자로서의 소외된 에고를 죽이고 자신을 완성시키기 위해 타인들과 교류해야 한다는 메시지를 전해줍니다.

천국은 틀림없이 너와 나의 경계선이 없는 곳, 육체적인 경계선을 넘어 영적으로 하나임을 인식하는 곳일 듯해요. 그리고 지옥은 선악과 사건 이후 하나님과 분리되고 인간들 상호간에 분리되어서 서로 경쟁하고 내가 보기에 좋은 것을 더 가지려는 마음, 더 높아지려는 마음이 모여서 이루어지는 곳인 것 같고요. 육체적 존재인 자기의 이기심으로 경계선을 긋고 사는 곳이 지옥이겠고 경쟁이 불꽃 튀듯 뜨겁고 욕망의 불길이 뜨겁고 갈등과 분쟁이 뜨거운 그런 곳이 지옥이겠지요. 그러니 성경에 나와 있듯이 영원히 타는 불 못이 아니겠어요?

신음소리를 듣고

참 어이없고 억울한 일이지요? 인생이 고난을 위하여 난 것이라니 말이에요, 성경말씀이잖아요? **"불꽃이 위로만 솟듯이 사람은 고난 받기 위해 태어나는 것일세**(욥 5:7)"라고 되어 있잖아요? 그러니 이 세상에 나지 않았더라면 좋았을 것을 그것인들 자기 임의대로 할 수 있나요? 그런데 인생이 고난을 받기 위해 난 것이라면 사랑의 하나님께서 그럴만한 이유를 두셨을 것 아니에요? 하나님이 **"사람의 자녀들에게 고난이나 슬픔을 주시기를 즐겨하지 않으신다**(애 3:33)"라고 하셨으니까요. 그럼 그 본심은 무엇인지 알아야 뜻 없이 고난 당함을 넘어서서 의미를 찾고 고생을 극복할 수 있지 않아요? 짐작하시는 대로 고난은 깊은 뜻을 갖고 있을 거예요.

이스라엘 사람들이 이집트에 종으로 팔려가서 노예로 살며 신음 속에 고통하며 살다 모세를 인도자로 하여 이집트에서 해방된 일련의 모든 과정은 하나님의 빈틈없는 계획으로 볼 수 있지요. 하나님은 이스라엘인들을 이집트에서 해방시키고자 할 때 "**이제 이집트 사람들 아래서 종노릇하는 이스라엘 자손들의 신음 소리를 듣고 내가 언약을 기억했다**(출 6:5)"라고 하셨지요. 우리는 대체로 삶의 고달픔에 시달리다 신음 소리가 나올 정도가 되어서야 비로소 자신보다 높은 존재의 관여를 요청하게 되는 경우가 많지요.

신음 소리가 나는 상황에서도 하나님이 우리 안에 살아 계심을 의식하지 못하는 사람들이 많기는 하지만요. 그러나 자기의 의식으로 신적 존재를 인정하지 않는다 할지라도 보이지 않는 내면 존재가 틀림없이 있잖아요. 하나님을 믿지 않는 사람이라도 벼락이 치거나 갑작스러운 위험에 처했을 때 무심결에 '아이구, 하나님!' 하고 외치는 것을 자주 목격할 거예요. 아무튼 그 변함없는 신성은 우리 안에 무의식으로 내재되어 있기도 하고 의식으로 깨어있기도 하지요.

대체로 인생으로 태어나 살다가 삶이 고통이라고 느끼며 신음할 때 비로소 우리는 우리 안에 있는 하나님을 깨우게 됩니다. 그때 깨워지는 의식, 그것이 삶의 속박에서 벗어나려고 하는 생명의 움직임이겠지요. 그렇게 하나님을 만나기 시작하는 순간 '그들의 신음 소리를 듣고 언약을 기억했다'라는 표현이 자기에게 적용되는 순간이 아닌가 싶어요.

이사야서 26장 19절에는 우리의 속에 잠자고 있는 하나님을 일깨우라는 말씀이 있습니다. "**그러나 이미 죽은 사람들 가운데서 주의 백성들이 살아날 것입니다. 그들의 시체가 일어날 것입니다. 땅속에 있는 사람들아, 일어나서 환호성을 지르라. 주의 이슬은 빛나는 이슬이어서 땅이 죽은 사람들을 도로 내놓을 것입니다**"라는 말씀이지요. 자기 안에 신의 생명이 있음을 모르고 육체적 삶에만 매여 사는 것은 죽은 삶이며 땅 속에 있는 삶이라는 것이지요. 주의 이슬은 하나님의 말씀을 가리키는 상징일 테고요. 그 말씀으로 깨어나면 육체적 존재로만 살던 의식 속에 신의 존재가 깨어나는 것이겠지요. 그 상황이 땅이 죽은 자를 내어놓는 상황일 테고요. 이런 저런 방법으로 자신에게 들려지는 신의 음성을 듣고 자기 안의 신성을 일깨우라는 부탁이지요.

우리 안에는 깨어 노래할 수 있는 참 존재가 묻혀 있다는 것입니다. 땅 속에 있는 사람이라 함은 육체적 존재가 전부인 줄 알고 사는 인생을 말하는 것이겠고요. 깨어 노래할 수 있는 주체가 신의 형상을 닮은 영적 존재이며 참된 본체며 영원히 죽지 않는 존재라는 거지요. 자기 안에 있는 영혼의 존재를 부인할 사람이 있을까요? 그 존재를 의식하는 것만으로도 깨어 노래하는 상태가 될 수 있을 거예요. 조용히 귀 기울이면 샘물같이 흐르는 잔잔한 기쁨과 물결처럼 퍼져나가는 조화로운 멜로디를 느낄 수 있지 않아요? 무엇이 참다운 삶이라고 가르쳐 주는지 주의를 기울이면 들을 수 있을 거예요.

사람들이 이집트에서 속박의 삶에 매여 고통하고 있을 때 하나님은 무엇을 하셨을까요? 물론 그때에도 하나님은 사람들과 함께 계셨겠고요. 우리들 속의 하나님은 한시도 우리를 떠나지 않고 변함없이 계신답니다.

의식하는 사람과 의식하지 못하는 사람은 다른 세상의 삶을 사는 것이지요. 인생의 어느 부분에서 그 의식을 일깨우는가 하는 것도 사람마다 다르겠고요. 공통점은 대체로 고난 속에서 탄식할 때 신의 존재를 일깨운다는 것이지요. 그러니 인생의 모든 크고 작은 고난들은 깨어나라는 신호로 보면 어떨까요? 그것을 경고로 받아들이지 못하는 한 우리는 끊임없이 다가오는 고난의 희생자로 의미 없는 고해 속에 피곤한 항해자가 될 수밖에 없겠지요.

육체적 삶에만 열중하다가 영혼에 의식을 보내는 것이 변화의 시작일 터입니다. 육체적 보양의 삶에서 영혼 보양의 삶으로의 전환이 하나님을 찾는 것이고요. 그것이 하나님을 만나기 시작하는 삶이고 거기서부터 영혼의 진보를 위한 일이 이루어져 갈 거예요. 그것은 생명, 사랑, 조화, 헌신, 화평 등의 길에 주의를 기울이는 삶일 거예요. 직업을 바꾸어야만 하는 것은 아니지요. 어떤 일을 하든 그 일을 통해 자신의 영혼을 찾아가는 일이면 그것이 곧 하나님의 일이라고 할 수 있지 않을까요? 또 하나님의 일을 한다면서 그에 반대하는 배우자와 이혼하고 자식을 돌보지 않고 집안 식구들과 싸우면서 가는 사람들도 있는데요. 그런 길은 무슨 의미가 있겠습니까? 하나님이 그런 것을 원하실까요? 답은 처음도 끝도 사랑이지 않겠어요? 사람을 사랑하지 않고 사람들과 화평하지 않으면서 하나님과 화목할 수 없고 하나님만을 사랑할 수는 없잖아요.

신의 정의라는 추악한 죄상을 은폐하며 사람을 죽이면서도 정의의 사도인 척했던 사람들의 이야기 중에 아더밀러의 『시련』이라는 극작품이 있습니다. 이 작품은 17세기 청교도 사회에 횡행했던 마녀재판을 극화한 것이지요. 자기와 갈등관계에 있는 자들을 악마와 소통한다는 이유로 고발하여 처형당하게 하는 인간의 극단적 이기심과 위선을 폭로하는 극이라 할 수 있습니다. 율법주의에 사로잡혀 자신마저 속이며 사는 위선적 청교도 사회의 면면이 드러납니다. 숲 속에서 춤을 추었다는 혐의로 또는 십계명을 외우지 못했다는 이유로, 또는 바늘에 찔린 인형이 발견되었다는 이유 등으로 마녀와 소통했다는 혐의를 받지요. 마을 사람들은 자기가 살아남기 위해서 자기의 참된 본심을 감추고 서로를 고발합니다. 재판정에서는 거짓고백으로 생명을 연장하느냐 아니면 양심을 택하여 명예롭게 죽느냐의 갈등이 첨예하게 대립되지요. 자기 안에서 들려오는 신음 소리를 외면하고 타인의 시선만을 의식하거나 외면적인 가치에만 몰두하는 사람들의 시련이 그려지고 있는 극입니다.

살아가면서 부딪치는 고통스러운 일 가운데 자기 안에서 신음 소리가 날 때 그 신음 소리에 귀를 기울여 보는 것이 중요할 것 같아요. 자기 안의 또 다른 존재가 무엇을 찾아 헤매며 무엇이 힘들어 한숨을 쉬고 있는지 의식을 집중하면 들려오는 소리가 있을 것이에요.

고난으로 인한 신음 소리를 하나님이 들으신다고 했지만 그것은 우리 내면의 또 하나의 우리가 들을 수 있는 소리일 거예요. 그래서 **"성령께서도 우리의 연약함을 도와주십니다. 우리는 마땅히 무엇을 기도해야 할지 알지 못하지만 오직 성령께서 친히 말로 할 수 없는 탄식으로 우리를 위해 간구하십니다**(롬 8:26)"라고 하잖아요? 성령이 말할 수 없는 간절함으로 우리를 위하여 기도한다는데 우리가 못 들으면 어쩌겠어요? 어머니가 자식을 위하여 기도하듯 말로 다 할 수없이 탄식하는 마음으로 우리가 들어주길 바라는 그 성령의 호소를 들어볼 필요가 있을 거예요.

그래서 인생은 고난을 위해서 났다고 하지만 신음 소리를 듣고 자기 안의 빛의 존재를 발견한다면 인생은 유의미한 고해이고 실상 그렇게만 되면 고해는 더 이상 고해로 여겨지지 않을 거예요. 인생은 하나의 게임장 같은 것이 될 수도 있지요.

신음 소리는 자기 내부에서 울려오는 소리일 뿐 아니라 자기 주변 인물을 통해 자극되는 경우도 많지요. 유진 오닐의 표현주의 극인 『털보 원숭이』에 나오는 주인공 양크는 엔진을 다루는 자신의 육체적인 힘에 자부심을 갖고 있던 존재였지만 밀드레드라는 여인이 자신을 "더러운 짐승"이라며 무서워하고 경멸하는 소리에 자극을 받아 자신의 존재에 대한 회의에 빠지는 인물이지요. 자존심을 상하게 하는 모욕적인 비방을 통해서도 자기 존재에 대한 성찰을 할 수 있다면 그것은 자기 안의 신을 일깨우려는 메시지로 받아들일 수 있으리라 생각됩니다.

허무해서, 힘들어서, 외로워서, 아파서 나오는 저 내면의 신음소리를 내가 들을 수 있으면 그것은 하나님이 듣고 계시는 것과 같을 거예요. 그것을 느끼는 순간 나를 위해 말할 수 없는 탄식으로 기도해 온 그분을 바라볼 수 있을 거예요.

구름 기둥과 불기둥의 안내

태양이 떴으되 구름이 있는 하늘은 흐리지요. 태양이 없는 듯 느껴지기도 하고요. 아무리 대낮이 캄캄하다 해도 태양이 하늘에 없는 적은 없겠지요? 우리가 있는 곳이 밤일지라도 지구의 반대편에 태양이 있으니까요. 우리가 해가 안 보인다고 하거나 밤이라고 하거나 뭐라고 하거나 태양은 변함없이 거기 있는 것이죠. 태양은 제한될 수 없는 것이지요. 그런데 '있다, 없다'라고 제한하는 것은 우리들 자신입니다. 제한하는 존재가 내 안에 있는 구름이라고 생각해보면 어떨까요? 이 구름 속에서 우리는 길을 잃을 때가 많지요. 이 구름이 내 안에 있는 태양을 가리잖아요. 언제나 찬란하고 힘 있는 그 태양을 가림으로 우리는 흐린 상태로 방황하게 되고 태양의 힘은 발휘되지 못하고요.

그런데 하나님은 **"내가 네 죄를 먹구름처럼 날려 버렸고 네 허물을 아침 안개처럼 흩어 버렸으니 내게로 돌아오너라. 내가 너를 구해냈다** (사 44:22)"라고 하지 않았어요? 우리는 살아가면서 얼마나 많은 죄를 지으며 허물은 얼마나 많습니까? 그런데 하나님은 빽빽한 구름을 흩어 사라지게 하듯 날려버렸다고 하나님 품으로 돌아오라시네요. 죄나 허물이 구름과 안개로 비유되어 있는데 구름과 안개는 실상 잠시 빛을 가리는 것일 뿐 실체가 없잖아요?

구름이나 안개는 빛이 비추이면 허술히 사라져버리는 아무것도 아닌 일시적인 장벽이지요. 우리의 육신적 자아가 구름이나 안개라고 할 수 있을 거예요. 내 마음에 있는 구름이 사라지는 것을 보면 그 구름이 걷힌 곳에 있는 본래 마음이 신성이겠지요. 그것을 자각하는 것이 하나님께로 돌아가는 것일 테고요. 변함도 없이 여전히 그 본래의 자리를 지키고 있는 신성이 거기 있는데요. 환하게 웃고 있는 태양의 모습으로, 아니면 햇빛을 반사하며 반짝이는 잔잔한 물결의 모습으로 우리들의 속 깊은 바탕에 늘 존재하고 있음을 알 수 있습니다.

밖을 향해 미소를 내보내지 못함도 우리의 본래 모습인 하나님을 구름으로 가리고 있기 때문일 거예요. 근심하고 염려하는 생각들도 그 너머 태양의 힘을 보지 못하게 하는 장애물 때문이겠고요. 그래서 성경에서의 구름은 하나님의 영광을 가리는 것으로 되어 있지요.

그런데 구름은 언제까지나 한곳에 머무는 것이 아니라는 사실에 위안을 받지요. 구름은 지나가게 마련입니다. 잠시 잠깐 두려움이 밀려와도 태양을 자각하면 구름은 사라집니다. 문득 걱정이 솟아올라 구름이 피어나도 태양을 바라보면 또 그 구름은 흔적도 없이 사라질 수 있습니다. 구름이 다 걷히면 힘의 원천이 그 힘을 발휘하겠고요. 그 힘의 원천에 다 맡겨보면 말할 수없이 편안해지잖아요. 그 원천의 힘이 모든 것을 해결해 줄 수 있는 해결사임을 인정하면 얼마나 가뿐해지는지요.

하나님이 이스라엘 백성을 이집트에서부터 광야로 인도하여 낸 후 그들이 광야 생활을 하는 동안 "**여호와께서는 앞서 가시며 낮에는 구름 기둥으로 그 길을 인도하시고 밤에는 불기둥으로 그들에게 빛을 비춰**(출 13:21)" 그들을 인도했다고 되어 있지요. 이것도 글자 그대로 보다는 비유로 읽을 수 있을 것 같아요.

낮이라 함은 우리가 우리의 힘으로 볼 수 있다고 생각하는 때이지요. 자기의 눈을 의지하는 때는 구름이 우리의 갈 길을 인도한다고 할 수 있지요. 자기가 본다고 생각하고 가는 길은 자기의 육체적·제한적 존재가 구름을 안내자 삼아 갈 길을 헤쳐 나가게 됩니다. 육체적 눈에만 의지하는 삶은 얼마나 제한된 삶인가요? 구름은 무의식일 수도 있겠네요. 이때도 구름은 하나님의 영광을 가리는 역할을 하겠지요.

밤에는 불기둥으로 이스라엘 백성을 인도하셨다는데 밤은 우리가 스스로 볼 수 없을 때를 말하는 것일 수 있고요. 스스로 보지 못한다고 할 때 우리는 하나님의 인도함을 의지할 수밖에 없지요. 자기의 눈을 의지하지 않는 의식이 되면 그때서야 참빛이 우리를 인도하겠고요.

이스라엘 민족이 광야에서 구름기둥과 불기둥으로 인도함을 받았다 함은 우리가 이세상을 살아가는 양태를 나타내주는 것 같기도 해요. 보이는 세계를 의지해 살아가는 태도는 구름으로 인도되는 삶 즉 자기의 육신적 이성과 명철에 의해 살아가는 삶이고, 밤이면 불기둥으로 인도된다 함은 보이지 않는 영적 세계를 살아가는 것은 하나님의 말씀인 불기둥으로 인도함을 받는다는 것을 의미하지 않을까 싶어요.

셰익스피어의 『페리클리즈』라는 희곡에 보면 참으로 믿기 어려운 기적같은 일들이 많이 있지요. 페리클리즈가 풍랑을 만나 여러 차례 죽을 고비를 겪으면서 결국 해피엔딩으로 가는데요. 그가 폭풍우에 휘말리는 상황은 상징적으로 자기의 의지를 다 버리고 신의 자비에만 모든 것을 맡기는 상황이 된다고 볼 수 있지요. 번번히 육안으로 상황을 보고 이성적 판단을 내리고 자기의 계획대로는 결코 행할 수 없는 상황에 처하게 됩니다. 그러나 그는 그때마다 구원되지요. 그의 아내도 죽었다고 관에 넣어져 캄캄한 바다에 던져지지만 살아나서 재회하게 되고 죽은줄 알았던 딸과도 재회하게 됩니다. 이러한 패턴은 언제나 우리의 의지가 자연에 맡겨졌을 때, 즉 신의 자비에 맡겨졌을 때 구원이 나타난다는 원리를 보여주는 것 같아요.

신앙 생활을 하는 동안 누구라도 자기 생각을 모두 내려놓고 흔들림 없이 불기둥의 인도함만을 받아 곧바른 길을 가는 사람은 없을 거예요. 그러나 점점 우리를 인도하는 불기둥만을 전적으로 신뢰하고 우리 자신의 눈을 항복시켜야지요. 우리의 육체적 존재의 눈은 밤이 되어야 할 것 같아요. 육체의 눈이 포기되었을 때, 또는 무의식에서 깨어날 때 어둠 속에서 빛은 뚜렷하게 우리의 발걸음을 지도할 테니까요.

우리는 우리 안에 있는 영적 존재인 '참빛'을 신뢰해야 하지 않겠어요? 육체적 존재는 믿을 것이 못되는 연약하기 짝이 없는 존재잖아요? 내 안에 있는 하나님은 육체적 존재인 내가 무엇이 내게 유익한지 몰라 어떻게 빌어야 할지 모르는 것을 잘 아시고 영혼에 유익한 길을 위해 간절히 빌고 있다는데요. 그 존재를 신뢰해야 하지 않겠어요? 내게 가장 유익한 것이 무엇인지 가장 잘 아는 존재가 내 안에 있다는데 일단 그 존재를 의식하고 그리고 전적으로 믿고 맡기면 얼마나 편히 쉴 수 있을지요.

진정한 순교자

이스라엘 민족이 구름 기둥과 불기둥으로 인도함을 받던 광야를 지났을 때 요단강을 건너게 되지요. 요단 강 너머에는 그들이 들어가기를 소망하던 젖과 꿀이 흐른다는 가나안 땅이 있었습니다. 그런데 그들이 가나안에 들어갈 때 처음 마주하게 된 장애물이 여리고성이지요. 그 여리고성을 여섯 번 돌고 일곱 번째 돌면서 나팔을 불었을 때 그 견고하던 여리고성은 무너졌습니다. 가나안 땅은 하나님이 이스라엘 민족에게 최종 목적지로 허락하여 인도해 가신 곳인데 거기에서 무너뜨려야 했던 여리고성은 무엇을 상징할까요?

여리고성의 함락을 책임졌던 군대장관 여호수아는 **"이 성 여리고를 다시 세우려는 사람은 여호와로 인해 저주를 받게 될 것이다. 그가 그 기초를 놓을 때 장자를 잃고 그가 그 문을 세울 때 막내를 잃을 것이다**(수 6:26)"라고 하지요. 광야에서의 걸음은 하나님이 일일이 인도해야 했던 길이었음을 생각해 보세요. 신앙생활하면서 우리는 자기의 지성을 의지하기도 하다가 하나님 인도함을 의지하기도 하면서 마음에 하나님에의 의지를 키워갑니다. 좀 더 영적으로 나아가는 길이 가나안으로의 길이라면 가나안 입성에 가장 먼저 무너뜨려야 할 것이 무엇이겠어요? 짐작컨대 광야에서 다 버리지 못한 육체적 존재인 자기 생각, 이기심, 염려, 두려움 이런 것은 아닐까 생각해 볼 수 있지 않을까요?

그런데 여리고성을 무너뜨리는 방법이 참 이상하지 않아요? 대장인 여호수아가 하나님의 궤를 메고 일곱 제사장들이 나팔을 불며 행진하고 나머지는 그저 성을 하루 한 바퀴씩 도는 것이 전략의 전부였지요. 어떤 무기도 필요 없었고 나팔을 불며 하루 한 바퀴씩 성을 돌다가 마지막 일곱째 날에만 일곱 번을 돌았어요. 그리고 마지막 나팔을 불때 백성들이 입을 모아 함성을 지르자 성은 무너졌지요.

나팔을 불며 성을 무너뜨린다는 것은 의식적으로 성령의 음성에 집중함을 의미할 수 있지 않나요? 나팔을 불어 여리고성을 무너뜨린다는 것은 성령의 강력한 임재에 육신적 생각들이 물리쳐짐을 의미하는 것이라고 볼 수 있을 것 같아요.

민수기에는 이런 말씀이 있습니다. "**너희가 너희 땅에서 너희를 공격하는 적과 싸울 때 나팔을 불어라. 그러면 너희가 너희 하나님 여호와 앞에서 기억될 것이며 너희 원수들에게서 구원을 받게 될 것이다**(민 10:9)" 성경에서의 대적은 사실 다른 대상이 아니라 우리 내면의 육체적 존재의 생각인 경우가 많다고 했지요. 그래서 육체적 생각에 머물러 근심하고 있는 상태는 우리 안의 대적에게 압박당하고 있는 상태라고 할 수 있을 것이고요. 대적을 치러 갈 때에 나팔을 울려 불라는 것은 신성을 일깨워 성령으로 의식의 진동수를 높이고 육신적 생각들을 물리치라는 의미일 수 있다는 것이지요.

여호수아는 여리고성이 함락된 뒤에 그 안에 모든 물건들은 여호와께 바쳐진 물건이니 아무것에도 손을 대지 말라고 이스라엘 사람들에게 경고합니다. 그 경고에도 불구하고 아간은 탐나는 물건들을 감추어두었다가 돌에 맞아 죽는 화를 당하지요. 그 물건들은 금과 은과 외투 한 벌이었어요. 이 귀한 물건들이 여호와께 바쳐진 저주받은 물건들이었기에 취하면 안 되는 것들이라니 그 물건을 취했던 아간은 그것들이 얼마나 아깝고 귀하게 여겨졌겠어요?

여리고성을 가나안에 입성하면서 가장 먼저 척결해야 할 육체적 자아의 성이라고 할 수 있다면 성 안의 물건 중 취하지 말아야 할 것이 의미하는 것은 또 무엇일까요? 우리 육체적 자아의 인격 가운데도 소중하게 여길 수 있는 것이 많은데 버려야 할 것이 무엇일지요? 그런데 무엇을 취사선택하는 것이 아니라 성 안의 물건은 하나라도 취하면 안 된다는 것이 하나님의 명령이었어요. 인격적으로 갖출 수 있는 모든 장점들마저 하나님께는 저주받은 것으로 여겨진다는 것은 얼핏 이해하기 어려운 일이지요. 그러나 하나님과 분리된 자아가 갖는 장점마저도 사실은 버려야 할 것들이라는 것이지요. 우리 자아의 속성 중에는 의로움을 추구한다든지 정직함을 추구하는 좋은 것들도 있습니다. 그러나 그것이 하나님의 속성과 연결되지 않은 나의 것으로 자부심을 가질 때 그것은 버려야 할 것들이 된다는 것이겠지요. 욥의 경우에서처럼 말이지요. 하나님은 욥의 의로움마저 버리기를 원하셨잖아요. 그것이 스스로에게서 나온 것이라고 생각했으니까 하나님 보시기엔 버려야 할 것이었지요. 자신의 이성적이고 지성적인 판단도 하나님께 굴복시켜야 될 필요 없는 요소들이라는 의미고요. 성 안에 있던 물건들은 모두 저주받은 것이라 하여 취하지 말라고 하셨으니 우리를 몽땅 비우고 모든 것을 버려야 하는 것이 가나안을 소유할 수 있는 기본적인 자격이라는 것일 수 있겠네요.

T.S. 엘리엇의 시극인 『성당에서의 살인』은 1162년부터 1170년까지 캔터버리의 대주교였던 토마스 베케트의 순교를 다룬 작품입니다. 성경에서 말하는 순교자란 "**하나님의 말씀과 그들이 가진 증거로 말미암아 죽임을 당한 자**(계 6:9)"라고 말할 수 있겠지요.

세속적인 것을 모두 극복하고 신의 요구에 완전히 순종하려는 베케트에게 순교에 대한 유혹자의 유혹은 참으로 난감한 도전이 됩니다. 순교를 통해 얻게 될 사후의 영광, 왕과 승정들과 귀족들을 영원히 굴복시키며 사후까지 그들을 지배할 수 있는 길이라는 순교에의 유혹은 뿌리치기 어려운 것이 될 수밖에 없었을 것입니다. 유혹자는 "그것은 당신이 간절히 원해오던 것"이라고 그의 에고의 헛점을 파고들지요. 고뇌하던 베케트는 지배욕에 불타서 자기를 제거하고자 하는 권력자들의 욕망과 자신의 욕망이 다를 바 없음을 깨닫게 되지요. 베케트는 결국 개인적 욕망에 의한 순교가 영광인 듯하지만 결국 그를 파멸케 할 것임을 깨닫습니다. 그는 이기적인 이유로 행동하려던 자신을 뉘우치며 자신의 오만을 자책합니다. 그리고는 자신의 영광을 위해서가 아니라 신의 뜻으로 순교할 것을 결심합니다.

베케트는 크리스마스 아침 설교에서 "순교는 신의 계획이며 그의 길로 이끌려는 신의 사랑이며 결코 인간의 계획이 되어서는 안 되고 순교자는 신의 뜻 안에서 자기의 뜻을 버리는 자, 자기 자신을 위해서는 순교자로서의 영광조차 바라지 않는 사람이다"라고 말합니다. 자기를 죽이려는 기사들이 들어오도록 성당의 문을 열라고 사제들에게 명하면서 그는 자신이 "짐승과 싸워왔고 정복했음"을 천명합니다.

엘리엇이 순교자 베케트를 통해 전하고자 한 순교자의 진정한 의미는 완전히 자기의 내면에 있는 짐승인 에고와 싸워 에고를 정복한 자이며, 에고가 죽는 순간은 영원성이 획득되는 순간이요, 십자가의 승리로 신과 합일되는 순간이라는 것이 아닌가 합니다.

조용한 묵상 속에서 이런 것을 느낄 수가 있지요. 고요히 앉아서 자기의 모든 감정들을 다 떠나보내고 자신의 견해와 판단 모두를 강물에 흘려 보내듯 모두 버렸을 때 오는 그 평안을 느껴보신 적이 없나요? 완전히 내 안의 전능한 존재에만 초점을 맞추고 그 사랑을 느낄 때 몸의 진동이 높아지면서 오는 정일함의 행복감 말이지요.

언제일지는 모르지만 이 세상을 살아가는 외면적인 존재인 욕심꾸러기 자아인 에고가 완전히 사라지고 신성만이 남을 때, 그때는 내가 완전히 죽어서 진정한 순교자가 되는 순간일터이고 그 때가 진정한 가나안의 존재인 신성과 하나 되는 순간일 거라고 믿어져요.

하나님이 놓으신 멍에

인생살이는 어찌 보면 끊임없이 생겨나는 문제들과의 싸움인지 모릅니다. 삶에 아무 문제가 없다면 어떨까요? 살 만한 재미가 없을 것이라고 생각하는 사람도 있겠지요. 그러나 문제들이 너무 많아서 괴로운 사람이나 문제가 심각하여 고민하는 사람들에게도 그럴까요? 제발 문제 없는 삶을 살아보았으면 하는 간절한 마음이 있을 거예요. 인도 여행을 하는 사람들이 자주 듣는 말 중의 하나가 "뭐가 문제야(no problem)!"라는 말이라지요. 당황할 일 앞에서도 낭패한 일 앞에서도 어떤 사고가 나도 "무엇이 문젠데?" 하는 식의 태도를 자주 보인다지요. 그 천연덕스러운 의연함 앞에서 어이가 없어질 정도랍니다. 남루한 인도인들로 변장한 대철학자들이라는 표현이 맞는 듯하다고요. 사실 하나님은 우리에게 그런 태도를 갖기 원하시는 것 같아요.

아더 밀러의 『세일즈맨의 죽음』이라는 극의 주인공 윌리 로만의 이야기가 생각나는군요. 그는 건장한 아들 둘에 자애롭고 현명한 아내가 있는 세일즈맨이었죠. 이제 육십이 넘은 그에게 인생은 갑자기 문제 투성이로 다가옵니다. 지방 도시를 여행하며 물건을 팔던 세일즈의 성과도 점점 시들해지고 시력이 나빠져서 운전하는 데에도 지장이 있고 인생의 짐은 가벼워지지 않아 좌절감에 빠집니다. 그래서 용기를 내어 본사 근무를 신청했지만 오히려 외판원의 일자리마저 잃게 됩니다.

윌리의 큰아들은 삼십이 넘은 나이에 자립도 못하고 시골 어느 목장에서 일용직으로 일하다 부모님을 보러 왔다가 아버지와 다투기만 합니다. 작은아들은 바람둥이 회사원으로 하는 짓이 부모 마음에 들지 않지요. 윌리의 옆집 친구는 자영업으로 잘 나가고 있고 그의 아들은 판사가 됩니다. 월급이 없어지자 윌리는 몇 달째 그 친구에게 돈을 빌려다 월급인 척하고 아내에게 갖다 줍니다.

집안에서는 세탁기, 냉장고 등이 월부금 잔금 기일에 맞추어 고장이 나기 시작합니다. 자동차도, 수도꼭지도 고장 나는 등 윌리에게는 삶 자체가 무너져 내리는 듯 절망스럽습니다. 그런데다 젊은 시절 지방의 어느 호텔에서 여인과 동침하던 것을 큰아들에게 들켰던 일이 걸림돌이 되어 다 장성한 큰아들과 아버지 윌리 사이에는 화해할 수 없는 벽이 늘 가로막혀 있습니다. 둘은 서로 사랑하는 마음이 있으면서도 경멸과 죄책감의 벽에 가로막혀 있습니다. 아버지의 부도덕을 발견한 이후 큰아들은 제때에 공부도 하지 않아 제대로 된 직업도 구하지 못하고 방황만 하게 되지요. 윌리는 그것 때문에 늘 죄책감에 시달리고요. 결국 그 죄책감과 더불어 삶이 뜻대로 안 되는 좌절감에 고민하다가 윌리는 아들에게 보험금을 남겨 주기 위해 고의적 차사고로 자살을 함으로써 인생을 마감합니다.

윌리는 자신이 처한 모든 상황은 문제 투성이여서 자살하지 않으면 안 될 상황으로만 해석했던 것이겠지요. 해고가 되었으니 생활할 일도 막막하고 착한 아내에게는 평생 고생만 시킨 것 같고 두 아들은 제대로 자립도 못하고 있고 월급은 없는데 집안의 물건들은 고장나고…… 자살하고 싶은 생각이 들기도 하는 상황이었어요.

그러나 다시 한 번 살펴보면 그의 인생에는 하나도 문제 될 것이 없었어요. 두 아들은 부모의 기대만큼은 아니지만 건장하게 잘 자라서 그저 격려를 해 주기만 하면 제 몫을 할 사람들이고 이제는 성인이 된 아들과 옛날의 불미스러웠던 일도 대화로 풀어나갈 수 있었을 것입니다. 아내는 언제나 남편을 위로하고 기운을 북돋아 주는 현명하고 자애로운 동반자였지요. 옆집의 친구는 월급을 빌리러 오는 그에게 원하면 자기 회사의 일자리를 주겠다고 여러 번 제의를 합니다. 자존심 때문에 면박을 주며 거절을 해도 언제나 윌리의 어리석은 성격을 잘 받아주는 좋은 친구였지요. 윌리는 얼마든지 행복하게 인생을 영위해 나갈 수 있는 조건을 가지고도 모든 것을 문제로 만들어 인생을 비극으로 만든 사람이지요. 이 극을 해석하는 많은 비평가들은 이 극이 사회를 고발하는 극이라고 하지요. 자본주의 사회가 한 외판원을 비극으로 내몬 것이라고요. 오렌지 즙만을 짜 먹고 껍질은 버리는 비정한 사회가 효용가치가 없어진 인간을 버린 비극이라고요.

인생은 그러나 어떤 외부적인 현실도 내부에서 어떻게 받아들이고 반응하느냐에 따라서 희극이 될 수도 있고 비극이 될 수도 있지 않나 싶어요. 문제는 언제나 밖에 있는 것이 아니고 안에 있다는 것이지요.

문제라고 생각되는 순간 그것은 그 상황을 문제라고 인식하는 자신의 판단일 뿐인 경우가 많잖아요?

예수님은 어떤 문제 앞에서도 그것을 문제로 인식하지 않는 인식의 모범을 보여주셨지요. 죄도, 병도, 굶주림도, 죽음까지도 전혀 문제로 여기지 않으시고 그 모든 것을 평안하게 해결하셨습니다. 외부에서 일어나는 일로 내가 무력함을 느낄 때 우리는 문제 의식을 갖게 되지요. 어디서든 내 평안함을 깨는 것이 다가올 때 인생은 문제 투성이인 것처럼 느껴지지요. 그러나 그럴 때에 아니 특별히 문제 상황이라고 여겨질 그 상황 앞에서야말로 우리는 인생에 아무 문제 될 것이 없음을 선언해야 할 때가 아닌가 싶어요.

문제가 있다고 생각하는 순간, 우리는 평안을 잃어버리잖아요. 그 순간 평강의 왕이신 하나님을 저버리는 것이 되고요. 모든 문제를 영혼을 성장시키기 위한 하나님의 배려로 받아들이면 기실 인생에 문제라고 할 것은 없다는 것이지요.

예레미아 애가에는 사람이 젊었을 때에 멍에를 메는 것이 좋으니 "**그가 홀로 조용히 앉아 있게 하여라. 이는 여호와께서 그 위에 멍에를 놓으셨기 때문이다**(애 3:28)"라고 되어 있지요. 우리에게 메워진 짐이라는 어떤 문제가 있더라도 꼭 필요해서 주께서 메우신 짐이라고 생각하고 또 그 무거운 짐을 대신 지어 주시겠다고 하신 예수님께 가져가면 다시 잔잔한 평화가 옴을 경험할 수 있어요.

주변에서 보면 수많은 인생의 어려움들을 이겨내고 이제 살 만한데 그만 병이 들어 이 세상을 떠난다든지 무슨 사고로 생을 마감하여 이웃을 안타깝게 하는 경우를 많이 보게 되지요. 싸우고 이겨내야 할 문제들이 많을 때는 생명력으로 넘치다가 그 모든 문제들이 다 해결되었는데 갑작스런 허탈감에 우울증을 앓거나 생의 의미를 잃어버리는 사람들도 종종 보게 되고요. 위기의 여자니 중년의 빈집 증후군이니 하는 것도 많이 듣는 이야기들 중 하나지요.

인생의 문제들은 그것 자체를 해결하기 위해 오는 것이 아님을 깨달으면 문제 해결 뒤에 허탈감으로 무너지지 않아도 될 텐데요. 어떤 문제든 문제는 영혼이 성장하기 위해 주어지는 학습자료 같은 것이라고 보면 될 것 같아요. 그 문제를 통해서 내 약하고 아픈 부분을 치유하고 고치면 문제는 사라지고 내 영혼은 한 발작 성장하여 허탈 대신 기쁨이 가슴에 차오르지는 경험을 할 수 있어요.

그러니 어떤 문제 앞에서도 해결의 실마리는 인식을 바꾸는 것으로 되지 않을까요? 그리 어려운 일은 아니잖아요? '괜찮을 거야, 좋아지고 있어'라는 생각 정도에 그치는 것이 아니고요. '이것은 문제 상황이 아니라 더 좋은 결과에 이르게 하기 위한 험한 다리에 불과하겠지만 얼마든지 건널 수 있어' 또는 '이 학습자료를 가지고 내 영혼은 무엇을 배우고 성장해야 하는가' 하는 생각은 어떤가요?

인생에 자기의 의지와 상관 없는 문제들이 많아서 인생의 실패자가 되었다고 여기는 사람들도 많지요. 그러나 인생을 육체적 삶을 도구 삼아 영혼이 성장해가는 과정으로 본다면 인생에 무슨 실패라는 것이 있겠어요? 존재하는 것 자체로 인생은 의미가 있고 각자의 조건 속에서 영혼은 성장하는 것이므로 어떤 자로도 성공이나 실패를 잴 수는 없는 것이지요. 우리는 모두 성장의 길을 걸어가고 있는 영혼의 순례자들이 아닌가요.

오지 않을 영생

미국 극작가 테네시 윌리암즈의 『뜨거운 양철 지붕위의 고양이』라는 극에서 보면 빅마마라는 여인이 가는 곳마다 물건들을 사서 집 지하실에 가득 채워놓아요. 그것을 보고 남편인 빅대디가 아들에게 "네 엄마는 가는 곳마다 물건을 사서 포장을 뜯지도 않은 채 쌓아두었는데 혹시 영생이라도 살 수 있을까 봐 닥치는 대로 물건들을 사는 것"이라고 냉소적으로 말합니다. 그렇게 말하는 빅대디 역시 암 선고를 받고 세상이 무너지는 듯한 충격을 받지요. 빈털터리에서 많은 재산을 일구고 부자가 된 그는 이 땅에서 영원히 살 줄 알았던 거지요. 암 선고를 받은 빅대디의 재산을 탐내느라고 가족들은 현재 누릴 수 있는 그 어떤 것도 누리지 못한 채 싸움에 휘말리고요. 암 선고를 받은 당사자도 그러하고요. 그러나 아무리 물건들을 사들이고 재산에 탐익해도 하나님이 없는 마음은 그 무엇으로도 채우지 못하고 현재 순간에 누릴 수 있는 행복도 누리지 못하는 것을 알 수 있어요.

또 미국 극작가 쏜톤 와일더의 희곡 중에 『우리 읍내』라는 작품이 생각나네요. 이 극에는 한 조그만 마을의 평범한 두 가정을 중심으로 마을 사람들의 일상이 그려지고 있는데요. 두 집안의 아들 딸이 학교 다니고 졸업하고 결혼하는 과정이 평범하게 펼쳐지다가 여주인공인 에밀리가 결혼해서 아이를 낳다가 죽게 됩니다. 죽은 에밀리가 자신이 살아 있던 세월 중에 열두 번째 생일을 택해서 생시로 돌아와 그 하루를 지켜보는 장면이 있습니다.

죽음의 세계에서 살아 있던 세월로 돌아와 보게 되는 것은 살아있을 때 느끼지 못했던 사소한 것들의 기쁨이란 것입니다. 잠시동안 같은 공간에 살면서 진정으로 서로를 바라보지 못하고 스쳐가기만 하는 가족들을 그녀는 안타깝게 바라봅니다. 그녀는 그 하루를 지켜보다가 똑딱거리는 괘종시계, 엄마의 해바라기, 음식과 커피, 새로 다림질한 옷과 뜨거운 목욕물, 잠을 자고 눈을 뜨는 것 등등을 그 순간의 행복으로 인식하지 못했던 것을 아쉬워하며 다시 죽음의 세계로 돌아옵니다. 살아있는 동안 입학식, 졸업식, 결혼식 등등 앞날의 어떤 중요한 미래에만 눈길을 주며 현재 순간을 진정으로 살지 못하는 인생의 어리석음을 돌아보게 하는 극이지요.

우리의 영이 하나님 나라의 영적인 본질, 즉 언제나 현재이며 언제나 충만한 그 본질에 접속되지 않으면 우리는 일생을 살면서 늘 현재의 순간을 떠나게 되는 것 같아요. '이것'보다는 '저것'을, '여기'보다는 '저기'를 바라보며 빈 곳을 메우려 하지만 언제나 갈증에 허덕이게 되지요. 죽음을 두려워하게 되고요.

하나님의 나라가 늘 현재임을 인식한다면 우리는 그 믿음 안에서 이것이 아닌 저것, 여기가 아닌 저기, 지금이 아닌 내일만을 바라보는 시선을 바꿀 수 있을 것 같아요.

성경에는 해가 정지했다든지 해가 뒤로 물러났다든지 하는 비 과학적인 장면이 두 군데 나오지요. 그중 하나는 여호수와가 아말렉 군과 싸울 때였습니다. 해가 떠 있는 동안은 이스라엘 군대가 이기고 해가 지면 아말렉 군이 이기는데 여호수와의 기도를 듣고 아말렉 군을 이스라엘 손에 붙이신 하나님은 해가 지지 않도록까지 하시면서 이스라엘군이 승리하게 하셨지요. **"백성이 적들에게 원수를 갚을 때까지 해는 멈춰 있었고 달도 멈춰 섰습니다. 야살의 책에 기록된 대로 해가 중천에 서서 하루 종일 지지 않았습니다**(수 10:13)"고 되어 있잖아요. 종일 해가 멈추게 하셨다는 거지요. 하나님이시니까 불가능한 일이 없겠지만 얼핏 이해하기가 쉬운 이야기는 아니지요. 어떤 의미로 해석해야 할까요?

구약 성경에서 이스라엘 인들이 대적과의 싸움에서 이긴다는 것은 결국 우리의 육체적인 것을 의존하던 마음이 꺾이고 하나님이 승리하시는 영적 싸움을 은유한다고 보아져요. 아말렉 군과의 이 싸움에서의 승리의 의미는 무엇일까요? 해가 멈추었다는 것은 시간이 멈추었다는 것이잖아요. 싸움에서의 승리는 기도할 때, 이미 그 순간에 다 이루어진 것임을 이야기하는 것은 아닐지요. 애초부터 인간을 축복하신 하나님은 우리가 하나님을 의뢰할 때 그 싸움에서의 승리를 이미 다 이루어놓은 것이라는 의미라는 거지요. 하나님이 이루고자 하시는 일은 현재의 시간에 다 이루어진다는 것이지요.

우리는 누가 이 순간 앞으로의 일을 보장한다고 해도 잘 안 믿게 되는 경향이 있습니다. 시간이 흐르면 인간의 마음은 변하기 쉬우니까 그렇겠지요. 그러나 하나님의 말씀으로 지금 이 순간에 내게 확신이 왔다면 시간이 아무리 흐른다 해도 그것은 이루어지는 것으로 믿을 수 있지요. 여호수아의 이야기는 그 믿음을 교훈하기 위한 것이라고 받아들여져요.

과거, 현재, 미래는 육체적 한계에 갇혀 사는 우리에게나 해당되는 이야기일 거예요. 원하는 것은 하나님이 이미 이루어주셨다고 믿고 지금 이 순간 그것을 누릴 수 있는 단순함만 있으면 된다지요. 그중에서도 가장 좋은 방법은 '무엇 무엇이 있었으면 좋겠어요' 하는 기도보다 나를 복되게 하시는 하나님이시니 이미 나는 복된 사람이고 복은 이미 이루어졌으니 지금 행복함을 누리면 더욱 이상적일 거고요.

그것이 바로 천국이겠지요. 천국은 우리들 안에 있는 것이니까요. 그리고 그것은 미래에 누릴 나라만이 아니라 지금 이 시간 내 안에 있는 나라라는 확신을 가지면 바로 지금 이 순간 내 안에 펼쳐지는 나라잖아요. 우리는 그것을 인식하는 순간 즐기기 시작하면 될 터인데요.

물어보나 마나 기독교인의 최대 소망은 영생이지요. 이 세상은 잠시 지나가는 그림자와 같고 안개와도 같다고 합니다. 잠시 지나가는 나그네 인생을 끝내고 나서 하나님의 나라에서 영생을 누리는 것을 꿈꾸며 이 세상의 험난한 길들을 인내하며 걸어갑니다. 사는 것이 힘들어도 십자가를 지고 애쓰는 삶 다음에 올 미래의 영광을 기다리며 참습니다. "**현재의 고난은 앞으로 우리에게 나타날 영광과 족히 비교할 수 없다고 생각합니다**(롬 8:18)"라는 말씀을 붙들고 현재의 고난을 감수하지요.

그래서 니체는 기독교는 애시당초 삶에 대해 느끼는 구토와 권태

감을 강조하는 종교이며 현세를 증오하며 피안에 도달하려는 허무한 몸부림을 하는 종교라고 신랄하게 비판을 했지요. 이 세상 삶을 부인하고 피안만을 중시하는 종교라는 것이지요. 세상을 사랑함은 하나님을 사랑하는 것과 병행될 수 없고 그것은 두 주인을 섬기는 것과 같이 불충실한 것으로 매도되는 것이 현실이니까요.

심지어 세상을 또는 현재를 사랑하는 것은 음행하는 것과 같이 취급되기도 하지요. 그래서 기독교는 현실의 삶에 몰두하는 것에조차 죄책감을 느끼게 합니다. 그러나 생각해 보세요. 여기는 임시고 저기는 영원한 그런 세계가 있다면 하나님은 임시의 세계를 불완전하게 만들어 놓고 그 세계를 운영하시며 또 어디에 완전한 세계를 만들어 놓고 그것을 운영하시고 계신건가요? 하나님은 시작도 없고 끝도 없는 존재라고 하는데요. 또한 하나님은 우리 안에 계신다고 하는데요. 하나님께는 과거와 미래가 없이 즉 시간 개념이 없는 영생 그 자체인데 그 하나님 의식이 우리 안에 있으면 우리 안에 있는, 과거도 미래도 없는 현재 의식 자체가 영생이 아닐까요?

영생은 내일 가는 어떤 곳이 아니고 바로 지금 이 순간이 영생이라고 믿으면 무엇이 손해일지요. 현 순간만이 실제인데요. 현재를 지나 미래를 만나기 위해서만 산다면 미래는 영원히 오지 않잖아요. 영생은 그러니 현재에 사는 사람에게 속한 것 아닐까요? 그런 현재의 의식이 이어져 천국은 죽음 이후로도 영원한 것이 될 거예요. 대한민국의 현재 대통령이 다스리는 나라가 지금의 대한민국이듯이 하나님이 다스리는 나라가 천국이고요. 우리를 다스리는 하나님이 지금 우리 안에 살아 계시다면 지금 우리는 천국에 있는 것이지요.

그런데 많은 사람들이 과거에 상처 입은 것 때문에 오늘을 불행하게 살고 또 미래에 대한 불안 때문에 오늘을 두려움 속에서 지나는 것을 볼 수 있습니다. 과거는 실재하지 않고 현재의 기억일 뿐이죠. 아니 존재한다고 생각해도 지나가버린 것이라 어쩌지 못하는 것인데 그 상처 때문에 오늘 이 시간을 평안히 누릴 수 없다면 얼마나 어리석은 일인지요. 또한 아직 오지 않은 시간, 실제로는 없는 시간인 미래의 상황을 머리 속에 상상하여 두려워하면서 지금 이 시간의 평안을 놓쳐버리는 것도 얼마나 어리석은 일인지요.

지금 일어난 일 자체가 문제가 아니라 그 문제에 겹쳐 따르는 두려움 때문에 지금 이 순간을 문제 삼는 것은 마음이란 것이 옮겨 붙기 쉬운 불꽃처럼 순식간에 지금의 순간에서 과거의 경험들과 다음 순간의 염려로 자리를 옮기기 때문일 거예요. 오지도 않을 미래의 갖가지 추측된 허상을 붙들고 귀중한 시간을 환상 속에서 허비함은 얼마나 안타까운 일인지요.

지나가 버린 바람 같은 과거의 일들, 그리고 오지 않을 내일에 대한 부질없는 억측으로 인해 덧없이 변하는 마음은 기류의 향방에 따라 토끼였다가 사자로 변하고 금세 한 마리 새가 되기도 하는 저 푸른 하늘의 구름송이들 같은 그런 것이잖겠어요? 그러나 구름위엔 언제나 변함없는 푸른 하늘이 있고 찬란한 태양이 있음을 잊지 않는 것만이 위안이고 힘입니다. '지금 이 시간의 영생의 시간'에 머묾으로써 오는 축복이 천국의 축복이라고 생각되어요.

어제의 죄 속에서만 살다가 미래의 형벌을 걱정하거나 죄 사함의 경험이 확실하다 해도 내일의 하나님 나라만을 꿈꾸며 사는 것이라면 다시 한 번 생각해볼 필요가 있을 것 같아요. 언제나 현재의 문제는 해결되지 않을 테니까요. 죽을 때까지 그것을 십자가라고 생각하고 지고 가기에 삶은 고달프기만 하겠고요. 산에 들꽃이나 숲의 나무들은 지금 그 모습 그대로 아름답잖아요. 늘 현재 그 자리에 뿌리 박혀 생명력을 발휘합니다. 과거도 미래도 없어요. 지금 순간 신의 생명력과 함께 있는 것이지요. 인간만이 까치발을 하고 앞으로 올 미래만을 내다보느라고 목을 길게 뺀 채 현재를 즐기지 못하는 것 같아요.

사무엘 베케트의 『고도를 기다리며』가 생각납니다. 두 주인공 에스트라공과 블라디미르는 극의 처음부터 끝까지 오지 않는 고도를 기다리며 이마에 손을 얹고 시간의 저쪽만을 바라봅니다. 소식을 전해주는 소년은 고도가 언제나 '내일' 온다고 말합니다. 내일 온다는 고도만을 기다리며 일생을 소비하는 것은 얼마나 소모적인 인생이에요? 고도를 하나님이라고 가정한다면 하나님을 바라면서도 하나님과 함께 하는 현재 대신 하나님과 함께 할 내일만을 기다리는 꼴이지요.

우리가 '지금 이 순간'을 즐기지 못하는 것은 지금 이 순간 내가 가지고 있는 것보다 가지고 있지 않은 것에 초점을 맞추고 있기 때문에 그럴 수도 있지요. 지금 가지고 있지 못한 그것을 가지기만 하면 지금보다 더 행복할 것 같아서 자꾸 없는 그것에만 마음을 쏟게 됩니다. 그리고 그것이 없기 때문에 지금 행복하지 못한 마음이 되는 것이겠고요. 죽어서 갈 수 있는 곳 말고도 지금 이 순간도 천국과 영생의 기쁨을 놓치지 않고 싶어요. 예수님이 오시기만을 목을 빼고 기다려야만 천국에 가는 것이 아니고 지금 예수님과 함께 있음을 아는 것이 천국을 누리는 것이라고 생각되니까요.

소원을 이루는 비결

사람이 일생을 살면서 시간으로 따지면 얼마나 많은 시간을 기쁨의 시간으로 누릴 수 있을까요? 아마도 근심하고 염려하는 시간에 비해 훨씬 적을 것입니다. 고해라는 인생의 항해 도중 낙원 같은 항구에 머물러 잠시 잠깐 기뻐하다가 또 어느새 파도 가운데 있는 자신을 발견하고 노심초사해야 하는 것이 대부분의 인생인지 모릅니다. 날마다의 일상에서 닥쳐오는 일들은 끊임없이 우리를 걱정하게 하고 불안하게 하지요. 겉으로 여건이 괜찮아 보이는 사람이라도 알고 보면 걱정거리가 하나라도 없는 사람이 없어요. 바보가 아닌 담에야 날마다 웃고만 살 수 있는 사람은 없어 보이고요.

기쁜 일이 생긴다 해도 그 기쁨을 유지할 수 있는 시간은 또한 길지 않습니다. 어쩌다 생기는 기쁜 일이라도 그것을 어느 정도 길게 누릴 수만 있어도 우리의 인생은 좀 더 즐거운 것이 될 수 있을 텐데요. 어떻게 해야 변함없는 기쁨을 유지할 수 있을까요?

시편에는 "**여호와를 기뻐하십시오. 그러면 그분이 당신 마음의 소원을 이루어 주실 것입니다**(시 37:4)"라고 되어 있지요. 마음의 소원이 없는 사람이 없겠지요? 소원을 이룰 수 있는 방법이 있다면 누구라도 알고 싶어할 것입니다. 그런데 여기 소원을 이룰 수 있는 비결이 나와 있잖아요? 너무 쉬워서 믿기지 않을 정도의 비결입니다. 하나님을 기뻐하면 소원을 이루어주신다는 것이네요. 그런데 하나님을 기뻐한다는 것이 무엇일까요? 하나님을 기뻐한다는 것은 그가 나를 떠나지 않으며 나의 모든 소원을 알고 이미 나의 행복을 보장하고 계신 존재임을 아는 것으로 인한 기쁨이겠지요. 자기의 모든 필요를 충족시켜줄 보호자가 있으면 든든하고 늘 기뻐할 수 있지 않아요?

잠언에는 또 이런 말씀이 있습니다. "**내가 바로 그분 곁에 있는 창조자였다. 내가 날마다 그분의 기쁨이 되고 항상 그 앞에서 즐거워하며**(잠 8:30)"라고요. 하나님과 함께 창조하는 주체가 되는 동시에 하나님의 기뻐하는 대상이 되어 즐거워하였다는 것이지요. 우리는 우리의 소원을 하나님과 함께 창조해간다는 것인데요. 창조에 참여하는 조건은 기뻐하고 즐거워하는 것이래요. 하나님을 기뻐한다는 것은 이미 내가 행복할 수 있도록 모든 것을 준비해 놓으신 하나님의 은혜를 미리 알고 감사한다는 것이겠지요.

두 학생이 똑같이 밤새 눈이 내린 아침 미끄러운 길을 걸어 학교에 가고 있습니다. 그러다 한 걸음 먼저 가던 아이가 눈길에 미끄러져 넘어졌어요. 그 모습을 보고 웃다가 뒤따라 가던 아이도 넘어지고 맙니다. 앞의 아이는 툴툴거리며 일어나 신발주머니로 넘어졌던 자리를 마구 치고 욕설을 퍼부으며 공연히 죄 없는 길에 화풀이를 합니다. 재

수 없는 날이라고 저주를 퍼부으며 하루를 시작합니다. 한편 뒤에 넘어진 아이는 일어나 신발주머니로 엉덩이를 툭툭 털고 미끄럼 한 번 잘 탔다고 히쭉 웃으며 갑니다. 그 아이의 하루는 친구들과 눈싸움을 하고 노는 신나는 하루로 이루어질 것입니다. 이렇게 똑같은 상황을 똑같이 당해도 내면의 체험은 반대가 될 수 있는 경우가 많을 거예요. 똑같은 외부 경험을 가지고 한 학생은 기뻐하며 하루를 기분 좋은 천국으로 창조하고 한 학생은 스스로 지옥을 만드는 거죠. 무슨 상황이든지 그 상황을 천국으로 창조하는 것의 첫걸음은 무조건 기뻐하는 것인가 봐요. 눈길에 넘어지는 것과 같은 불운한 일 앞에서도 바보처럼 기뻐하는 것말이에요. 그러면 문제는 사라지고 행복이 창조된다는 것이 행복의 원리인 것 같아요. 그렇게 만드는 것은 전적으로 순간적인 자기 선택에 달려 있잖아요?

내게 닥치는 일은 사실 좋은 일일수도, 나쁜 일일 수도 있지만 엄밀히 얘기하면 중립적인 일이라고 해야 옳을 거예요. 그것을 좋은 일로 만드느냐 나쁜 일로 만드느냐 하는 것은 자기 선택에 달려있는 것이고요. 일어나는 일은 재료에 불과한 것이고 만드는 이의 선택에 따라 좋게도 나쁘게도 창조된다는 것이지요. 그래서 인생은 자기가 창조하는 것일 수 있지요. 그러니 우리 모두는 사실 창조자들 아니겠어요? 믿을 수 없는 일처럼 여겨질 수도 있지만 사실 우리는 우리의 현실을 하나님과 함께 동역하여 창조하는 창조자들인 거죠. 부딪혀지는 외부 경험이 모든 이들이 보기에는 재난에 가까운 것일수록 그 재료를 가지고 행복한 현실로 창조한다면 그로써 창조자의 위대성을 드러내 줄 것이고요. 슬퍼 보이는 일 가운데서도 웃을 수 있는 것은 위대한 현실의 창조자만이 할 수 있는 일일 거예요. 그리고 더 중요한 것은 그렇게 부정적인 외부 경험을 긍정적으로 내면 체험화할 때 그 외부 환경마저 긍정적인 모양새로 바뀐다는 것이지요.

이렇게 외부의 상황이 어떠하든지 간에 그것을 마주하는 자신의 정신을 제어하고 조정해서 내면 체험을 기쁨과 성숙으로 이끌고 외부 현실도 변화시키다 보면 창조의 능력은 더욱 강해질 것이에요. 자신에게 닥쳐오는 모든 현실에 그런 자세로 대처한다면 우리의 인생은 기쁨의 강으로 흐를 것입니다. 외부 여건이 나쁘더라도 내가 무조건 하나님을 생각하며 기뻐하면 그 상황을 긍정적으로 만들 수 있으니까요.

헨리제임스의 소설,『비둘기 날개』의 여주인공인 밀리는 그녀가 소유한 재산 때문에 주위 사람들의 계략의 표적이 되어 비극적 삶을 살게 되는 여인이지요. 밀리는 브론지노의 초상화를 보면서 초상화 속의 여인이 너무나 자신과 닮은 모습에 놀라워합니다. 불치병으로 죽음을 의식하고 있는 그녀는 죽은 존재에 지나지 않는 그림 속의 여인과 자신을 동일시하는 거지요. 초상화의 인물은 화려한 장식을 한 아름답고 우아한 모습이지만 거기에는 "기쁨이 없다"고 되어 있지요. 그녀는 스스로 "지난 세월 동안 난 마치 죽은 것처럼 살아왔다"고 말합니다. 죽은 사람의 초상화와 동일시하는 것 자체가 밀리는 살아 있지만 죽은 것과 다름 없는 상태를 대변하는 것이고 '기쁨이 없다'는 것은 죽은 상태와 같은 것으로 볼 수 있다는 것이지요. 갖고 있는 재산과 아름다움에도 불구하고 기쁨이 없는 삶은 죽음과 다름 없다는 이야기지요. 기쁨은 외부 조건에서가 아니라 내면의 생명력에서 나오는 것이어야 함을 생각하게 합니다. 내면의 생명력에 주의를 기울이고

활기찬 삶을 사는 것이 아무 염려 없이 하나님을 기뻐한다는 의미일 것 같아요. 또는 하나님의 속성은 기쁨이고 우리 안에 있는 진정한 속성은 신성이므로 기쁨이 없는 삶은 신성이 죽은 삶이나 다름없다는 것인지도 모릅니다.

공중 나는 새들은 그들이 살아가는 우주 전체에 먹을 것이 이미 있는 것을 본능적으로 인지하고 있을 거예요. 우리도 사실은 공중나는 새들처럼 그렇게 일생 먹을 것은 이미 있다고 생각하면 어떨까요? 그것이 사실이니까요. 그러니 무엇을 먹을까 무엇을 마실까 염려하지 말라고 하셨을 것 아니에요? 평생 먹고 입을 것은 이미 문제 해결이 되어 있다고 믿으면 삶에 대해 불안한 생각을 안 해도 될 것이고요. 좀 더 삶에 대해 담대해질 수 있겠지요. 먹고 입는 문제가 이미 해결되어 있다면 그것에 대해 감사하고 그 외의 삶의 의미에 대해 생각해 보아야 하겠지요.

『지선아 사랑해』라는 자서전의 주인공인 지선 양의 이야기를 잘 알 것입니다. 아름다운 여대생이었던 지선 양은 어느 날 교통사고로 온몸에 화상을 당하게 되었지요. 수차례의 수술을 거치면서 그녀의 아름답던 얼굴은 거의 망가져서 옛 모습은 온데간데없어져 버렸습니다. 그녀가 밖에 나서면 아이들은 무서워 도망하고 어른들은 그녀가 듣거나 말거나 혀를 쯧쯧 차고 안됐다는 표현을 서슴지 않습니다. 지선 양은 물론 그 재앙를 만나 실망과 절망의 나날을 보내기도 했지만 더 큰 하나님의 사랑을 깨닫고 체험하여 더 이상 불행해 하지 않을 뿐 아니라 기쁨으로 하나님을 찬양하며 사는데도 사람들은 그녀의 외모만 보고 혀를 차고 불쌍해 한다는 것입니다.

인생의 겉면만을 보면 인생은 어쩌면 불행해 할 일이 더 많은지도 모릅니다. 그러나 반복해서 확인해도 부족함이 없는 사실 하나는 우리가 결코 불행하도록 태어나지 않았다는 것입니다. 하나님은 완전한 분이니 하나님의 계획도 완전하지 않겠어요? 하나님의 계획은 우리 모두를 기쁘게 살게 하는 것이겠고요. 하나님은 이미 인생을 축복해 놓으셨으니까요. 문제는 그것을 인식하고 축복을 누리는 것이겠지요. 사실 모두가 복된 목표를 향해 가는 것인데요. 과정에 험한 산길도 있고 태풍이 부는 길도 있고 낭떠러지도 있을 수 있지요. 군인들이나 학생들이 수련회에 가면 여러 가지 단련을 위한 코스가 있잖아요? 그것이 더 강한 힘을 소유하기 위한 과정이기 때문에 힘든 훈련에도 실망하거나 절망하지 않고 재미로 견딜 수 있을 거고요. 마찬가지 아닐까요?

중요한 것은 하나님이 우리를 떠나지 않고 계심을 믿는 믿음이지요. 허락한 것을 다 이루기까지 떠나지 아니하시겠다고 야곱에게 약속하신 하나님의 현존을 느끼면 행복한 마음이 들어요. 얼마나 든든합니까? 인생들을 둘러보면 모든 문제가 이 든든함의 결핍에서 나옴을 알 수 있습니다. 어느 날 부모도 떠나고 친구도 떠나고 돈도 없어지고 직장에서도 밀려날 수밖에 없는 것이 인생 아닌가요? 그러나 하나님은 **"너희가 늙어도 나는 여전히 너를 품에 안고 너희가 백발이 돼도 여전히 너희 편을 들어 주겠다. 내가 만들었고 내가 감당하겠다. 내가 편을 들어주고 내가 구해 내겠다**(사 46:4)"라고 약속하신 분입니다. 그것을 늘 환기하고 의식하면 결코 마음이 흔들리지 않지요.

당신만의 사랑 안에 있기를

한번 지혜의 길에 들어서면 전철을 탄 듯 그렇게 다른 길로 갈 염려 없이 한 목적지를 향해 안심하고 갈 수 있다면 좋을 텐데요. 지혜는 한번 확보한 것으로 언제까지나 고여 오르는 옹달샘의 물을 퍼 쓰듯 줄곧 퍼 쓸 수만은 없는 것인가 봅니다. 한눈 팔지 않고 한 길을 가려는 의지는 처음 시작할 때의 결의로 충분하면 좋을 텐데 말이지요. 곁길로 가고 싶은 욕망이 한 번의 결의로 차단될 수 있다면 얼마나 좋겠어요. 그러나 자동 레일 위를 달리는 장난감 기차가 아닌 까닭에 인간의 의지는 수없이 그 길을 바꾸게 됩니다.

성장의 길은 그렇게 주체의 끊임없는 갱신을 요구하지요. 한 번의 결의, 한 번의 지혜, 그것이 그를 원하는 데까지 인도하지는 않지요. 넘어져서 다시 일어서고 곁길로 빠졌다가 다시 되돌아오고 잠시 멈추었다가 달려 나가기도 하는 도정, 그것이 완성을 향해 가는 필연적인 과정인지 모릅니다.

"여호와께서 밤중에 기브온에서 솔로몬의 꿈속에 나타나셨습니다. 하나님께서 내게 구하여라. 내가 네게 무엇을 주랴?(왕상 3:5)" 하고 하나님은 솔로몬에게 물으셨지요. 솔로몬은 하나님의 이 크나큰 은혜의 물음에 부와 영화를 앞세워 구하지 않았지요. 그는 소박하게 분별력과 지혜를 주실 것을 구합니다. 하나님은 솔로몬의 태도를 기뻐하셨지요. 그가 구한 대로 지혜와 총명을 주었을 뿐 아니라 그가 구하지 않은 부와 영화도 더불어 주리라고 약속하셨습니다. 욕심의 무게를 줄인 대가로 솔로몬은 굉장한 보너스를 얹어가지게 된 것이지요. 그는 지혜로 나라를 다스리면서 허락하신 부귀영화를 그 어느 왕보다도 풍요하게 누릴 수 있었지요.

솔로몬은 왕이 된 지 4년 만에 성전을 건축하기 시작합니다. 건축이 끝난 후 그는 하나님께 풍성한 화목 제물을 드리며 기도하지요. 앞으로 이스라엘 백성이 죄를 짓더라도 그것을 돌이켜 이 성전에서 간구하면 그들을 용서하시라는 기도였지요. 그러나 그는 그만 자기 자신이 그 죄를 범하게 됩니다.

솔로몬은 이집트왕 바로의 딸을 사랑하여 아내를 삼은 것을 비롯하여 많은 이방 여인들을 사랑합니다. 왕비들의 힘은 대단했지요. 그것을 하나님은 경계하셨건만 솔로몬은 안타깝게도 죄에 빠져들고 만 것이지요. 이방 여인들은 솔로몬의 마음을 빼앗아 그로 하여금 자신들의 신인 이방신을 좇게 합니다. 솔로몬은 마음이 변하여 이방신을 위한 신당까지 짓는 것을 서슴지 않습니다. 하나님께서 두 번씩이나 솔로몬에게 나타나 경계하신 일이었지만 솔로몬은 그 말씀을 듣지 않고 다른 길로 가버린 것입니다.

지혜를 무엇보다 앞세워 구했고 그 지혜를 허락 받아 누렸던 왕 솔로몬도 말년에 가서 그렇게 이방 여인들의 꾀임에 빠져 마음이 변해 하나님을 배신하게 되었지요. 잠언에는 하나님을 경외하는 것이 지혜의 근본임을 누누이 이야기하고 있습니다. 그런데 하나님 경외하기를 떠나 이방신을 따름으로써 지혜를 버린 솔로몬에게 하나님은 벌을 주십니다. 즉 솔로몬의 종들을 일으켜 그를 대적케 하고 그의 나라를 빼앗아 그 종들에게 주어 다스리게 합니다.

삼손의 불행도 사랑해선 안 될 이방 여인을 사랑한 데서부터 출발하지요. 그는 이방 민족인 블레셋 여인을 아내로 맞아들인 후부터 시험에 빠지게 됩니다. 결혼 전엔 그토록 삼손의 마음을 사로잡던 매력적이던 아내가 결혼하고는 자기 종족의 편이 되어 삼손에게서 힘의 비밀을 빼내어 자기 종족들에게 알려주고 삼손을 골탕 먹이지요. 분한 마음이 든 삼손은 아내를 버리고 다시 자기 아버지 집으로 돌아갔다가 얼마 후에 그 아내를 찾아갔지만 이미 장인은 삼손의 아내였던 자기 딸을 친구에게 주어버린 후였습니다. 삼손은 화가 치밀어서 여우꼬리에 횃불을 달아 블레셋 사람들의 땅에 풀어 놓아 곡식과 포도밭을 다 불태워버리지요. 그리고 그는 나귀 턱뼈 하나를 주워 블레셋 사람 천여 명을 죽이고 그 후 이스라엘의 사사가 되어 20여 년을 지냅니다.

그러나 그 이후에 삼손은 또 소렉 골짜기에 살던 데릴라라는 블레셋 여인을 사랑하게 됩니다. 이미 데릴라 이전에 또 한 창부와 잠을 자다 죽을 뻔한 위기를 하나님의 보호로 피할 수 있었던 삼손이었지요. 그가 세 번째의 유혹인 데릴라에게 빠졌을 때 하나님은 그에게 마지막 시험의 기회를 주신 것이었는지 모릅니다.

데릴라는 결혼하자마자 자기 종족의 강요에 의해 남편 삼손의 힘의 비밀을 알아내려고 갖은 수단을 다 부리지요. 삼손은 아내의 종용에도 세 번까지는 그 힘의 비밀을 누설하지 않고 빠져 나갔지만 결국 견디다 못해 머리칼에 힘의 비밀이 있음을 고하고 말지요.

무릎에 삼손을 잠재우고 블레셋 여인 데릴라는 남편의 머리털을 밀어버립니다. 힘이 없어진 삼손은 블레셋 사람들에게 결박되어 두 눈을 잃는 형벌을 받고 장님이 되어 옥에 갇혀 맷돌을 돌리는 비참한 신세로 전락하지요. 그는 사랑도 잃고 힘도 잃고 블레셋 사람들의 조롱거리가 되지요. 그는 마지막의 간절한 기도로 블레셋의 신전을 무너뜨리지만 그 성전과 함께 자멸해버리고 맙니다.

삼손이 블레셋 여인에게 넘어가기 전에 그는 사자 한 마리를 가볍게 찢어 죽이는 위력을 발휘했었습니다. 그것은 물론 하나님께로부터 온 힘이었지요. 블레셋 여인을 얻기 위해 다시 돌아갔을 때 삼손은 그가 죽인 사자의 시체에서 벌과 꿀을 발견하고 그 꿀을 먹습니다. 사자를 죽인 것은 하나님의 힘이었는데 그 힘에 의해 넘어진 사자의 시체에서 달콤한 꿀이 나왔다는 것이지요. 이는 하나님의 힘과 사랑으로부터만 진정 달콤한 것이 나올 수 있다는 것을 삼손에게 알리고자 했던 하나님의 뜻은 아니었나 생각해 볼 수 있습니다.

삼손의 눈에 블레셋 여인들은 달콤해보였지만 그 여인들에게서는 쓰디쓴 배신만 나왔습니다. 삼손은 죽은 사자에게서 달콤한 꿀을 따먹었을 때 그 사실을 깨우쳤어야 했는지 모릅니다. 그러나 그는 번번히 블레셋 여인들이 주는 달콤함에 속아 넘어갔던 거지요.

에스라는 여호와의 율법을 연구하며 실천하는 자로써 이스라엘에게 그 율례를 가르치는 임무를 맡은 사람이었습니다. 에스라의 가르침의 핵심은 하나님을 찾는 자는 복을 받고 배반하는 자에게는 진노가 내리리라는 것이었습니다. 그러나 이스라엘 백성들은 이방의 땅을 지나는 동안 이방인들의 딸을 사랑하고 그들을 아내와 며느리로 삼는 죄를 짓게 됩니다. 에스라는 그런 이스라엘 백성들을 보면서 하나님 전에 엎드려 울며 기도합니다. 그리고 이스라엘 백성들을 모아 놓고 그들에게 호소합니다. "**이방 여자와 결혼함으로써 이스라엘에 죄를 더했습니다. 그러므로 이제 여러분의 조상들의 하나님 여호와께 죄를 고백하고 여호와께서 기뻐하시는 일을 하십시오. 이방 민족과 관계를 끊고 여러분의 이방 아내와도 관계를 끊으십시오**(스 10:10- 110)"라고 명하지요.

왜 이렇게도 이방여인들과의 결혼은 큰 문제가 되며 죄가 된다는 것일까요? 이방의 여자를 취해 결혼한다는 것이 뭐 그리 대단한 죄란 말인가 싶기도 하지요. 살인도 아니고 도둑질도 아니며 사기도 아니고 간음이랄 것도 아닌데 그것이 그렇게 저주받을 죄일까 싶기도 합니다.

이사야서에는 이스라엘이 하나님과 결혼한 것과 같은 땅이라는 말씀이 있지요. "**다시는 너를 '버림받은 여인'이라고 부르지 않고 네 땅을 '쓸쓸한 여인'이라고 부르지 않을 것이다. 오직 너를 '하나님께서 좋아하는 여인'이라고 부르고 네 땅을 '결혼한 여인'이라고 부를 것이다. 여호와께서 너를 좋아하시고 네 땅을 신부로 맞는 신랑이 돼 주실 것이기 때문이다**(사 62:4)." 그리고 이어서 하나님은 신랑이 신부를 기뻐하는 것같이 이스라엘을 기뻐한다고 되어 있습니다. 비유컨대 하나님과 이스라엘의 관계는 하나님이 신랑이라면 이스라엘은 그의 아내라는 것이지요. 그러고 보니 왜 이방인과의 결혼이 그리 중대한 문제가 되는지 짐작이 가네요.

우리의 육체적 존재는 죽어 땅으로 돌아갈 존재에 불과하지요. 그 땅은 하나님과 결합되어서야 비로소 의미 있는 존재가 되고 성전이 되잖아요. 이 땅의 썩어질 요소들과 결합되어 신성을 잃어버리면 길을 바꾸어버리는 것이 되겠지요. 에스라는 이스라엘 백성들에게 '너희가 범죄하여 이방 여자를 아내로 삼았다'고 했는데 '범죄하다'는 말의 어원은 길을 바꾸었다는 뜻이라고 했지요.

육체적 존재를 신성에 굴복시키는 상태를 하나님과 결혼한 상태로 은유한다면 이방 여인과의 결혼은 신성과의 결합에서 이탈하는 것이고 자기의 생각으로 돌아간다는 것이고 그것은 이방 여인과의 음행으로 은유되는 것이지요. 이방 여자들이란 하나님이 없는 자라는 의미이고, 그 여인들과의 혼인은 하나님 의식을 잃어버리고 곁길로 가버리는 것을 의미하겠지요.

다른 신이나 이 땅위의 어떤 형상에도 마음 빼앗기지 말 것을 명하면서 하나님은 **"너는 그것들에게 절하거나 예배하지 마라. 네 하나님 나 여호와는 질투하는 하나님(출 20:5)"**임을 밝힙니다. 하나님이 인간처럼 다른 이에게 가는 사랑이 아쉬워 시기하는, 그런 부족한 인간과 같은 하나님이겠어요? 이는 우리에게 장착된 생명의 원리에 관한 것이겠지요. 즉 육체적 자기 생각대로의 길로 가면 신성은 발휘되지 못하므로 신성의 온전한 사랑의 영향권에서 벗어나 두려움과 불안과 다른 부정적 생각에 사로잡혀 길을 벗어나게 된다는 것일 터입니다.

두려움과 불안 또는 분노 등이 마음에 자리 잡는다면 그것이 이방 여인과의 결혼이고 그것이 벌써 재앙의 시작인 것 같아요. 그것은 질투하는 하나님이 가져다 주는 것이라기보다 스스로 자초하는 것이지 않겠어요? 자기 선택의 결과인 것이지요. 은유적으로 표현하면 다른 사랑으로 옮겨감으로써 하나님을 질투하게 해서 하나님의 분노를 산 것이라 할 수 있는 것이겠지요. 신성을 의지하다가도 다시 자기만을 사랑하고 에고만을 내세우는 상태로 마음이 변해가는 것이 음행으로 은유되고 있는 것 아닐까요?

이스라엘의 역사를 보면 참으로 여러 번 이스라엘 민족은 하나님을 배신합니다. 어려운 일 앞에서 하나님께 간구하여 기적을 보고 돌이켰던 마음은 어려움이 해결되어 편안해지면 이내 변해버리지요. 그런 상황의 반복의 역사가 이스라엘의 역사입니다. 이것도 우리들이 세상을 살아가는 모습에 대한 은유임을 이제 알 수 있습니다.

한결같은 신성에의 의지를 고수하는 것이 참 어렵습니다. 쉽게 잊어버리고 자기만 생각하는 이기적 모습이 나와서 여전히 욕심 부리며 살게 됩니다. 그것이 음행인지도 모르고 무의식적으로 살면서 여전히 하나님을 믿고 사는 줄 착각하지요. 신성으로 깨어 있어야 우리는 언제나 하나님께 정절을 지키는 상태가 되겠지요.

신성에서 벗어나면 금세 자기의 생각인 두려움과 분노와 슬픔 등이 찾아옵니다. 하나님은 그것을 싫어하시지요. 그 길이 우리의 힘을 잃게 하고 사랑에서 떨어지게 하는 길임을 알기에 하나님은 이탈을 안타까워하시는 것 같아요. 그것이 질투하는 것으로 표현되었지만 끝까지 사랑하는 사람을 놓치지 않으려는 지극한 사랑이 아니겠어요? 하나님의 사랑에서 벗어나지 않는 것이 음행에서 자기를 지키는 길이겠지요. 벗어나면 넘어질 수 있으니까 당신만의 사랑 안에 있기를 하나님은 그토록 간절히 원하시는 건가 봐요.

그분과 화해하고 맘을 편히 하게

수넴에 한 지혜로운 여인이 살았지요. 그녀는 어느 날 남편에게 이층에 방 하나를 올리고 침상과 책상과 의자를 들여놓도록 부탁합니다. 이유는 엘리사라는 선지자 한 분을 편히 모시고자 하는 것이었습니다. 어느 남자 하나를 모셔서 식사 대접하고 편히 자고 갈 수 있도록 방을 들여 달라니 남편 입장에서는 별로 유쾌하지 않은 일일 수도 있었겠어요. 그러나 그 남편은 지혜로운 여인에게 걸맞는 지혜로운 남편이었던가 봅니다. 수넴 여인은 엘리사라는 사람이 하나님의 사람인 줄을 이미 알고 있었던가 보구요. 그녀에게는 사람을 볼 줄 아는 눈이 있었던 게지요. 남편은 선지자를 위해 방을 정성껏 꾸며 주었고 여인은 지성을 다해 그 선지자를 따뜻이 대접합니다.

마음을 다하여 자신을 세심히 대접해주는 수넴 여인에게 선지자 엘리사는 무엇인가 보답을 하고 싶어 합니다. 그는 게하시라는 종을 시켜 수넴 여인에게 소원이 무엇인지 물어봅니다. 수넴 여인은 부탁드릴 아무 소원도 없으며 다만 자기 백성들과 함께 사는 것으로 족하다고 답하지요.

엘리사의 종은 여인에게 아들이 없으니 아들을 갖도록 해주시면 어떻겠는가 하는 의견을 제시합니다. 그러나 여인은 늙은 자기에게 아들이라니 당치 않다는 듯 그 약속을 흘려 듣고 말지요. 그러나 이듬해 여인은 엘리사의 약속대로 아들을 품에 안게 됩니다. 그런데 그 아들은 얼마간 자라다가 그만 죽어버립니다. 수넴 여인은 당황하지 않고 남편을 안심 시킨 다음 선지자를 찾아 나섭니다. 그녀에겐 이런 일에 무슨 뜻이 있을 것이라 생각하는 지혜가 있었던가 봅니다.

엘리사를 찾은 수넴 여인은 가족의 평안을 묻는 그에게 모든 것이 평안하다고 답합니다. 자식을 잃은 여인이 모든 것이 평안하다니요. 그러나 그녀는 자식의 죽음을 뛰어넘어 하나님이 주실 평안을 굳게 믿는 믿음이 있었을 거예요. 그녀는 결코 하나님의 사람을 떠나지 않겠다고 말하며 그의 뒤를 따릅니다.

하나님의 사람을 결코 떠나지 않으리라며 평안한 마음을 잃지 않은 여인의 믿음은 결국 죽은 아이를 살리게 되지요. 엘리사가 수넴 여인의 죽은 아들에게 가서 눈과 입과 손에 안수하여 그 아이를 죽음 가운데서 일으켜 다시 여인에게 안겨줍니다.

죽은 자식까지도 살린 이 놀라운 기적은 어떻게 설명될 수 있을까요? 욥기서에는 "**자네는 그분과 화해하고 맘을 편히 하게. 그러면 자네에게 좋은 일이 올 것이네**(욥 22:21)"라는 말씀이 있습니다. 하나님과 화해하라는 말 속에는 하나님과의 싸움이 있다는 전제가 깔려있지요? 어느 때 우리는 하나님과의 갈등 가운데 빠진다고 할 수 있을까요? 욥은 이유 없이 엄청난 재앙을 당하고도 하나님을 원망하지는 않았지만 실망과 좌절에 싸여 헛되이 위로하는 친구들을 원망합니다.

바람직하지 않은 현실 앞에서 갖게 되는 실망, 두려움, 원망, 불평등은 잠시 하나님을 잃어버린 상태의 감정들이겠지요. 하나님을 의뢰하는 굳건한 믿음은 어떤 경우에나 평안을 유지하는 것인데도요. 예수님의 제자들은 평강의 왕이신 예수님과 한 배에 타고 있으면서도 파도가 일자 금세 평안을 잃고 말지요. 그러니 예수님은 그런 제자들을 보면서 믿음이 적은 자들이라고 꾸짖잖아요?

평안을 잃는 것이 왜 하나님과 화목되지 못한 것인지는 로마서를 보면 알 수 있잖아요. "**육신의 생각은 하나님을 적대하는 것입니다. 그것은 하나님의 법에 복종하지 않을 뿐더러 복종할 수도 없습니다**(롬 8:7)"라고 되어 있잖아요? 보통 기독교인들이 생각할 때 육신의 생각이란 탐욕과 정욕 같은, 소위 세상적이라고 하는 것들에만 한정하기 쉽지요. 그러나 욥기서의 '하나님과 화해하고 평안하라'는 문맥을 보면 두려워하고 원망하고 불평하는 등 마음이 평안하지 못한 상태에 빠지는 것이 하나님과 화해하지 못하고 있는 상태임을 짐작할 수 있습니다. "**성령의 생각은 생명과 평안입니다**(롬 8:6)"라고 했으며 하나님은 영이시니 평안하지 못한 생각들은 영을 거스리는 것이며 하나님을 거스르는 것이지요.

원하지 않았던 일이 현실에 나타나면 가장 먼저 나오는 것이 염려와 불안, 실망과 분노 등이며 그것이 하나님과 반대편에 서는 생각이라는 것이지요. 그런 부정적인 감정이나 반응들은 하나님과 원수가 된다네요. 그러니 평안을 잃는 순간 하나님과 원수된 상태에 있다고 할 수 있겠지요.

예레미야서에서 하나님은 "**내가 너희를 위해 갖고 있는 계획들을 내가 알고 있으니 그것은 평안을 위한 계획이지 재앙을 위한 것이 아니며 너희에게 미래와 소망을 주기 위한 것이다**(렘 29:11)"라고 하십니다. 우리 안에 있는 하나님은 평안을 주기 위해서 우리 안에 계신다는 것인데요. 재앙이라고 할 수 있는 일이 닥칠 때 이것을 상기하기만 하면 우리는 어떤 경우라도 평안을 누릴 수 있을 것 같아요. 사실 재앙의 목적이 평안으로 가게 하기 위한 장치일 때가 많잖아요.

욥기서에 보면 "**평안하게 사는 사람은 재앙을 멸시하나 그 발이 곧 미끄러질 사람에게는 그 재앙이 덮치는 법일세**(욥 12:5)"라고 되어 있지요. 미끄러질 자라는 것은 하나님이 평안하게 내 안에 좌정해 있는 것을 잊고 무슨 일만 생기면 불안해 하고 두려워 하는 자일 수 있지요. 그런 마음을 갖고 있으면 재앙이 기다리고 있다지 않습니까? 마음으로 두려워하면서 입으로 하나님을 찾고 기도한다 해도 효력이 없을 것 같아요.

아일랜드 극작가인 존 밀링턴 싱의 『바다로 간 사람들』이라는 극이 있지요. 이 극은 모리아라는 늙은 여인이 장성한 아들 여섯을 다 바다에서 잃게 되는 비극입니다. 작품의 서두는 마지막 남은 아들 바틀리가 바다로 가는 것을 막기 위해 애쓰는 장면으로 시작됩니다. 문학작품에서 바다는 악의 세계로 상징되는 경우가 많지요. 영문학의 시효인 『베오울프』에서부터 바다는 악의 상징으로 등장하지요. 모리아의 모든 아들들이 다 바다에 나가서 죽는 것은 인간의 죄악에의 도전이 모두 실패로 끝나는 것을 보여주는 듯한 비극적 전망을 갖게도 합니다. 모리아에게 젊은 사제는 전능하신 신께서 그 어머니가 모든 아들을 다 잃게 내버려두지는 않으실 것이라고 말하지만 결국 마지막 남은 아들 바틀리마저 바다에 나가서 시체가 되어 집으로 돌아옵니다. 아들들의 죽음을 애통해하고 그토록 마지막 남은 자식을 지키려고 애썼건만 모리아는 바틀리가 죽고나자 오히려 평정을 찾지요. 비로소 그녀는 바다가 자기에게 할 수 있는 것은 아무것도 없으며 이제 비로소 평안히 쉴 수 있고 긴긴 밤을 잠 속에 빠질 수 있다고 말합니다.

그리고 그녀는 죽어간 자식들의 모든 영혼과 이 세상에 남아 살아가는 이들의 영혼들에 신이 자비를 베풀어주길 기도합니다. 삶의 육체적 상실에는 신이 관여하지 않음을 보여줌으로써 신의 무관심과 냉혹함을 드러낸 것 같지요. 그러나 이들이 살아있는 동안 서로를 배려하고 아끼고 사랑했던 과정이 작품 곳곳에 묘사되어 있습니다. 육체적 삶은 누구할 것 없이 주검으로 돌아가지만 순수한 사랑과 영혼의 평안이 중요한 것임을 깨우치는 극이라고 할 수 있지요.

어떤 현실 앞에서도 평안을 잃지 않는다는 것은 모든 일의 주권이 하나님께 있음을 믿는 것이며 하나님은 결코 인생을 낭패케 하지 않으신다는 것을 믿고 맡기는 것을 의미하겠지요. '하나님과 화목하고 평안하라 그리하면 복이 네게 임하리라' 하였으니 평안한 마음을 유지하고 하나님이 하시는 일을 기다리며 맡기고 있으면 틀림없이 복된 결과가 올 거라고 믿어요.

이것은 참 단순한 것 같지만 굉장히 멋진 삶의 비결이 아니겠어요? 나쁜 일이 일어나도 불안해하지 않고 그저 편안한 마음을 갖기는 사실 쉽지는 않아요. 걱정할 일이 생기는 순간이 바로 하나님과 화목할 순간인데도 말이지요. 마음이 편안한 상태 자체가 신성한 상태고 하나님이 함께 있는 상태이며 그 상태를 유지하고 있으면 기적처럼 일은 순탄하게 이루어진다는데요. 사실은 우리 스스로 보고자 선택하는 것이 우리의 현실이 된다는 것을 잊지 않는다 면 좋은 것만을 우리는 경험할 수 있을 텐데요. 내면의 평안을 창조할 수 있으면 항상 밖의 평안함을 창조할 수 있을 거라고 생각합니다.

유혹, 그리고 선택

우리의 인생은 운명적으로 결정되는 것인가 아니면 우리 각자의 의지에 의해 선택되는 것인가 하는 문제는 많은 문학작품들의 주제로 다루어지고 있지요. 특히 19세기 여성들은 사회적 인습과 환경에 의해 운명적으로 희생적 삶을 살 수밖에 없는 경우가 많았음을 문학작품들을 통해서도 알 수 있습니다. 그러나 몇몇 작가들은 그러한 운명적 굴레를 벗어던지고 스스로 인생을 선택하는 주체적 여성들을 창조함으로써 각자의 인생의 현실은 스스로의 선택에 의해 만들어진다는 원리를 깨닫도록 유도합니다.

헨리 제임스의 『귀부인의 초상』에서 이사벨은 "운명의 덫에서 빠져나갈 수가 없어"라고 한탄하면서도 '나는 내 운명을 선택하고 싶다'는 의지를 표명합니다. 남자에 의해 수동적으로 운명이 결정되던 시대에 스스로 운명을 선택하는 주체적인 여성이 된다는 것은 두려움을 동반할 수밖에 없는 것이었죠. 그러나 자유 선택에 의한 삶이 진정한 삶임을 작가는 주제 중의 하나로 내세우고 있습니다. 비록 선택의 어리석음으로 인한 고통을 겪는 경험을 하지만 이사벨은 결국 독자적인 주관에 의해 그녀 앞에 놓인 삶을 선택할 수 있는 여인으로 변모하지요.

에덴 동산에서 아담과 이브는 선악과를 앞에 두고 먹는 날에는 죽을 테니 절대 따 먹지 말라는 하나님의 명령과, 따 먹고 하나님처럼 되라는 뱀의 유혹 사이에서 선택을 해야 했지요. 그들은 하나님의 명령을 버리고 뱀의 말에 유혹되어 자기들의 관점에 따른 선택을 했지요. 자기들의 관점에 의한 선택은 하나님이 정해놓으신 형벌을 받아야 하는 결과를 초래했고요.

아담과 이브의 선택의 은유는 우리 모든 인생의 선택이 어떠해야 하는지를 가르쳐 주는 원형일 거예요. 하나님과 분리된 에고의 생각을 따르는 것이 사탄의 유혹에 넘어간다는 것과 동의어일거고요. 살아가는 동안 우리 앞에 닥치는 어떤 선택의 기회에도 언제나 우리는 결과를 의식하는 책임 있는 선택을 해야 함을 이브의 실패를 통해 배워야 하겠지요.

성경의 믿음의 선배들이 다 그렇게 했잖아요? 아브라함이 애굽에서 나와 벧엘에 이르렀을 때였지요. 그와 함께 살던 그의 조카 롯의 가솔과 가축들이 많아져서 함께 지내기가 어려워지자 아브라함은 롯과 다투지 않기 위해 선택을 해야 했지요. 그는 롯에게 "**만약 네가 왼쪽으로 가면 나는 오른쪽으로 가겠고 네가 오른쪽으로 가면 나는 왼쪽으로 가겠다**(창 13:9)"라고 말합니다. 자기가 어른으로서 먼저 좋은 땅을 선택해도 좋았을 텐데 그는 조카에게 먼저 선택권을 주지요. 그것은 아브라함이 자기 욕심을 버린 의식적인 선택이었지요. 그러나 롯에게 우선권을 주었던 아브라함에게 하나님은 더 큰 복을 주셨어요.

이기적인 욕심으로 비옥한 소돔땅을 선택한 롯은 결국 성의 멸망을 맞게 되지요. 그러나 롯은 소돔성의 멸망을 경고하기 위해서 파견된 천사들을 대접하면서 새로운 선택을 하게 됩니다.

롯은 소돔성을 찾아온 두 천사들을 집안으로 모셔 극진히 대접하지요. 그때 마을 사람들이 롯의 집으로 몰려와서 그 두 천사와 동침을 하겠다고 끌어내려 하지요. 그러나 롯은 천사들을 보호하기 위해 자신의 두 딸들을 내줄 테니 그렇게 하지 말라고 간청을 합니다. 결코 쉬운 선택은 아니잖아요?

자식은 육신적인 문제에 있어서 가장 소중한 대상일 수도 있는데요. 이 이야기 역시 비유의 관점에서 봐야할 것 같아요. 롯은 영적인 선택을 우선시한 것이라고 말이에요. 아직 남자를 모르는 순결한 두 딸을 희생해서라도 천사를 보호하려던 롯은 소돔성의 멸망 전에 두 딸과 함께 구원을 받지요. 소돔성에서 나오면서 뒤를 돌아보지 말라는 명을 어기고 뒤를 돌아보는 쪽을 선택한 롯의 부인은 소금 기둥이 되어버렸는데요. 영의 인도함을 받아 출발했다 하더라도 자신의 과거의식을 못잊는다면 그대로 생명력 없는 상태로 굳어져 버림을 비유하는 것은 아닐런지요.

야곱의 선택도 기억해 두어야지요. 그는 팥죽 대신 장자권을 선택했지요. 역시 육체적인 것보다 생명을 선택한 결과 그는 아버지 이삭으로부터 땅과 하늘의 축복을 모두 받을 수 있었어요.

또 사울 왕에 얽힌 다윗의 선택도 우리에게 교훈을 주지요. 다윗은 자기를 죽이려고 끈질기게 쫓아다니던 사울 왕을 죽일 수 있는 기회를 여러 번 맞이하지요. 그러나 다윗은 원수를 갚을 수도 있는 기회 앞에서 생명을 살리는 선택을 했어요.

자기를 죽이려던 사울을 죽일 절호의 기회가 와도 그의 겉옷 자락만 베어두고 사울이 하나님께서 기름 부어 왕으로 삼은 자라는 이유 때문에 그를 살리는 쪽으로 선택을 하지요. 자기 목숨이 위태로운 경우에 이런 선택을 하기란 쉽지 않으리라는 것은 너무나 분명하지요.

사르밧 과부의 선택은 어떠한가요? 사르밧에서 한 아들과 함께 살던 과부가 있었지요. 그 여인은 너무나 가난하여 통에 가루 한 움큼과 병에 기름 몇 방울 남은 것이 식량의 전부였어요. 그래서 이제 나뭇가지를 주워다 떡 한 개를 만들어 아들과 함께 먹고 죽을 수밖에 없다고 생각하고 있었지요. 그때 엘리야라는 선지자가 지나가다 들러서는 이 과부에게 떡을 만들어줄 것을 부탁하지요.

여인은 어려운 사정을 이야기하지만 선지자는 우선 자기에게 먼저 떡을 만들어 오라고 막무가내로 명합니다. 여인은 자기가 먹고 죽으려 했던 그 조금 남은 가루를 털어 선지자를 대접하는 선택을 하지요. 그 이후 이 여인의 집 가루 통에는 가루가 떨어지지 아니하고 기름통에도 기름이 떨어지지 않게 되지요. 그리고 병들어 죽은 아들도 선지자의 안수로 살아나게 되었고요.

아브라함에서 사르밧 과부에 이르기까지 이들의 선택의 공통점은 무엇인가요? 자기의 육체적 욕망에 기울어지는 것을 버리고 생명과 사랑이라는 신성을 따르는 선택을 했다는 것이지요. 그런데 육체적 욕망을 버린 결과는 결국 다른 사람의 생명도 구하고 자기의 육체적 필요성도 다 채울 수 있었다는 것이었어요. 이들이 보여준 선택의 예들은 육체적 존재와 영적 존재를 한 몸에 가지고 살아가는 우리 삶의 근본원리를 가르쳐주는 것이라고 보아져요.

그 무엇보다도 의식적인 선택에 관한 가장 모범적인 예는 예수님의 예일 것입니다. 마귀의 시험 앞에서 예수님은 번번이 하나님의 말씀에 의한 선택을 했지요. 마귀의 시험은 돌덩이를 떡덩이로 만들라는 것, 성전에서 뛰어내려 하나님의 아들임을 증명해 보이라는 것과 마귀에게 절하면 천하 만국의 권위와 영광을 주겠다는 등 모두가 육체적인 욕망을 이루는 것들이었지요.

예수님이 대면한 유혹은 우리가 이 세상을 살아가면서 대면할 수밖에 없는 유혹들을 대표하는 것들인 것 같아요. 육체적인 욕망을 이루는 쪽과 하나님 말씀과 어느 쪽을 선택할 것인가 하는 것이 끊임없이 우리가 대면할 선택의 문제일 거예요. 답은 물론 나와 있는 것이지요.

육신을 가지고 살아가는 삶이기에 거의 아무 의식 없이 육신적인 선택을 하기가 쉽지요. 그런데 무엇이 육신적인 선택이고 무엇이 영적인 선택일까요? 교회 일을 선택하는 것이 영적인 선택이고 세상살이를 위한 선택이면 육적인 선택이라는 것은 좀 생각해 볼 여지가 있지요. 무엇이 본질적인 것인가를 좀 더 깊이 생각해보면 다른 답이 나올 거예요.

영적인 선택이란 것의 기준은 그것이 사랑에 기초한 것이냐 하는 것으로 가름할 수 있을 거예요. 육적인 선택은 그 선택의 바탕에 자기만을 위하려는 마음에서 비롯되는 두려움이 있는 것인가를 물어보면 될 것이고요. 성경에 모범답안과 실례들이 분명한데도 우리는 의식적으로 영적인 선택을 하기가 쉽지 않아요. 선택의 순간 자기 생각의 유혹에 흔들리지 않고 먼저 '그의 나라와 의'를 선택하면 그 외의 필요한 것을 다 더해 주신다는 약속이 있음에도 불구하고 말이지요.

어떤 상황에서고 신성이 가리키는 방향을 선택하면 두 가지가 다 따라온다는 것을 잊지만 않는다면 좋겠는데요. 무엇보다도 무의식적 두려움에 바탕한 자동적이고 반응적인 선택이 아니라 하나님의 선하심을 믿는 의지적인 선택을 할 수 있도록 깨어있는 것이 무엇보다 중요하겠지요. 선택의 순간마다 아브라함과 야곱과 예수님의 선택을 상기할 수 있었으면 좋겠어요.

원수를 물리치듯

불교에서는 이승에서 옷깃만 스쳐도 지난 생에서 삼천 번 이상을 만났었던 인연이라고 이야기하지요. 우리가 이 세상에서 만나는 인연들이 얼마나 소중하고 긴밀한 인연인가를 의미하는 말이 아닐 수 없어요. 우리는 가정이라는 환경 속에서 가족이라는 가장 긴밀한 인연을 만나고, 나아가 친척, 학교, 직장 등의 환경을 통해 지인의 인연을 만듭니다. 일생을 살아가면서 내 주변을 둘러싼 인연과 환경은 한정되어 있지요. 그 인연의 요소들이 모두 어우러져 내 인생을 이루어가는 것이고요. 얼마나 소중한 존재이며 귀중한 환경인지 모릅니다. 홀로 섬처럼만 살 수는 없기에 나를 둘러싼 그 인연과 환경은 내 인생에 나못지 않게 중요한 요소들이 되지요. 둘러싸고 있는 그 요소들을 중히 여기지 않으면 내 인생도 소중하게 가꾸어나갈 수 없는 것이잖겠어요?

하나님은 흙으로 아담을 만들고 코에 생기를 불어넣어 생명을 준

다음 그 아담에게서 갈빗대를 취하여 이브를 만드셨다고 하지요. 그러니 둘로 나뉘기 전에 사람은 하나였다는 것이겠지요. 그들은 원래 한 몸이었으므로 벌거벗었으나 부끄러워 하지 아니했다고 되어 있습니다. 그런데 선악과를 따 먹은 후 달라졌지요. 부끄러움과 두려움이 생겨 나뭇잎으로 옷을 만들어 하체를 가린 것이 그들의 첫 번째 일이었잖아요. 그런데 그렇게 되도록 유혹한 뱀에게 하나님은 여자의 후손과 원수가 되게 하리라고 말씀하시지요. 또 그 여자의 후손은 뱀의 머리를 상하게 할 것이고 뱀은 여자의 후손의 발꿈치를 상하게 할 것이라고 하십니다. 여자의 후손은 예수님을 가리킨 것인데 예수님은 뱀의 머리를 상하게 할 것이라는 예언처럼 죄의 권세를 물리치셨지요.

뱀이 여자의 후손의 발꿈치를 상하게 하리란 것은 예수님이 유대인들에게 잡혀 죽으셨지만 곧 살아나심으로 일시적 상처만을 입은 것으로 볼 수 있음을 가리킨 것이라고 생각해요. 그러나 예수님은 뱀의 머리를 상하게 하여 죄의 권능과 유혹의 기능을 파괴하셨어요. 그럼으로써 인간을 에덴동산에서 선악과를 따 먹기 이전의 상태로 회복시키신 것이지요. 그것을 믿는 것이 예수를 믿는 것이겠고요. 그것을 믿는다면 우리는 관계의 회복을 믿어야 되지 않겠어요?

예수님의 역할을 믿는다면 인간과 신과의 분리뿐 아니라 인간과 인간의 분리가 모두 회복되었음을 믿어야 되는 것 아닌가요. 아담과 이브의 관계가 회복되었다는 것은 부부 사이만 회복되었음을 의미하지만은 않는 것 같아요. 인간 모두가 사실은 하나에서 출발한 연합체임을 인식하라는 것이 아닐까요? 십자가는 수평으로 너와 나를 이어주고 수직으로 우리와 신을 연결해주는 표상이라고 하지요. 십자가는 모든 것을 한 중심으로 이어주는 신성한 연결의 막대라고 볼 수 있겠지요.

바벨탑 사건은 인간이 서로 흩어져 혼자가 될까 두려워함에서 비롯된 것이지요. 창세기 11장에 보면 사람들이 모여 "하늘 꼭대기까지 탑을 쌓아 흩어짐을 면하자"고 하니까요. 이 사람들의 하는 것을 보고 하나님은 "**저들이 한 민족으로서 모두 한 언어로 말하고 있어 이런 짓을 벌이기 시작했다. 그러니 이제 그들이 하고자 꾸미는 일이라면 못할게 없을 것이다**(창 11:6)"라고 하시고는 모두를 온 지면에 흩어버리셨습니다. 흩어진다는 것이 두려워서 탑을 쌓았는데 그만 하나님에 의해 모두 흩어지고 그 뿐만 아니라 언어조차 혼잡하여져서 서로 소통할 수도 없게 되었지요. 여기서도 두려움에 바탕을 둔 인간적 생각과 계획은 무익하다는 것을 알게 되지요.

앞서 살펴본 것처럼 본래 하나였던 인간이 선악과 사건 이후 분리되어서 갖게 된 것은 두려움 아니었어요? 분리로 인한, 그리고 분리에 대한 두려움 때문에 사람들은 문명을 건설하기 시작했다고 할 수 있겠어요.

돌 대신 벽돌로, 진흙 대신 역청으로 탑을 쌓았다는 것이 문명의 건축을 상징하는 것 같지요. 그러나 인간이 흩어짐을 면하기 위해 아무리 꾀를 쓰고 문명을 발전시켜도 하나님이 흩고자 하시면 순식간에 흩어질 수밖에 없음을 바벨탑 사건은 잘 말해주고 있는 것 같아요.

분리의 불안을 넘어서 가장 이상적인 안정을 찾는 길은 예수 그리스도 안에서 하나가 되는 것 아니겠어요? 그래서 성경에는 "**유대 사**

람도 없고 그리스 사람도 없고 종도 없고 자유인도 없고 남자도 없고 여자도 없습니다. 여러분 모두는 그리스도 예수 안에서 하나이기 때문입니다(갈 3:28)"라고 말씀하고 있고요. 예수님 안에서 하나라는 것은 육체를 가지고 있으되 그 안에 하나님의 신성이 공통적으로 주어져 있는 우리 모두가 그 신성의 측면에서 하나라는 것이라고 생각해요.

아담과 이브가 원래 하나였는데 선악과를 먹은 이후 갈라졌던 것처럼 성경에는 똑같은 모티브가 여러 번 나옵니다. 카인과 아벨이 한 형제였는데 형이 동생을 죽임으로써 갈라졌고 이삭과 이스마엘이 한 형제였는데 이스마엘이 쫓겨남으로써 갈라졌고 야곱과 에서가 한 태에 잉태되었다가 두 나라로 갈라졌습니다.

이원적인 이 세상은 갈라지는 것이 원리인 것 같아요. 그러나 절대세계인 하나님 나라에서는 통합되는 것이 또한 원리이겠고요. 에덴을 회복한다 함은 모두가 하나가 된다는 것 아닐까요? 과학자인 아인슈타인은 우리가 서로 분리되었다는 것은 육안으로 보는 의식의 환상이라고 했답니다. 양자 수준에서 모든 것은 상호 연결된 하나의 에너지라는 것이지요.

우리가 살아가는 데 자신과 맺는 모든 관계 중 어떤 관계는 좋은 관계고 어떤 관계는 좋지않은 관계로 분류하기 쉽지만 사실 모든 관계가 신성한 관계라고 생각할 수 있을 것 같아요. 성경에서 보이는 많은 관계들이 원수지간의 관계인 것을 볼 수 있지요?

아담과 이브의 자식으로 최초의 형제였던 카인과 아벨이 원수지간이 되어 아우는 형에 의해 죽임을 당했습니다. 이집트 사람들과 이스라엘인들의 관계는 주종의 관계로 이스라엘인들의 신음 소리를 듣고 하나님이 그들을 빼내었을 만큼 혹독한 관계였습니다. 이스라엘 사람들을 이집트에서 인도해낸 모세는 이집트 사람을 죽인 자로서 말하자면 이집트와 원수의 관계에서 그곳을 탈출합니다.

또 이스라엘 사람들이 이집트를 탈출하여 광야를 거쳐 가나안에 들어갈 때 거기엔 이미 가나안 일곱 족속이 장악하고 있던 곳으로 이스라엘인들의 원수가 되어 계속 싸워야 되는 관계가 됩니다. 아브라함의 첫 아들 이스마엘은 이삭과 원수가 되고 이삭의 쌍둥이 아들 야곱과 에서도 원수가 되며 야곱의 열두 형제 중 요셉과 나머지 열 한 형제와도 한때 원수 관계를 이룹니다. 이스라엘의 초대 왕 사울은 2대 왕 다윗과 원수 관계였고 이스라엘의 첫 선지자 사무엘의 어머니인 한나는 그 종 브닌나와 원수 관계에 있다가 기도하여 사무엘을 낳았지요.

이렇게 살펴보면 성경에 나오는 인물들이 주로 가족 관계에서 원수지간이 되어 나옵니다. 그래서 성경에는 "**사람의 원수는 자기 집안 식구가 될 것이다**(마 10:36)"라고 되어 있지요. 왜 이럴까요? 가장 사랑하고 아껴야 할 관계가 혈연관계인데 왜 성경에서는 그 가족 관계가 원수 관계로 되어 있을까요? 그것을 신성한 관계라고 할 수 있을까요?

그런데 다시 한 번 우리는 우리 인생의 목표 즉 신이 인간을 만드신 목적을 환기해보아야 할 것 같아요. "**하나님은 세상이 창조되기 전에 그리스도 안에서 우리를 선택하셔서 사랑 가운데 그 앞에 거룩하고 흠이 없게 하셨습니다**(엡 1:4)"가 신의 인간에 대한 목적이라고 보아져요.

그리스도 안에서 선택함을 받았다는 것이 죄에서 구원받음을 의미한다면 죄가 먼저 전제되어야지 의미가 성립되겠지요. 죄를 전제한다는 것은 원수 관계가 있어야 되는 것이지 않나요? 또 흠이 없고 거룩하게 하신다는 목표의 이면에는 '흠이 많고 추악한' 인간의 모습이 전제됩니다. 모가 많이 난 돌이 둥글어지려면 풍우에 시달려야 하듯이 흠 많고 추악한 죄인이 흠 없고 거룩한 목표에 이르려면 풍우에 깍여야 하겠고요. 싸움이 필요한 것이지요. 갈등과 연단이 없이는 가기 어려운 목표잖아요? 그런데 싸움을 위해서는 원수가 필요하지요.

원수지간이 자기 집안 식구들이라는 것은 사실 원수가 자기 자신이라는 이야기이기도 할 것 같아요. 부모 자식, 형제 자매 간에는 같은 유전자를 서로 공유하니까요. 결국 흠이 없고 거룩하게 되는 것은 자기 극복의 길을 통과해야 한다는 것일지 몰라요. 이스라엘인들이 끝까지 물리쳐야 했던 가나안 칠 족속도 우리들 속에 있는 육체적 자아의 모습들인 것 같고요.

자신을 돌아보면 얼마나 깍아 내야 할 부분들이 많은지요. 그 면면들이 물리쳐야 할 원수들인 것 같아요. 그러니 모든 관계가 신성한 관계라고 할 수 있지 않아요? 나를 완성시키기 위해서는 좋은 관계보다는 오히려 대항하고 도전하는 관계가 더 유익하니까요. 나를 유익하게 하는 관계는 신성한 관계지요. 신성한 목적에 기여하는 관계이니까요. 그래서 원수를 사랑할 수 있게 되는 것 같아요. 얼마나 고마운 존재예요? 그렇게 생각할 때서야 비로소 진심으로 원수를 사랑할 수 있게 되지 않겠어요? 그렇게 생각해야 나에게 잘못하는 이를 진심으로 축복해줄 수 있을 것 같아요.

성경을 전체적으로 보면 화해의 과정을 기술하고 있는 것임을 알 수 있지요. 하나님과 인간과의 화해를 통한 연합, 인간끼리의 화해를 통한 연합, 그리고 그 뿐만 아니라 개인 각각의 내면의 이중적 모습끼리의 화해까지를 포함해서 말이지요.

사실 우리는 통합된 자기로 살아가기가 너무 어려워요. "내 안에 내가 너무도 많아"라는 노랫말처럼 자기 안에 갈등을 일으키는 또 다른 자아의 존재가 살아 있어서 말이에요. 그래서 바울 사도도 "**나는 내가 행하는 것을 이해할 수 없습니다. 이는 내가 원하는 것은 행하지 않고 오히려 증오하는 것을 행하기 때문입니다**(롬 7:15)"라고 말하지요. 무엇인가 하기를 원하는 나와 미워하는 어떤 것을 행하는 내가 서로 타인처럼 다르다는 것 아니에요?

언제나 그 두 자아가 우리 안에서 대립하며 통합된 자아로 살아가는 것을 방해하잖아요. 중요한 것은 바울 사도의 말처럼 내가 원치 않는 것을 행하는 자가 자기가 아니라는 것을 아는 일인 것 같아요. 그것은 진정한 자기가 아니고 죄성이라는 일시적인 존재로 그것을 물리치고 진정한 자기가 서도록 하는 것이 신앙생활이고 삶의 목표가 되어야 하는 것이겠지요.

이스라엘인들의 출애굽 이야기는 하나님은 어둠을 통해 우리를 빛으로 안내하시는 분임을 알려줍니다. 하나님은 "**그러나 내가 이집트 사람들의 마음을 강퍅하게 할 것이므로 그들이 뒤따라 들어갈 것이다. 그러면 내가 바로와 그의 모든 군대와 전차들과 마병들로 인해 영광을 얻게 될 것이다**(출 14:17)"라고 말씀하십니다.

이스라엘인들을 노예로 삼아 일을 부리던 이집트 사람들은 선뜻 이스라엘 사람들이 이집트를 떠나도록 허락하지 않지요. 일 시킬 사람들이 없어질 테니 얼마나 보내고 싶지 않았겠어요? 이집트의 바로 왕은 모세가 일으키는 기적을 볼 때마다 이스라엘인들을 놓아주겠다고 약속하고는 곧 마음을 바꾸어 그들을 못 가게 하기를 반복하지요.

결국 이집트의 장자들은 다 죽고 이스라엘 집들은 양을 죽여 문설주에 그 피를 바르고 구원되어 이집트를 떠나게 됩니다. 구원을 위한 희생 제물이 필요했지요. 그것은 전통적으로 유월절의 양인 예수그리스도를 의미하지요. 그러나 또 한편으로 이스라엘인들과 바로와의 싸움은 우리의 내적 싸움을 의미할 수도 있다고 보아져요. 바로는 끝까지 우리의 신성에 자리를 내주지 않으려는 에고의 끈질긴 힘인 것 같고요.

『베오울프』는 8세기 후반 경 영국의 한 기독교 시인에 의해 씌여진 것으로 추정되는, 게르만 민족의 가장 위대한 서사시로 알려져 있지요. 암흑의 세력인 용의 재앙에서 자기 민족을 구출하려고 용감히 싸우다 희생당하는 영웅의 이야기 『베오울프』는 악의 세력으로 죄인이 되어 저주받을 운명에 처한 인류를 구원하기 위해 십자가상에서 희생당하는 예수 그리스도를 연상시킵니다. 그러나 또 한편으로는 인간이 끝까지 자기 속에 있는 죄성과 싸워야 한다는 것을 암시한 가나안에서의 싸움을 연상시키기도 하지요. 싸워서 이겨야 할 대상은 성경의 계시록에 나와있는 용, 즉 옛뱀이라고도 일컬어지는 사단의 세력일 수 있겠는데요. 이 사단의 세력이라는 것은 다시 말해 뿌리깊은 우리 안의 에고가 아닐까 싶어요.

그러나 하나님은 이집트 사람들의 마음을 강팍케 한 것은 하나님이 행하시는 일이요, 이집트의 병거와 마병도 하나님이 영광을 얻기 위한 것이라고 했어요. 무슨 심술이 아니라 결국 이 세상 삶의 모든 장애는 하나님이 그렇게 되도록 계획하시고 실행하시는 것이며 그 모든 것을 통하여 하나님이 영광 받으신다는 것인데요. 여기서 하나님이 영광 받으신다는 것은 그 모든 장애를 극복케 함으로써 오는 결과겠지요. 하나님이 영광을 받으신다는 것은 결국 우리가 잘 된다는 것과 동의어라고 생각해요. 하나님은 완전한 존재로 이 세상 무엇으로도 더 보탤 필요가 없는 존재잖아요? 하나님이 영광 받는다는 것을 생각할 때에 고생은 내가 하고 제 삼자인 누군가가 영광받는다는 개념으로 이해할 필요는 없는 것 같아요. 우리 안에 신성 즉 하나님이 계신 것을 인정한다면 싸움에서 이김으로써 우리 안에 있는 신성의 승리를 우리 자신이 즐거워하며 기뻐할 수 있다는 것이겠지요.

황무지를 옥토로

성경이 비유의 책이어서 많은 곳에 곡식이나 열매가 사람을 은유하는 표현으로 나타나기도 하고 또 땅으로 비유되기도 합니다. 사람은 애초에 흙으로 지음을 받아 토기나 땅으로 비유되는 경우가 많지요. 그런데 우리는 육신의 부모로부터 태어난 이후 부모의 양육과 학교의 교육 등으로 자라면서 여러 가지 정보들로 채워져서 자아를 형성합니다.

날마다 쏟아지는 문명의 새로운 정보들로 지식이 쌓이고 교양이 풍부해지는 것이 새로워지는 것이고 성장하는 것으로 생각되지요. 그러나 육신과 마찬가지로 지식도 정보도 교양도 모두 죽으면 육체와 함께 무로 돌아가는 것 아닌가요? 아무리 첨단의 지식과 심오한 철학으로 무장한다 해도 영적으로 살아 있지 않으면 그 육신적 자아는 황폐한 땅에 불과한 것 같아요. 신의 속성이 우리 안에서 회복될 때에 땅은 비로소 경작이 되고 비옥한 땅으로 변화하는 것이라고 생각해요.

그래서 성경에는 **"네 스스로 의의 씨앗을 심고 인애의 열매를 거두며 묵은 땅을 잘 갈아라. 지금이 여호와를 찾을 때다. 마침내 그분이 와서 의의 비를 너희에게 내릴 것이다**(호 10:12)"라고 되어 있는 것 같아요.

묵은 땅을 잘 갈으라는 것은 무슨 말일까요? 묵은 땅이란 하나님을 알기 이전의 자기 만을 위하는 에고의 단단한 마음을 말하는 것 아닐까요? 이 마음을 갈아엎으면 의의 비가 내린다네요. 하나님의 의로운 비가 마음을 적시면 그것이 옥토가 되고 천국이 되는 것이겠지요.

에스겔서에 이런 말씀이 있지요. **"내가 너희에게 새로운 마음을 주고 너희 안에 새로운 영을 줄 것이다. 내가 너희 육신으로부터 돌과 같이 굳은 마음을 없애고 너희에게 살처럼 부드러운 마음을 줄 것이다. 지나다니는 모든 사람들이 보던 황무지로 남아 있는 대신 황무지가 된 땅이 경작될 것이다. 그들이 말한다. '황무지였던 이 땅이 에덴 동산처럼 됐다. 폐허가 돼서 버려지고 또 무너뜨려졌던 성읍들이 이제 견고하게 세워지고 사람이 살게 됐다'라고 할 것이다**(겔 36:26, 34-35)"라고요.

아무리 지식과 교양을 쌓아도 신성이 깨어나지 않은 마음은 굳은 마음이라고 할 수 있을 거예요. 왜냐하면 이기적인, 다시 말해서 육신적인 자아가 신성에 의해서 통제되지 않는 한 언제나 분리된 에고의 모습대로 살 테니까요. 신성이 깨어나는 마음이 부드러운 마음으로 경작된 마음이며 성령의 비가 내려야 굳었던 마음 즉 황폐하게 보이던 거친 땅은 비로소 경작되어 에덴동산같이 된다는 것이네요.

우리의 마음으로 비유된 이 땅은 성령의 비를 흡수해야 신께 복을 받을 수 있는 수확물을 낼 수 있다고 되어 있어요. **"땅이 그 위에 자주**

내리는 비를 흡수해 경작하는 사람들에게 유익한 작물을 내면 하나님께 복을 받습니다. 반면에 가시와 엉겅퀴를 내면 쓸모 없이 돼서 저주에 가깝게 되고 그 마지막은 불사름이 됩니다(히 6:7-8)"라는 말씀에도 보면 사람이 복을 받는 땅과 저주받는 땅으로 비유되어 있지요.

아담이 범죄하자 하나님은 인간과 인간끼리뿐만 아니라 인간과 자연과도 분리시키셨습니다. "**네가 네 아내의 말을 듣고 내가 네게 명령해 '먹지 마라'고 말한 나무의 열매를 먹었으니 너 때문에 땅이 저주를 받을 것이다. 네가 일평생 수고해야 땅에서 나는 것을 먹을 것이다**(창 3:17-18)"라고 형벌을 내리셨던 것입니다. 그것은 실제 농사를 짓는 땅이 엉겅퀴와 가시덤불을 낸다는 문자 그대로의 의미는 아니겠지요.

하나님이 아담에게 "**네가 흙에서 취해졌으니 흙으로 돌아갈 때까지 네 얼굴에 땀이 흘러야 네가 음식을 먹을 것이다. 너는 흙이니 흙으로 돌아갈 것이다**(창 3:19)"라고 한 것처럼 흙 즉 땅은 사람으로 비유되었고요. 하나님과 화목되기 전의 사람에게서는 가시덤불과 엉겅퀴가 난답니다. 씨뿌리는 비유의 말씀에서 가시와 엉겅퀴는 세상의 염려와 재리의 유혹을 의미한다고 했으니 그런 것 때문에 마음이 막혀 있는 상태도 묵은 땅이라고 할 수 있겠네요. 에고의 전략은 세상의 염려와 재리의 유혹으로 늘 불안을 부추기는 것이고 끝없이 소유를 늘리려는 것이라니까요.

모든 인간 관계와 환경과의 신성한 연결의 첫째 관문은 막혔던 것이 뚫리는 것이리라 싶어요. 땅이 막히지 않기 위해서는 자주 내리는 비를 흡수해야 된다고 성경은 말하고 있지요. 땅이 자주 내리는 비를 흡수하여 합당한 채소를 내면 하나님께 복을 받고 만일 가시와 엉겅퀴를 내면 저주를 받아 그 마지막은 불사름이 되리라고 했는데요. 자주 내리는 비는 하나님의 말씀을 상징하는 것이겠지요. 하나님의 말씀을 통하여 인간은 자연과의 신성한 관계까지 회복할 수 있으며 모든 환경과의 화해를 할 수 있음을 뜻하는 것으로 보아져요. 그러나 가시와 엉겅퀴를 내면 불살라진다고 했는데 마음 속에 온통 염려와 유혹뿐이라면 지옥과 같은 괴로움에 빠져 버리게 된다는 이야기겠지요. 우리의 마음 밭이 땅이라면 자주 내리는 비를 흡수해야 복을 받을 수 있다는 것이네요.

자주 내리는 비는 하나님의 말씀을 비유하는 것이겠고, 말씀으로 신성의 의식에 늘 접촉되어 있는 마음은 에덴동산처럼 축복된 마음이 됨을 가리키는 것이겠고요. 세상 일을 염려하고 재물의 유혹에 흔들리는 마음은 신성과의 연결에서 떨어진 마음이므로 열매가 없는 황폐한 마음이 되고 공허한 인생이 된다는 것이고요.

하나님이 아브라함에게 약속한 땅은 가나안 땅이지요. 가나안 땅은 젖과 꿀이 흐르는 땅으로 묘사되어 있지요. 땅이 사람을 은유한 것이라면 우리는 결국 젖과 꿀을 내는 비옥한 땅이 되는 것이 최종 목표라는 것이 아닐까요? 젖은 어머니가 된 여인에게서 흐르는 것이지요. 일생 수고하고 애써도 육체의 삶은 근심과 염려 속에서 지내야 하는 삶이에요. 그런 삶은 아무 열매도 없이 신의 은총으로부터 떨어진 허무한 삶에 불과하다는 것이고요. 그러나 자주 내리는 비, 즉 하나님의 말씀의 비를 흠뻑 머금은 마음은 양육하는 존재인 어머니의 마음이 되고 꿀처럼 단 말씀을 흐르게 하는 마음이 된다는 것 아닐까요. 그렇게 젖과 꿀이 흐르는 가나안 땅이 되는 것이 신의 자녀들이 꿈꾸는 최종목표라고 하는 것 같아요. 가나안 땅은 다시 회복되는 에덴동산이지만 그 땅은 그저 우리가 가서 복을 누릴 공간적 개념에 그치는 것이 아닌 것 같지요.

우리는 날마다 묵은 땅인 우리의 육신적 마음을 부드럽게 갈아엎어야 할 것 같아요. 그렇게 해야 자주 내리는 비를 흡수할 수 있겠지요. 그러면 우리 마음은 젖과 꿀이 흐르고 사랑의 열매가 맺히는 옥토가 된다니까요. 자주 내리는 비를 반드시 교회에 나가서 듣는 설교나 성경말씀에만 한정할 필요는 없을 거예요. 우리 안의 신성을 일깨우기 위한 신의 음성은 여러 경로로 들려올 수 있는 것일 테니까요.

영혼을 순화시킬 수 있는 음악도 또는 자연에서 들려오는 새소리, 바람소리, 시냇물 소리 등도 비가 되어 영혼을 옥토로 만들어 너그럽고 인애로운 마음이 자리잡게 해주지 않나요? 대자연은 하나님이라고 할 수 있지요. 자연과 멀어져 시멘트 문화 속에서 살다 보면 우리의 마음은 물질적인 것에 사로잡혀 굳어지고 이기적인 욕심만 가득하여 사랑의 열매를 맺을 수 있는 땅이 못 되지요.

날마다 딱딱한 마음을 갈아 엎어서 산소가 풍부한 땅으로 만들어야겠어요. 고정된 마음, 변화를 두려워 하는 마음, 편견이 있는 마음 등도 딱딱하고 황폐한 땅일 거예요. 편견을 버리고 다른 생각들도 받아들이고 다른 의견들도 포용하는 마음이 무엇보다도 유연한 땅이 된 마음이겠지요.

골리앗의 허상

세상이 두렵고 힘들어서 스스로 목숨을 끊는 사람들의 이야기가 자주 매스컴에 등장해서 우리들을 놀라게 합니다. 그중에는 부러울 것 없이 이 세상의 많은 것을 소유하고 있다고 생각하던 사람들도 있고 많은 사람들에게 행복해지는 비결을 전파하던 사람도 있었지요. 용기를 내는 사람은 소수지만 삶이 고단하고 힘겨워서 그저 고통 없고 따뜻한 고향이 있다면 돌아가 쉬고픈 사람은 얼마나 많을지요. 그러나 그래도 주어진 인생에 책임을 다하기 위해 이리저리 운명의 돌팔매질을 당해도 인내의 덕목을 배우며 살아가는 사람들이 더 많은 것은 참 다행이지요.

그런데 우리의 가고자 하는 길을 막고 때로 두려워 떨게 하고 아프게 하는 일들은 우리가 거기에 힘을 부여할 가치가 없는 허상에 불과할지도 몰라요. 그것들은 우리를 미혹케 하는 것들 뿐임을 하나님은 우리에게 잘 가르쳐주고 있지요. 이스라엘 민족이 이집트에서 나와 광야로 건너가려 할 때 그들 앞을 가로막아선 것은 홍해라는 바다였지요. 뒤에서는 이집트 군대가 추격해오고 눈앞에 바닷물이 막아섰을 때 인도자 모세에게 하나님은 지팡이를 들어 물을 내려치라고 명했지요. 그래서 바다가 갈라져서 그 사잇 길로 이스라엘 민족은 무사히 이집트를 벗어나 광야로 갈 수 있었습니다.

그런데 시편에 보면 "**하나님께서 홍해를 꾸짖으시니 홍해가 말라 버렸고 그리하여 광야를 지나듯 깊은 물을 가로질러 그들을 이끌어 내셨습니다**(시 106:9)"라고 되어 있어요. 이스라엘 민족이 가는 길에 장애가 되었던 바닷물을 하나님이 꾸짖으셨다는 거예요. 그 밖에도 성경에는 예수님이 바람과 물결을 꾸짖고 귀신을 꾸짖고 열병을 꾸짖은 이야기들이 나옵니다.

꾸짖는다는 표현은 무언가 잘못했을 때, 옳지 않은 것, 사실이 아닌 것을 바로잡을 때 쓸 수 있는 말이지요. 그러면 하나님은 우리가 평안히 나아가는 길에 우리를 가로막고 있는 것들을 잘못된 것으로 규정하고 있다는 거지요. 사실 인간의 생명 뿐 아니라 비, 바람, 산과 바다, 우주 만물 모든 것을 지휘하는 존재가 신인데 신의 사랑하는 자들을 방해하는 요소를 신은 꾸짖을 만도 하지요.

어린 소년 다윗이 골리앗을 물리치던 장면을 상상해보세요. 다윗은 목동의 허름한 옷을 입고 무기라고는 조약돌 몇 개를 손에 들었을 뿐이었지요. 다윗 앞에 선 골리앗은 갑옷을 갖추어 입고 칼과 단창으로 무장을 한 거인이었습니다. 어린 목동이었던 소년에게 그보다 더 넘기 어려운 장애가 있었겠습니까? 그러나 다윗은 그 어려운 조건을 조금도 장애로 여기지 않았지요. 그에게 객관적인 현실 조건은 허상에 불과한 것이었어요. 그래서 "**너는 칼과 창과 단창으로 내게 나오지만 나는 만군의 여호와, 곧 네가 모욕한 이스라엘 군대의 하나님의 이름으로 네게 나간다**(삼상 17:45)"라고 당당히 나아가 승리를 거둡니다.

우리 주변의 환경 앞에서 두려워 떨고 있을 때 그 어떤 환경 앞에서도 하나님의 사랑을 믿고 두려워하지 말 것을 다윗은 가르쳐 주고 있습니다. 다윗의 경우처럼 자신의 힘으로는 이길 수 없을 듯한 인생의 큰 장애들이 앞을 가로막고 설 때가 많지요. 그러할 때 우리는 마음 속으로 그 장애를 최소화하고 하나님을 극대화하면 얼마든지 어떤 장애든지 이길 수 있음을 다윗은 가르쳐주네요. 그것을 가르치느라 하나님은 바람과 물결조차 꾸짖으신 거죠. 육체적 조건과 둘러싼 모든 세상의 힘 위에 있는 완전한 힘을 바라보라는 간절한 사랑 아닌가요.

유다 히스기야 왕 때 이방민족 앗수르의 왕이 이스라엘을 치러 왔을 때 군대의 열세 때문에 두려워 떠는 백성들에게 히스기야왕은 "**그에게는 육체의 팔뿐이지만 우리에게는 우리 하나님 여호와께서 계시다. 그분이 우리를 도와 우리를 대신해 싸워주실 것이다**(대하 32:8)"라고 합니다. '육체의 팔'이라는 것이 무엇인지요? 이 세상 모든 것을 주관하는 힘 앞에서 인간의 숫자나 인간적 힘은 아무것도 아니라는 것 같아요.

원하는 것을 이루고자 함이 누구나의 일생의 숙제지요. 원하는 것의 이름을 부르면 척척 내 앞에 그것들이 나타난 준다면 삶이 왜 고달픔이겠어요? 원하는 것을 얻기까지 그 앞을 막아서는 장애들이 있기에 삶은 고단하고 실망스럽고 어려운 것이겠지요. 그러나 우리를 막아서는 어떤 것에 힘을 실어주는 것은 우리들 자신인 것 같아요. 예수님은 바람과 물결을 꾸짖으심으로써 자연의 장애에도 힘을 부여치 않으셨고 귀신과 열병을 꾸짖으심으로써 질병의 힘도 무시하셨고 죽음의 힘까지도 이기심으로 우리의 길이 되어주셨습니다.

신의 힘 이외의 것에 힘을 부여함으로써 두려워 떠는 것은 꿈속 헛개비, 환상을 보고 공포에 질려있는 것이나 마찬가지라고 할 수도 있을거에요. 깨어나면 모든 것이 해결되니 꿈처럼만 생각된다면 좋을 텐데요.

힘을 실어주지 않는 것이 중요할 것 같아요. 세상의 어떤 장애에도요. 자기 힘으로는 어찌 할 수 없는 궁지에 몰려 있을 때 힘센 형이 나타나면 모든 걱정이 사라지고 의기양양해지던 어린 시절을 생각해보세요. 어떤 인생의 어려움 앞에서든지 등 뒤에 전능하신 신이 나를 돕기 위해 서 계심을 볼 수 있다면 안도의 숨을 쉴 수 있지 않겠어요? **"여호와를 의지하는 사람들은 흔들리지 않고 영원히 든든해 시온 산과 같을 것입니다**(시 125:1)"라고 성경은 말씀하고 있잖아요? 폭풍우, 쓰나미에도 요동하지 않는 시온산의 의연함과 장엄함을 우리의 것으로 할 수 있다는 것이에요.

영국작가 토마스 하디의 소설 『테스』는 남성들에게 유린당하고 버림받는 시골 처녀의 이야기입니다. 테스는 가난한 농가의 장녀로 생계를 위해 친척집으로 보내졌다가 여성을 성적 소유물로만 생각하는 알렉에게 정조를 유린당하지요. 그 후 미혼모가 된 그녀는 주변인들로부터 타락한 여성으로서의 따가운 눈총을 받고 살아갑니다. 그러나 테스는 남성주의 인습에 맞서면서 강한 모성애와 성실한 생활력으로 꿋꿋이 살아가지요. 그러나 사생아인 자식이 죽어갈 때 사생아라는 이유로 기독교식 장례의식을 거부하는 권위주의 교회의 가혹함이 드러납니다. 그러나 이에 굴하지 않고 어머니로서 직접 아기에게 세례를 행하는 테스의 모습은 신성하게 비추어집니다. 아기의 죽음에서 오는 슬픔을 이겨내고 새로운 농장에서 일하게 되면서 그녀는 다시 만난 남자 엔젤과 사랑에 빠지지요. 가문의 차이에도 불구하고 그녀를 숭배하는 엔젤과 결혼하게 됐지만 순결을 잃은 과거 때문에 괴로워하다가 자기에게 어떤 잘못이 있더라도 자기를 사랑한다는 엔젤의 말을 듣고 나서 그에게 순결을 잃었던 일을 고백합니다. 그러나 관습의 틀에 박힌 목사 집안에서 자란 엔젤은 사랑하는 여인의 과거를 용서할 수 없는 사람이었습니다. 테스는 자신을 용서하지 못하고 떠난 남편을 돌이키게 하려는 노력 중에 다시 옛 남자 알렉을 만나게 됩니다. 그녀는 절박한 경제 사정 때문에 알렉의 유혹을 뿌리치지 못하고 그의 제의에 굴복하고 말지요.

테스를 버리고 멀리 떠나 방황하던 엔젤은 테스를 밀쳐낸 것이 자신의 경솔함이었음을 뉘우치고 뒤늦게 돌아옵니다. 테스는 엔젤이 절대 돌아오지 않을 것이라면서 자신을 함락시킨 알렉에 대한 증오를 제어하지 못하고 그를 죽이고 맙니다. 살인죄를 저지른 테스는 가혹한 기독교적 도덕관이 미치지 않는 이교도의 신전인 스톤헨지에서 고향같은 평안을 느끼며 체포 당합니다.

시대가 여성에게 부과하던 억압의 힘에 눌려 끝내 비극적 결말을 맞고 마는 슬픈 여인의 이야기지요. 테스는 인생의 고비마다 그녀 앞에 버티고 선 장애를 잘 이겨 넘어온 여인이었어요. 자기를 억압하는 힘을 무시하고 꿋꿋이 서면서 그녀는 신성성을 발휘하기도 합니다. 그러나 테스는 결국 자기 안의 미움에 힘을 실어주고 말았습니다. 우리 안의 욕망, 미움 같은 것이 사실은 외부적 힘보다 더 큰 것임을 알려주는 이야기지요. 장애가 무서운 것이 아니라 장애 때문에 생기는 내 마음의 문제가 더 무서운 것이 아닌가 싶어요.

제자들이 예수님과 함께 길을 가다가 소경을 보고 왜 그는 소경으로 태어났는가를 물어보지요. 그 질문에 예수님은 "**그에게서 하나님의 하시는 일을 나타내고자 하심이라**(요 9:2)"라고 대답하셨지요. 하나님의 본심은 어떤 사람이건 장애로 고생시키려는 것이 아니고 그 장애를 통해 하나님을 나타내고자 하는 것임을 알려주는 이야기지요. 그러니 어떤 장애도 내 쪽에서 힘을 실어주지 않으면 어려움이 되지 않을 수 있다는 것이지요. 언제나 나를 돕는 더 큰 실질적인 힘이 있음을 잊지만 않는다면 그 밖의 어떤 장애도 그리 무섭진 않을 것 같아요.

문둥병자도 축복이래요

상처가 곪아 그것을 짜내야 할 때가 있습니다. 그때 환부가 완전하게 곪지 않으면 건드렸다가 오히려 성이 나서 더 오래 아프게 될 경우가 있지요. 완전히 곪아 터지려고 할 때 손을 대면 응어리째 빠져서 쉽게 상처가 낫게 됩니다. 그렇다면 일단 곪기 시작한 이상 완전하게 곪는 것이 치유될 수 있는 필연의 과정이겠지요.

우리 마음의 아픔도 마찬가지가 아닐까요? 방황과 불안과 절망으로 가슴이 욱신거리도록 앓아도 곪아 터질 정도로 완전히 앓고 나면 그것이 응어리째 뿌리 뽑혀서 깨끗이 나을 수 있다는 것이지요. 곪아 터진 상처는 건강의 선행조건이 될 수 있다는 거예요.

영육 간의 삶이 건강해지기 위해서는 철저하게 아플 필요도 있다는 것입니다. 전혀 아픔이 없는 생은 진정한 의미에서의 심신의 건강을 누릴 수 있는 기회를 놓칠 수도 있는 것이지요. 그러므로 병을 축복해야 하는 면도 있는 것 같아요.

구약시대의 제사장들은 문둥병자를 진찰할 수 있었답니다. 피부에 이상이 있는 자들은 제사장에게 가서 그의 몸을 보이고 그것이 단순한 피부병인지 부정한 문둥병인지를 진찰 받아야 했지요. 피부에 반점이 생겨 제사장에게 가 보았을 때 그 환부가 아직 속으로 깊이 들어가지 않았으면 제사장에 의해 그 환자는 격리 수용됩니다. 격리된 뒤 칠 일이 지나도 그 환부가 온 피부에 번지지 않으면 또 칠 일을 격리시키고 그리고 나서 그 환처가 엷어지는 기색이 돌면 그는 깨끗하다는 판정을 받고 단순한 피부병이라 옷만 빨아 입으면 깨끗하리라는 처방을 믿고 돌아가게 됩니다.

그런데 그 피부병이 온 몸에 퍼지고 흰 반점과 흰털이 돋고 부풀어 오른 그 곳에 원래의 살이 또 여기저기 보이면 그것은 문둥병으로 진찰되어 깨끗지 못한 자로 구별됩니다. 그런데 그 문둥병이 온 몸으로 퍼져서 머리끝부터 발끝까지 희어져 버린 사람은 깨끗하다고 판정을 받습니다. 깨끗하다, 깨끗하지 못하다는 이 판정은 무엇을 의미하는 것일까요?

속죄의 제사를 드리는 제사장들에게 진찰 받는 이 문둥병은 무엇을 뜻하는 것이겠어요? 제사장들은 사람들의 죄에 따라 짐승을 잡아 제사를 드리는 대표자들이지요. 다시 말해서 그들은 사람들의 죄를 판단하고 속죄 제물을 결정하고 그 속죄를 대행하는 인물들인 것입니다. 그렇다면 문둥병의 의미는 분명하지 않은가요? 사람들의 피부에 번지는 헐어버린 상처들, 그것은 사람들이 감추어 갖고 있는 더러움들일 것입니다. 그 더러움들을 제사장들에게 보일 때 그 더러움의 상태는 각기 다르겠지요.

어떤 이는 살보다 움푹 패인 반점들이 여기저기 나 있을 수 있고요. 격리시켜 놓는다는 것은 회개할 수 있도록 유예기간을 주는 기간일 수 있겠지요. 그런데 그 더러움이 온 몸에 퍼진다는 것과 퍼지지 않고 오히려 부풀어 오르기만 하고 그 부푼 사이사이로 흰 살이 보인다는 것은 무슨 뜻이겠어요?

환부가 퍼지지 않고 점점 엷어져 깨끗해지는 기색이 돌면 그는 깨끗하다는 판정을 받습니다. 더러움을 돌이키는 것이 있다면 그는 옷을 빨아 입는 것으로 깨끗해지리라는 선고를 받게 된다는 것 아니겠어요? 자기 안의 더러움이 더 퍼지지 않도록 돌이키고 의의 옷을 덧입는 것으로 회복되었다는 판정을 받는다는 의미일 것입니다.

그런데 금고의 기간을 통해서도 부풀어 오른 곳에 난육이 여기저기 보이는 자를 부정하다고 했습니다. 난육이란 무엇일까요? 원 살덩어리, 더럽지 않다고 주장하는 마음, 그것이 고개를 여기저기 내밀고 있는 상태면 정하다 함을 받을 수 없다는 것이 아닐까요?

그런데 이상한 것은 문둥병이 완전히 온몸에 퍼져서 온통 하얗게 되어버린 상태의 사람은 깨끗하다는 판정을 받는다는 것이지요. 완전한 문둥병자, 그렇지요. 신이 원하시는 것은 완전한 문둥병자일지도 몰라요. 죄가 조금은 있으나 의로움도 어느 정도는 있다고 자부하는 자들은 치료받을 수 없다는 것일 수 있지요. 그들은 깨끗하다는 판정을 못 받는다니까요.

완전한 문둥병자란 자기가 본래부터 죄인이라고 겸손하게 나아오는 자를 말함일 거예요. 치료의 손길이 닿는 즉시 그는 하얗게 깨끗하게 의인이 되는 것이지요.

우리는 신의 제단에 더러움을 드러내기만 하면 되는데요. 자신이 문둥병자임을 인정하기만 하면 된다는 거지요. 문둥병이 전신에 발해서 끔찍하도록 흉측한 상태를 보고도 깨끗한 곳이 있다고 내미는 것이야말로 부푼 상처 위에 보이는 난육이 되어 깨끗하다는 판정을 받지 못한다는 것이고요. 온전한 문둥병자로 되는 일은 자신이 죄인임을 인정하는 일이겠지요. 예수님은 그런 사람들을 위해서 보내심을 받은 신의 아들이요, 신의 사랑의 제물이니까요. 사실 우리가 전적으로 끔찍한 문둥병자라는 것을 인정하기란 쉽지 않지요.

죄라는 것이 '과녁에서 벗어난' 것이라는 의미라면 죄인은 인간으로서 자신들이 신이라는 인식에서 벗어나 있는 상태의 사람을 말하는 것이겠지요. 완전한 신의 생명으로 귀의하는 것은 부분적으로는 이루어질 수 없는 일이므로 완전한 돌이킴이 필요한 것이겠고요. 그래서 문둥병의 비유도 우리의 의식의 완전한 회복을 위한 비유에 불과한 것 같아요. 얼마큼은 자기의 에고가 차지하고 있고 얼마만큼은 하나님을 믿는 마음으로 채워지고 있다고 생각하면 그는 난육을 보이는 어설픈 상태라서 깨끗하다는 판정을 못 받는다는 것이죠.

T.S. 엘리엇은『4중주』의 시편에서 "우리의 유일한 건강은 병이다."라고 하며 인간이 자신의 불완전성을 인식하는 것이 건강의 첫걸음임을 전합니다. "회복하기 위해서 병은 더 악회되어야 한다"고 합니다. 자신의 한계를 인정하고 죄인임을 받아들일 때라야 희망이 있다는 것이지요. 그래서 엘리엇에게 있어서도 절망은 희망으로 가는 출발점이 됩니다.

성공한 사람들은 다

이스라엘 사람들이 여호수아의 인도를 따라 이방민족을 물리치는 성경의 이야기들은 우리가 어떻게 내 안의 적들과 싸워 승리할 수 있는가를 잘 알려줍니다. 이스라엘이 아말렉이라는 적을 만나 싸우게 되자 모세는 여호수아를 내세워 아말렉과 싸우게 하고 자신은 아론과 함께 산꼭대기에 올라가 싸움을 지켜봅니다. 모세가 손을 들고 있으면 이스라엘이 이기고 손을 내리면 아말렉이 이기곤 하였습니다.

모세가 종일 손을 들고 있기가 피곤하므로 사람들이 모세에게 가서 그의 팔 밑에 돌을 넣어 팔을 괴어놓고 손이 내려오지 못하도록 합니다. 그러자 여호수아는 끝내 아말렉 족속을 다 섬멸하여 승리하게 됩니다. 참으로 우스운 승전 방법이지요.

모세의 팔이 들려 있으면 이긴다는 것은 무슨 연고이겠습니까? 모세는 누구고 아말렉은 또 무엇이기에 모세의 두 손 드는 것과 관계지어 승리와 패배가 결정될까요? 모세는 이스라엘인들을 애굽에서 광야로 인도해 낸 지도자입니다. 그는 신으로부터 율법을 받아 이스라엘인들을 지도했습니다. 그렇다면 모세는 율법을 상징하는 존재라고 볼 수 있겠지요. 그러니 모세가 손을 들어 승리를 얻는다는 것은 율법이 완전히 손을 드는 곳에 자아와의 싸움에서 이길 수 있는 은혜가 부여된다는 의미로 보아도 되겠지요.

율법을 가지고 자기를 지키려는 노력은 인간을 지치게 할 뿐 완벽한 승리를 거둘 수 없게 한다는 것이지요. 율법을 끝까지 지키려고 노력해본 사람은 알 거예요. 그런 예를 우리는 자신과의 싸움에서 번번히 경험하게 되지 않습니까?

모세가 신의 심부름꾼으로 신의 은혜를 알도록 인도한 매개체였듯이 율법은 우리를 헤아릴 길 없는 신의 은혜로 인도하는 안내원이나 다름없지요. 그러니 율법의 계율은 우리의 육신적인 자아가 도저히 그것을 지킬 수 없는 것이라고 손들게 하는 매개체의 역할만을 한다는 것이지요. 율법을 지키지 못하는 것이 육신적 자아임을 인정하고 손을 들어버릴 때 하나님의 은혜에 싸움을 맡길 수 있게 되지요. 승리는 그렇게 해서야 올 수 있다는 것이네요.

우리는 지금도 아말렉 군과 싸우고 있다고 할 수 있지요. 내 안에 들어있는 싸움의 영원한 적수인 에고와의 싸움은 죽을 때까지 이어질 거예요. 내 영혼의 신성에 늘 도전장을 보내는 그 영원한 대적 아말렉은 나를 어떻게 하든 넘어뜨리려는 육체적 암이라고도 할 수 있겠지요. 이겨보려고 무진 애를 쓰지만 갈등을 이겨냈다 싶으면 다음 기회엔 또 형편없이 패배하고 마는 수가 많지요. 하나님의 은혜에 전적으로 맡기지 않으면 언제까지나 실패할 수밖에 없을 거예요.

돈에 눈이 어두워 자린고비처럼 되는 순간이 있는가 하면 선한 일을 하고 싶은데 잘 안되어 비틀거리기도 하고요. 착하고 너그럽게 되보려고 하나 속에서는 이글거리는 홧덩어리가 솟구칠 때도 있지요. 그러한 싸움은 언제나 내가 형편없는 인간이라는 것을 알게 합니다. "넌 원수라도 사랑해야 한다. 이웃을 네 몸같이 사랑하고 있느냐, 마음 속으로라도 음욕을 품은 적이 없느냐, 네게 잘못한 이를 진정 용서하고 있느냐" 등등 내부에서 눈을 뜨고 번득이는 율법의 날카로운 조항들이 자신을 부끄럽게 할 때가 많습니다. 그러나 그것을 자각하는 것만도 큰 은혜지요. 그것은 모세의 인도를 받는 과정이라고도 할 수 있으니까요.

그런 싸움이 일어날 때마다 모세가 두 손을 번쩍 들고 있는 모습을 그려봅니다. 그가 두 손을 들고 있을 때 아말렉 군사는 절로 멸해졌음을 상기해봅니다. 여호수아의 싸움은 율법으로는 할 수 없다고 두 손 들 때, 인간의 의가 두 손 들어버렸을 때 신의 은혜가 관여하는 것을 가르쳐주지요. 그것이 신의 힘이 오는 통로인 것 같아요. 인간으로선 도저히 완전해질 수 없는 것을 이루는 것이 신의 은혜이고 율법의 완성이라니까요.

육신적인 존재인 내 안의 내가 신성인 하나님의 뜻에 손을 드는 것이 두 손 들려 있는 모세를 의식적으로 바라보는 일일 거예요. 싸움은 여호와가 싸워주신다는 것이지요. 내 자아가 할 수 없음을 바라보고 항복하기만 하라는 것이지요. 그리고 난 다음에 은혜를 기다리는 것이 원리인 것 같아요. 이것은 어쩌면 너무 방만한 자세요, 무책임한 태도요, 추상적인 관념같은 것으로 생각될지도 몰라요. 그러나 이것은 기적처럼 우리에게 우리 밖의 힘을 체험하게 해주는 것임을 경험해 본 사람은 알 거예요. 그래서 여호수아서는 군대 이야기가 아니라 우리들이 자아와 싸워 승리할 수 있는 비법의 책이지요.

또 싸움에서 이기는 우스운 다른 한 방법이 있지요. 모압과 암몬 자손의 어마어마한 군대가 유다를 공격해 온다는 소식을 들었을 때 여호사밧은 매우 당황했습니다. 도저히 그들을 대적하여 싸울 힘이 그에게는 없었기 때문이었지요. 그가 취한 조처는 고작 유다 백성들에게 금식하고 하나님께 기도하라는 것밖에 없었습니다. 어떻게 할 바를 모르고 백성들과 함께 하나님을 부를 수밖에 없었습니다. 유다의 모든 백성, 즉 부녀와 어린 자녀들까지 다 모여 여호와를 우러르고 기도합니다.

모압과 암몬은 가나안 칠 족속 중 하나님이 살아남게 한 유일한 민족이었습니다. 유대인들은 "**주께서 우리에게 기업으로 주신 땅에서 우리를 쫓아내려고 합니다. 우리 하나님이여, 주께서 그들을 심판하지 않으시겠습니까? 우리는 우리를 공격하고 있는 저 큰 군대에 맞설 힘이 없습니다. 우리는 어떻게 해야 할지 모르겠습니다. 오직 우리 눈은 여호와만 바라볼 뿐입니다**(대하 20:10-12)" 하고 막무가내 하나님만 의지합니다.

하나님께서는 유대 백성 중 야하시엘이라는 대표를 선정하여 그로 하여금 백성들을 인도하도록 합니다. 야하시엘은 백성들 앞에 나서서 두려워 말고 싸움에 나가기만 하면 하나님께서 다 책임져 주실 것이라고 백성들의 용기를 북돋아주는 등 훌륭한 지도력을 발휘하지요. 그러고 나서는 악대를 정비하여 군대 앞에 세우고 하나님께 감사하는 노래를 부르게 합니다. 찬송 부대가 군대 앞에 나서서 노래가 시작되자 하나님의 천군천사가 복병으로 숨어 기다리다가 그들 대신 전투를 승리로 이끌어주게 됩니다.

유다 사람들이 전장에 들어서자 모두 죽어 쓰러진 시체 위에 옷과 보물 등 온갖 재물들이 사흘간을 날라야 할 정도로 쌓여 있었지요. 그들은 그 재물들을 다 취한 뒤 다시 그 자리에 모여서 하나님을 소리 높여 찬양합니다. 그들은 예루살렘에 돌아와서도 하나님의 전에 올라가 온갖 악기를 다 동원하여 감사의 찬송으로 예배를 드립니다. 이리하여 여호사밧의 나라가 태평하게 통치되었던 것이랍니다.

여호사밧의 승리는 어디서부터 온 것일까요? 그를 승리로 이끈 무기는 무엇이었던가요? 도저히 인간의 상식으로는 상대할 수 없을 적수였는데 이길 수 있었던 첫째 무기는 자기 힘에의 의지를 즉각 포기한 것이었습니다. 동시에 하나님을 우러렀던 것이지요. '어찌할 바를 모르겠습니다' 하고 두 손을 번쩍 들고 하나님을 바라본 것이 그가 할 수 있었던 최초의 방법이었지요. 그리고 모든 백성들에게 같은 마음을 갖게 했습니다.

칠 족속 중 마지막까지 남겨놓은 모압과 암몬 두 족속은 우리들이 가장 극복하기 어려운 크나큰 대적일 수 있습니다. 에고라는 대적, 그것을 이성의 힘으로 이기려고 하는 것은 여호사밧이 유대의 보잘 것 없는 군사로 두 족속에 세일산 거민까지 합한 군대를 이기겠다고 하는 것과 같이 심히 어려운 일일 것입니다. 그만큼 우리의 에고는 뿌리 깊은 이기적 본성을 갖고 있는 것이니까요.

하나님을 바라볼 때라야만 해결되는 강적이 분명 우리의 싸워가는 삶에 있지요. 여호사밧은 하나님을 우러르며 기도할 때 이미 그 들으심을 믿고 감사부터 합니다. 군대 앞에 찬송 부대를 세웠다는 것은 무슨 의미이겠어요? 포기 다음의 두 번째 무기가 감사라는 것이 아니겠어요? 감사의 찬송만 우렁차게 불렀을 뿐인데 모압과 암몬, 세일산 거민들은 저희들끼리 치고받다 모두 자멸해 버립니다.

감사하고 기도하는 가운데 우리 속에서 우리를 넘어뜨리려던 에고의 힘들은 서로 부딪쳐 자멸한답니다. 쉽게 포기하고 노래 부르며 나갈 수 있는 그렇게 즐거운 방법이 있는데 우리는 왜 무기 걱정을 하고 병력 걱정을 하고 군미 걱정을 하고 있는지요. 신 앞에 인간의 근심은 금물이래요. 상식적 판단도 금물이지요. 그분의 능력을 온전히 의지하고 감사로 노래하는 것 외에 우리가 할 일은 없는 것이라는 이야기죠. 감사의 결과는 승리요. 기쁨일 뿐이고요. 어떤 어려운 일 앞에서도 먼저 근심 걱정하는 마음을 내려놓고 자기의 힘을 빼는 것이 중요하다는데요. 누가 보아도 근심스러운 일인데 그저 손을 번쩍 들고 노래만 하고 있다면 옆에서 볼 때 정신 나간 사람마냥 보일 수도 있겠지요? 그러나 성경에선 그것이 문제 해결의 비결이라네요. 그리 어려운 일은 아니잖아요? 그런데 무슨 일이든 성공한 사람들은 다소 정신 나간 사람같은 데가 다 있는 것 같아요. 인생의 어려운 일 앞에서도 노래 부르며 기뻐하면 된다니까 얼마나 긍정적인 자세일지요. 성공한 사람들은 다 긍정적인 사람들이래요.

풀잎의 충고

이 땅의 육체적인 삶은 떡을 먹음으로써 유지되지요. 그러나 우리는 몸만의 존재가 아니기 때문에 생명을 양육하기 위한 또 하나의 양식이 필요하다는데요. 예수님은 돌덩이를 떡 덩이가 되게 하라는 마귀의 시험을 받을 때에 "사람이 떡으로만 살 것이 아니요 하나님의 말씀으로" 살아야 된다고 하셨지요. 육신의 떡은 입으로 먹지만 영의 떡인 말씀은 귀로 먹어야 하는 양식이지요. 떡이 육신을 자라게 하고 생명을 유지시켜 주듯이 말씀을 귀로 먹어야 영을 자라게 하고 영적 생명을 유지시켜 줄 테고요. 그래서 이사야서에서는 "**너희는 귀를 기울이고 내게로 오라. 내 말을 들으라. 그러면 너희가 살 것이다. 내가 너희와 영원한 언약을 맺을 텐데, 그것은 내가 다윗에게 약속한 사랑이다**(사 55:3)"라고 되어 있습니다.

우리 모두가 육의 생명을 위해서는 온갖 노력을 다 하는데 영의 생명을 위한 양식에는 얼마나 관심을 갖고 사는지요. 영의 생명의 존재

자체에 관심이 없으니 그 양식의 필요성인들 의식하는 사람이 얼마나 될지요. "**내 말을 듣고 날마다 내 문을 지켜보고 내 문기둥에서 기다리는 사람은 복이 있다**(잠 8:34)"라고 했는데 사람들은 그런 복에는 관심이 없는 것 같아요.

시편에 보면 "**차분히 생각해 내가 하나님임을 알라. 내가 이방 민족들 가운데서 높아질 것이고 내가 땅에서 높임을 받으리라**(시 46:10)"라는 말씀이 있습니다. 차분히 생각하라는 것은 마음을 고요히 하고 내면에 귀를 기울이라는 것이지요. 그리고 그 내면 속에서 언제나 좌정하고 계신 존재인 신을 느끼고 알라는 말씀일 거고요. 고요히 하고 마음의 귀를 기울이면 하나님이 하시는 말씀을 언제나 들을 수 있다는 의미지요.

제임스 조이스의 『젊은 예술가의 초상』은 스테판이라는 주인공의 어린 시절에 대한 회상으로 시작하여 그가 스무살이 되어 새로운 예술과 자유에의 꿈을 안고 파리로 떠날 때까지의 성장과정을 그리고 있지요.

어린 시절의 단순한 감각체험으로부터 시작하여 여러가지 사건들과 사람들을 거치면서 부딪치는 감각적 경험들이 의식의 흐름 기법으로 묘사되고 있습니다. 밤의 차가움, 여자의 따스함, 권위의 불쾌감, 설교의 섬뜩함 등의 오감이 그의 성장과정 속에 흘러듭니다. 스테판의 성장과정의 특징은 무엇보다 그가 가족이나, 친구, 교회, 학교 어느 곳에도 속하지 못하고 고립되면서 자아를 형성해간다는 것이지요. 그는 주위와의 이질감 속에서 자신을 발견해갑니다. 친구들로부터 고립된 가운데서 홀로 있을 때 영혼의 힘을 느끼고 자유로움을 느낍니다. 그는 홀로 있는 가운데서 영혼의 기쁨이 아름다움이고 마음의 정지 상태가 진리를 알게 해주는 상태임을 깨달아갑니다. 그리고는 미와 상상력의 사제인 예술가의 사명을 추구해가지요. 이것은 버지니아 울프의 예술관이기도 했는데요. 그녀 역시 예술가란 "삶에 스스로를 드러내야 하지만 어느 순간에는 혼자 침잠하여야 한다"고 했지요. 어디 예술가 뿐이겠습니까? 참으로 자신만의 삶을 예술가답게 창조하기 위해서는 고요히 침잠하는 시간이 필요한 것 같아요.

스테판의 성장과정에서처럼 우리는 우리가 겪어가는 모든 경험가운데서 느껴져오는 감각에 주의를 기울임으로써 나 자신에게 시선을 보내는 시간을 가질 필요가 있을 것 같아요. 무감각하게 지나치는 일상들 속에서는 자신을 발견하기가 어려우니까요.

요즘은 사람들이 고요히 마음을 갈아 앉히고 내면의 소리를 들을 수 있는 시간이 너무 없는 것 같아요. 잠 잘 때를 제외하고는 언제 어디서나 들어야 할 것들이 너무나 많은 까닭이지요. 전철에서도 버스에서도 사무실에서도 들어야 할 전파가 범람합니다. 귀에 이어폰을 꽂고 들어야 하는 음악과 드라마와 뉴스 등등 우리의 귀는 너무 많이 혹사당합니다. 집에 돌아와서도 전화, 텔레비전, 인터넷 등으로 귀는 쉴 사이가 없구요. 그래서 욥은 "**그분은 가난한 사람들을 그 고난에서 구해주시고 억압당하는 가운데 귀를 열어 주십니다**(욥 36:15)"라고 했는지도 모릅니다.

정상일 때는 들어야 할 세상의 소리가 너무 많아서 신의 목소리를 의식하지도 못하고 살다가 운명의 억압을 받을 때에서야 마음이 곤고해지고 비로소 신의 목소리에 귀를 기울이게 된다는 것이지요. 그러나 억압 당할 때까지 기다릴 필요가 있겠어요? 조용한 시간에 모든 소리들의 전원을 끄고 마음을 고요히 갈아 앉히고 앉아 있어 보면 들려오는 소리가 있지요. 깊은 내면의 어디에선가에서 울려오는 신의 목소리는 의지만 있으면 언제든지 들을 수 있어요. 누구나 들을 수 있고요.

알아차리느냐 못 알아차리느냐의 문제지 언제 무엇을 통해서든 우리는 만유에 충만한 신의 음성을 들을 수 있다고 생각해요. 프란체스코 수사마냥 어느 아침 창 밖에서 우는 새소리로도 신은 그 음성을 전할 수도 있겠고요. 어느 날 길을 가다 눈에 띈 한 송이 꽃잎을 통해서도 신의 음성을 들을 수 있어요. 열린 귀에는 풀잎에 머무는 바람소리도 신의 메시지를 전해주지요.

시리아의 왕의 군대 지휘관 중에 나아만이라는 장군이 있었지요. 그는 훌륭한 용사였지만 문둥병자였습니다. 나아만은 전쟁 중에 이스라엘 땅에서 사로잡혀 온 계집아이를 아내의 시중드는 하녀로 삼았었습니다. 그 계집종이 어느 날 여주인에게 주인님이 사마리아의 선지자에게 가서 문둥병을 고쳤으면 좋겠다고 말합니다. 나아만은 계집종의 권고를 무시하지 않고 왕께 고하여 허락을 얻고 노새에 많은 선물을 실은 다음 이스라엘로 갑니다.

나아만의 요청을 듣고 이스라엘 왕은 자기에게 문둥병 고치는 능력이 없음을 한탄하면서 혹 나아만이 스파이로 온 것은 아닌가 하여 몹시 경계를 합니다. 그런데 나아만의 소식을 들은 선지자 엘리사는 그를 불러들여 요단강에 가서 일곱 번 씻으면 살이 깨끗하게 되리라는 처방을 내립니다. 그 소리를 들은 나아만은 화를 내지요. 그는 선지자 엘리사가 하나님의 이름으로 안수를 하여 치료할 줄로 생각했었던 것이지요. 요단강 보다는 시리아의 다메섹 강이 더 깨끗하니 거기 가서 몸을 씻는 것이 더 낫지 무슨 소리냐고 펄쩍 뜁니다.

분한 마음으로 등을 돌려 그곳을 떠나려고 할 때 종들이 그를 말립니다. 문둥병 치료를 위해서라면 선지자가 그보다 더 어려운 일을 시켰다 해도 했을 터인데 그까짓 씻는 것쯤 못할 것이 있겠느냐고 그를 붙잡았습니다. 나아만이 들으니 그도 그럴듯하게 여겨졌지요. 그래서 그는 엘리사의 말대로 요단강에 일곱 번 몸을 씻습니다. 그의 몸은 거짓말처럼 회복되어 마치 어린아이 살처럼 매끄럽게 되지요.

나아만이 문둥병을 고친 것은 권위 있는 이스라엘 왕의 권능으로 된 것도 아니고 선지자가 안수하고 기도한 결과도 아니었습니다. 여종의 말에 귀를 기울였던 데서부터 치료의 출발은 시작되었지요. 이스라엘 왕에게서 사로잡아 온 여종의 말을 듣는다는 것은 무엇을 뜻하는 것일까요?

아직 신에게 관심을 갖지 않을 때라도 신은 그 무엇을 통해서든 우리의 관심을 그에게 돌리려고 하신대요. 그 권고의 말은 하찮아 보이는 종과 같은 자들로부터 올 수도 있고요. 그 말을 거들떠보지 않는다면 신을 만날 기회는 영영 잃어버리고 말지요. 보잘것없는 여종의 말에 귀를 기울여 그가 이스라엘로 떠나는 것, 그것은 권면을 받아들여 마음을 신에게로 돌이키는 결단을 의미할 수 있지요.

그러나 나아만이 이스라엘을 찾았을 때 그 나라의 왕은 나아만을 치료해 줄 수 없었습니다. 그 나라의 권능자에게는 치료의 능력이 없었지요. 우리가 낫고자 하여도 형식적 권위만 바라보아서는 치료가 되지 않음을 의미할 수 있지요.

그렇다고 선지자가 기도하고 안수함으로써 병자를 치유시키는 것도 아닙니다. 그는 요단강에 가서 씻으라는 말만 했을 뿐입니다. 처음 나아만이 생각할 때에 그것은 어처구니 없는 주문이었을 거예요. 씻는 것 정도로 문둥병이 낫는다면 어디서도 씻을 수 있다는 생각이 들었겠지요.

요단강은 무슨 강인가요? 죽음을 건너는 강이지요. 자기가 죽고 새로운 삶을 찾는 강, 일곱 번씩 물에 담그라는 것은 완벽하게 자신이 죽어야 한다는 것이겠지요. 더러운 문둥병자라는 사실에 대한 온전한 깨달음 속에 깊이 빠져서 육신적인 자기의 더러움이 다 씻겨 나갔을 때 나오는 것이 새로운 사람일 것입니다. 나아만은 반발하던 자기의 고집을 버리고 더러움을 깨끗이 씻어냅니다. 깨끗해졌다는 것은 육신적인 죄로부터의 완전한 벗어남을 의미할 것입니다. 비천한 자의 권고에도 귀 기울일 줄 아는 낮은 마음이 결국 자기의 더러움에서 벗어나는 첫걸음인 셈입니다.

느브갓네살 왕의 이야기에도 비슷한 의미가 있지요. 어느 날 느브갓네살 왕은 이런 꿈을 꾸지요. 땅 한가운데에 큰 나무가 한 그루 있는데 높이가 하늘까지 닿을 정도로 잎사귀가 무성하고 열매가 풍성했습니다. 들짐승이 그 그늘 아래 노닐고 새들이 가지 사이에 깃들어 노래를 부릅니다. 그런데 하늘에서 큰 목소리가 나 그 나무를 찍고 잎사귀를 훑어내며 열매를 떨어뜨리고 짐승과 새들을 쫓아버리라는 명령을 내렸습니다. 그루터기만 남겨 이슬에 젖도록 하고 짐승처럼 비천하게 만들라는 명령이었습니다.

이런 꿈을 꾼 뒤, 근심에 싸인 왕은 다니엘을 부릅니다. 다니엘은 꿈 해석을 왕에게 해주지요. 왕이 견고하고 창대하여서 하늘 끝까지 권세가 미치나 왕이 사람들로부터 쫓겨나 들짐승과 거하며 이슬에 젖고 소처럼 풀을 먹는 비천한 처지에 이를 것이라는 해석이었습니다.

다니엘의 꿈 해석은 느브갓네살 왕에게 인간을 다스리는 것은 왕이 아니라 하나님임을 알라는 경고장이었지요. 다니엘은 가난한 자를 긍휼히 여김으로 속죄하라는 당부를 덧붙입니다.

속죄하라는 것은 결국 자기를 낮추라는 당부였음을 왕은 깨닫지 못했던 것 같습니다. 1년 뒤 왕은 바벨론 왕궁을 거닐며 "**내가 세운 이 성 바벨론은 위대하지 않은가? 나는 내 큰 힘과 권력으로 내 위엄의 영광을 위해 이 도시를 건설했다**(단 4:30)"라고 교만하게 말합니다. 바로 이때 하늘에서 소리가 들려 왕위가 이제 그에게서 떠났음을 알립니다.

왕은 쫓겨나서 들짐승과 함께 지내며 소처럼 풀을 뜯어먹는 비천한 신세로 전락하게 됩니다. 다니엘의 경고에도 불구하고 그는 자신을 지켜 근신하지 않았던 것입니다. 자신이 위대한 바벨론을 건설한 것으로 자부했던 죄, 그의 죄는 교만함이었지요. 지극히 높으신 자의 권능 위에 자신을 놓았던 것입니다. 인간이 무엇을 할 수 있겠는가 하는 마음이 잠시 그를 떠나 인간인 자기가 모든 일을 이루었다는 자만이 그를 넘어뜨린 것입니다.

일곱 번이나 되는 기회가 지나면서 비로소 느브갓네살 왕은 하늘을 우러릅니다. 그가 하늘을 우러렀다는 의미는 비로소 하늘에 계신 분의 존재를 인정한다는 것이지요. 그때 인간에게 총명이 돌아온다는 것이에요. 그때 하늘을 우러르며 왕은 지극히 높으신 자에게 감사하며 영생하시는 자를 찬양하고 존경하며 자기 뜻대로 행하시는 그를 발견합니다. 동시에 그에게 지혜가 돌아오고 나라의 영광도 회복되고 모든 그의 신하들도 그에게 돌아옵니다. 나라가 다시 회복되고 위세가 전보다 더하게 됩니다. 다시 느브갓네살 왕은 하늘의 왕을 찬양하며 교만하게 행하는 자를 그가 낮추심을 깨닫게 되지요.

그런데 느브갓네살 왕의 아들인 벨사살 왕은 왕위에 오른 뒤 금잔으로 술을 마시며 금, 은, 동, 철로 만든 우상들을 찬양합니다. 역시 이상한 꿈에 시달리는 벨사살 왕에게 다니엘은 준엄하게 말합니다. 아버지인 느브갓네살 왕도 마음이 높아져 그 영광을 빼앗기고 들짐승처럼 되었는데 아들인 왕은 그것을 다 듣고도 마음을 낮추지 않았음을 지적합니다. 하늘의 주재를 거역하고 술을 마시고 노래하며 하나님께는 영광을 돌리지 아니하였으므로 이제 하나님이 왕위를 끝나게 하시는 것이라는 냉혹한 꿈 해석을 내립니다. 어김없이 그날 밤, 벨사살 왕은 죽임을 당하지요.

먹고 마시는 일상사에서부터 나라를 다스리는 대사에 이르기까지 조용히 신의 음성에 귀를 기울이는 것, 그것만이 자신을 건강하게 보존할 수 있는 첩경임을 느브갓네살 왕과 나아만 장군의 일에서 배울 일입니다. 낮은 풀이파리의 속삼임에도 귀 기울이면 우리의 발걸음은 위험에 빠질 일이 없을 텐데요. 자기만을 믿겠다는 것은 위태로운 자신감이라 할 수 있겠지요. 작은 풀잎에 귀를 기울인다는 것은 신을 인정하기까지 자기를 버리는 겸손함으로 낮아져야 한다는 것을 의미할 거예요.

그가 싸워주어 이겼노라

일한 대로 보수를 받는다는 것은 지극히 합리적인 세상 상식이지요. 일한 대로 보수를 받는 사회에서는 일하지 않아서 얻지 못하는 것에 대해선 불평할 이유도 없겠지요. 일하지 않은 자에게 주지 않는 것은 당연히 양심에 거리낄 것도 없겠고요. 인색하다는 것은 일한 자에게 일한 만큼 주지 않은 것이지 일하지 않은 자에게 주지 않는 것이어야 인색함이 아니고 오히려 정의일 거예요. 일하지 않은 자에게 분배가 돌아가는 것을 우리는 불공평이라고 하잖아요. 여간 넉넉한 마음이 아니고는 놀고 먹은 자에게 자기의 수고의 몫을 나누어 주기란 어렵지요. 그런데 성경에서 다윗은 그 넉넉한 마음을 우리에게 본으로 보여주고 있습니다.

다윗이 블레셋 군대 뒤를 쫓을 때 블레셋 장군들은 다윗을 돌려보내고자 했습니다. 다윗과 함께 있던 아기스는 다윗에게 흠있는 것을 보지 못했다고 그의 완전성을 이야기했지만 블레셋 장군들은 한사코 다윗을 돌려보낼 것을 주장합니다.

다윗은 아기스의 권고에 순종하여 성으로 돌아옵니다. 그런데 그 성은 이미 아말렉 군대의 침략을 받아 모든 것이 다 빼앗긴 상태였습니다. 그의 두 아내도 사로잡혀 간 뒤였지요. 백성들은 다윗과 함께 목이 쉬도록 통곡합니다.

다윗은 백성들의 슬픔을 보고 의관을 정제한 뒤 여호와께 여쭈어봅니다. 아말렉 군대를 뒤좇아 가서 원수를 갚을 계획이었지요. 그는 여호와의 허락하시는 음성을 듣고 군대를 이끌어 출정합니다. 그때 다윗을 따라 나섰던 병사들 중 많은 수가 뒤따르다가 힘이 들어서 처지게 됩니다. 그들은 그대로 뒤에 남아 처진 채 쉬고 있었습니다.

남은 자들은 가는 길에 다 죽어가는 애굽인 소년 하나를 만납니다. 다윗의 부하들은 죽어가는 소년을 데려다가 음식을 먹게 하고 물을 주고 정신을 차리게 합니다. 소년은 아말렉 사람의 종이었는데 병이 들자 버림 받았노라고 이야기하면서 다윗이 찾는 군대가 있는 곳을 안내해 줍니다. 그 소년 덕분에 다윗의 군대는 곧 아말렉 군대를 따라잡을 수 있었고 크게 싸움을 일으켜 대승리를 거두게 됩니다.

다윗의 두 아내도 무사히 찾게 됩니다. 다윗은 모든 것을 다 회복했음을 보고 처음에 힘 없이 뒤에 처져 있던 군대에게로 가지요. 그때 다윗과 함께 끝까지 진군하여 싸웠던 사람들이 나서서 말합니다. 우리가 싸우러 갈 때 저들은 가지 않았으니 전리품 중 아무것도 나누어 주어서는 안 된다고 다윗을 가로막습니다. 그러나 다윗은 그렇게 가로막는 자를 향해 **"우리가 싸울 때 여호와께서 우리를 보호하셨고 그 군대를 이기도록 허락해 주셨는데 여호와께서 주신 것이므로 함께 나**

누도록 해야 한다(삼상 30:23)"라고 말합니다.

전장에 갔던 자나 시냇가에서 쉬었던 자나 나누는 몫은 같아야 한다는 것이었습니다. 그는 그렇게 전리품을 똑같이 분배하고 성에 돌아와서는 친구들에게도 장로들에게도 고루 선물을 나누어 줍니다.

다윗의 이러한 넉넉함은 어디로부터 온 것일까요? 그가 그를 반대하던 사람들에게 한 말을 생각하면 그의 너그러움의 근원을 쉬이 짐작할 수 있지요. 그는 그가 얻은 모든 것을 자신과 또 자기와 더불어 싸운 군인들의 공로라고는 생각하지 않았던 것입니다.

여호와께서 허락하신 것이라고 그 공과를 하나님께로 돌린 것입니다. 도중에서 만난 적군의 소년병을 그는 죽이지 않고 오히려 갈증과 허기를 채워주었습니다. 바로 그 소년 덕에 다윗의 군대는 쉽게 아말렉군을 이길 수 있었습니다. 병들어 버려진, 하잘 것 없는 적군의 소년을 통해서 승리가 왔던 것입니다. 하나님의 방법이 늘 그러하잖아요? 버린 것 같은 자를 통해서 승리하게 하십니다. 그리고 그것을 다윗은 통찰할 수 있는 자였지요. 자신의 지혜와 용맹으로 적군을 무찌를 수 있었다고 생각하지 않았던 것이지요. 적을 순순히 만나게 해주신 하나님의 인도하심을 누구보다 다윗은 잘 알고 감사해 한 것이지요.

비록 힘이 없어서 수많은 병사들이 브솔 시내를 건너지 못하고 처졌지만 다윗은 그들의 무능을 탓하지 않았습니다. 그들의 불충성을 징계하지도 않았구요. 오히려 전리품을 그들에게도 똑같이 나누어주었잖아요?

다윗의 이 넉넉함은 모든 소유의 주인이 하나님임을 인정하는 데서 비롯된 것이지요. 내가 싸워서 이겼노라가 아니라 여호와께서 이겼기 때문에 여호와의 것을 그들의 백성에게 돌리는 것이 다윗으로서는 너무나 당연한 것이었습니다. 어떻게 하면 그 넉넉함을 배워 가질 수 있을까요? 범사에 주 하나님을 인정하기만 하면 될 터인데도 우리는 종종 그것을 잊고 내가 했다고 나서기 좋아하고 그래서 교만으로 넘어질 때도 많습니다. 여기서도 자아가 없어짐으로 하여 얻는 풍성이 무엇인지를 배울 수가 있네요.

낮은 곳은 축복의 자리

"**모든 골짜기는 메워지고 모든 산과 언덕은 낮아질 것이며 굽은 길은 곧아지고 험한 길은 평탄해질 것이다**(눅 3:5)"라는 말씀은 높은 자가 낮아지고 비천한 자가 높이 여김을 받는 날이 오리라는 것에 대한 예언일 것입니다. 희망이 절망으로 바뀌고 절망이 희망으로 전환된다는 이 말씀은 지금 비천하여 운명의 학대를 받는 자들에게는 기쁜 소망일 것이지요. 지금 높은 곳에서 큰 소리 치는 자들에겐 엄중한 경고가 되기도 할 것이고요. 그러기에 자기가 높은 곳에 있지는 않은지 점검해봐야 한다는 경계심을 늘 늦출 수가 없는 것이지요. 딱히 이 세상에서의 높은 지위만을 말하는 것이 아니라 마음으로 자기가 자기를 얼마나 높은 위치에 자리매김을 하고 있는가 하는 문제를 생각해보아야 할 것 같아요.

에스더는 교만 때문에 왕후 자리를 빼앗긴 와스디 대신 아하수에로 왕의 왕비가 되지요. 이방의 왕궁이었기에 유대인이라는 민족의 정체성을 숨기고 들어간 자리였어요. 그녀의 사촌오빠 모르드개는 성문 앞을 왔다 갔다 하다가 어떤 사람들이 아하수에로 왕을 죽이려고 음모하는 것을 듣게 되지요. 그는 곧 그 정보를 에스더에게 전해서 왕의 목숨을 살릴 수 있게 함으로써 사촌 누이 에스더가 왕께 신임을 쌓고 총애를 받도록 도와줍니다. 그 일은 왕궁의 역사책에 기록되어집니다.

한편 왕의 신임을 받아 사기가 하늘을 찌를 듯했던 왕의 신하 하만은 모든 신하들로부터 추앙을 받고 있었습니다. 모든 사람이 다 그에게 경배하는데 유독 유대인 모르드개만 그에게 경배하지 않았습니다. 높아질 대로 높아진 하만은 자기에게 무릎을 꿇지 않는 모르드개를 매달아 죽이기로 하고 장대를 마련해 놓습니다. 그리고 모르드개와 같은 종족인 모든 유대인들을 죽이라고 명합니다.

모르드개는 "이때다" 하고 왕비인 에스더에게 왕 앞에 나아가 탄원을 올려 그의 민족을 살려줄 것을 부탁합니다. **"네가 유다 사람들 가운데 혼자 왕의 집에 있으니 이 일을 피할 수 있다고 생각하지 마라. 네가 만약 이번에 침묵한다면 다른 어디서든 유다 사람들은 안녕과 구원을 얻을 것이다. 그러나 너와 네 아버지의 집안은 망할 것이다. 하지만 네가 이때를 위해 왕비의 자리에 오르게 됐는지 누가 알겠느냐?**(에 4:13-14)"라고 덧붙입니다.

그런데 왕궁의 관습에는 왕이 여자를 선택하여 가까이 오도록 명하기 전에 스스로 왕 앞에 나가는 날에는 죽게 되어 있었습니다. 그러나 에스더의 결심은 갸륵했지요. "죽으면 죽으리라"는 결심 하에 그녀는 왕 앞에 나아갑니다.

그 전날 왕은 잠이 오지 않아 왕국의 역대 역사를 읽고 있었지요. 그것을 읽다가 모르드개가 자기의 목숨을 구했던 사실을 알게 됩니다. 그래서 이튿날 왕은 신하를 불러 자기 목숨을 살렸던 모르드개에게 무슨 상을 내렸었는지 묻습니다. 그런데 모르드개에게는 아무 상이 주어지지 않았음을 확인하게 됩니다.

왕은 충복 하만에게 어떤 사람이 큰 공이 있어 왕이 그에게 보상을 하려는데 어떤 상을 내리면 좋겠는가고 묻습니다. 하만은 속으로 그 상을 받을 자가 자기인 줄 착각하고 쾌재를 부릅니다. 그리고는 백성들이 우러러볼 만한 영예로운 대접을 할 것을 제의합니다. 그러나 그 영예로운 상급은 자기에게 돌아오지 않고 자기가 죽이려고 준비해온 모르드개에게 돌아갑니다.

에스더는 왕을 위한 잔치에서 사랑스럽게 보여 왕이 그녀의 소원을 물을 때 하만을 장대에 달도록 청합니다. 그리고 모든 유대인에 대한 처형을 중지시키고 그뿐 아니라 유대인들이 하만의 족속을 도륙하도록 허락을 받습니다. 하만은 추앙을 받고자 했던 욕심이 과해서 그결과 시체가 되어 드높이 달리는 신세가 됩니다.

성문 앞에서 거지처럼 어슬렁거리던 모르드개의 위치는 상승합니다. 높은 곳은 낮아지고 낮은 곳은 높아지리라는 말씀대로 되었습니다. 아하수에로 왕의 첫 왕비 와스디도 사실 높은 마음 때문에 왕비자리에서 밀려나 낮은 곳으로 전락하지 않았습니까? 그녀는 그 아름다움을 신하들에게 보이고 싶어 한 왕의 말을 거역하여 쫓겨나버린 것이었으니까요.

사실 아름다움은 자기의 것이 아니라고 할 수도 있지요. 노력으로 얻어진 것이 아니라 신께서 주신 것을 간직하고 누릴 뿐이니까요. 선물처럼 주어진 것이기에 내 것이라고 교만해질 필요는 없을 것 같아요. 그런데 와스디는 자기의 미를 신하들 앞에 보인다는 것을 자존심 상하는 일로 생각했지요. 그것으로 인해 왕비 자리와 같은 높은 지위를 상실하고 떨어져버린 와스디는 하만과 함께 교만 때문에 몰락의 운명을 맞이한 것이지요.

불운했던 또 하나의 왕비가 있었지요. 다윗의 아내 미갈은 품위를 고집하는 높은 마음 때문에 자식을 두지 못하는 불운을 겪었지요. 다윗은 하나님의 언약궤를 다윗성으로 모셔오면서 너무 기쁜 나머지 옷을 벗어 제치고 춤을 추며 입성하지요.

나팔소리가 요란하여 창문을 열고 내다본 다윗의 아내 미갈은 기겁을 합니다. 백성들과 종들이 다 보는 앞에서 왕이 예복을 다 벗은 채 품위 없이 춤을 추는 모습은 보기 민망할 정도였습니다. 미갈은 마음속으로부터 솟아 오르는 경멸감을 감출 수가 없었지요. 그것도 모르는 채 다윗은 여전히 기쁨에 겨워 장막 가운데 궤를 모시고 거기서 하나님께 번제와 화목제를 드리지요. 그리고 온 백성을 축복하고 떡을 나눈 뒤 비로소 자기 가족을 축복하러 들어와 미갈을 만납니다. 미갈은 다윗을 보자마자 수고했다는 치사도 없이 쏘아 부치지요. 대체 염치고 체면도 없는 비천한 자처럼 왕이 계집종들 보는 앞에서 체모 없이 굴었다는 것을 힐난합니다. 그러나 다윗은 여호와께서 사울 왕의 집안을 버리고 일개 비천한 목동을 택하셔서 이스라엘 백성의 주권자로 삼으셨는데 그 앞에서 아무리 천하게 군들 어떠냐고 당당하게 대꾸하지요.

고매한 품위를 내세웠던 미갈은 다윗 왕을 경멸한 댓가로 죽는 날까지 자손을 보지 못했지요. 인간이 생각하는 자존심은 신성을 가리는 에고일 뿐입니다. 다윗이 벗어버린 것은 그 에고였지요. 하나님은 그것을 벗기를 원하십니다. 아니 그 옷을 벗어야 우리는 진정한 하나님을 만나는 것인지 모릅니다.

사울왕의 아들 요나단은 다윗에게 참으로 좋은 친구였지요. 아버지 사울왕은 다윗의 목숨을 빼앗으려고 혈안이 되었었지만 요나단은 다윗의 목숨을 아버지로부터 구해주려고 무진 애를 씁니다. 다윗은 사울 왕에게 잡혀 죽을 뻔한 위기도 요나단 덕분에 모면하게 됩니다. 요나단은 다윗의 좋은 친구이자 생명의 은인이었지요. 그러나 요나단은 아버지 사울왕과 운명을 같이 하여 전사합니다.

다윗은 그 이후 요나단의 은혜를 못 잊어 사울의 가족들 중 남은 자에게 은혜를 베풀고 싶어합니다. 다윗은 그때까지 남아있던 사울의 종 시바를 불러 묻습니다. 사울의 집안에 남아있는 가족이 있느냐는 다윗의 질문에 사울의 손자이며 요나단의 아들인 절뚝발이 므비보셋이 있다고 시바는 답합니다. 다윗은 빨리 므비보셋을 불러들이도록 명합니다.

므비보셋을 불러 다윗은 사울왕의 토지를 다 그에게 양도하고 또 하나의 특혜를 그에게 내립니다. 그것은 왕의 상에서 함께 먹을 수 있다는 허락이었지요. 므비보셋은 너무나 감격했습니다. 오죽하면 죽은 개 같은 자기를 어찌하여 왕께서 돌아보시는 것이냐고 황송해 했을까요.

므비보셋은 두 발을 다 저는 심한 불구자였습니다. 그는 자기 스스로를 낮게 여겼듯이 다니며 아무것도 행할 능력이 없는 불구였던 것입니다. 므비보셋은 아무 능력이 없었던 대신 부친으로부터 물려받은 너그러움과 겸손함이 있었습니다. 죽은 개 같은 자라고 자신을 비천하게 여기는 마음은 사울왕의 딸 미갈이 품었던 교만한 마음과는 너무나 대조적인 것이었지요.

다윗에게 가지 않았더라면 자신에게 물려졌을지 모를 왕위였는데 므비보셋은 다만 다윗 왕의 은총이 황공스럽기만 했던 것입니다. 다윗은 사울 왕께 속했던 모든 재산을 므비보셋에게 주었고 종들도 그에게 시중 들도록 명했습니다.

"므비보셋은 항상 왕의 식탁에서 먹었기 때문에 예루살렘에서 살았습니다. 그는 두 다리를 절었습니다(삼하 9:13)"라고 성서에는 기록되어 있는데 왕의 상에서 먹은 사실과 두발이 절뚝이라는 것의 관계가 무엇일까요? 분명히 절름발이는 왕의 상에서 거저로 먹을 수 있는 어떤 자격이 부여되는 것과 관계있을 것입니다. 절름발이란 온전히 자기 두 발로만은 설 수 없는 자, 꼭 의지할 대상을 필요로 하는 자, 자기 스스로의 힘을 의뢰할 수 없는 자, 끝까지 낮아진 자를 의미하는 것은 아닐까요? 그런 자라야만 왕의 상에서 먹을 수 있는 자라는 의미일 거예요.

"높은 평원 바위 굴 은신처에 살며 '누가 나를 땅바닥으로 끌어낼 것인가?'라고 스스로 말하는 사람들아, 네 교만한 마음이 너를 속였다. 네가 독수리처럼 높이 날고 네가 별들 사이에 둥지를 틀더라도 내가 거기에서 너를 끌어낼 것이다(옵 1:3-4)"라는 것이 하나님의 말씀이지요.

또 신명기에는 "**그분이 독사와 전갈이 있는 그 광활하고 무서운 광야에서, 그 마르고 물 없는 땅에서 너희를 이끌어 내셨고 딱딱한 바위에서 물을 내셨으며 광야에서 너희 조상들이 전혀 알지 못했던 만나를 너희에게 주어 먹게 하셔서 너희를 낮추시고 시험해 결국에는 너희가 잘되게 하셨다**(신 8:15-16)"라고 되어 있지요.

결국에 잘되게 하시기 위한 조건이 우리가 낮추어지는 것이라는 게지요. 낮추어진다는 것은 우리의 노력으로 불뱀이 있는 두려운 현실을 지날 수 있는 것이 아님을 알고 물과 만나를 공급하는 절대권위에 의지하는 것을 의미하지요. 그러면 결국에는 복된 삶을 살 수 있다는 것입니다. 사실 낮추어진다는 것은 진정한 권위에 대한 완전한 항복이지요.

인간이 별에까지 가서 사는 것을 꿈꿀지라도 거기서조차도 끌어내려 멸하겠노라는 오바댜서의 무서운 예고는 높아짐을 지향하며 사는 삶의 최후를 경고해줍니다. 그러니 언제나 낮은 자리에 있는 것은 축복이겠네요. 높음은 자랑할 것이 못 되고요. 낮은 자는 높아진다니까요.

조수석에 앉으세요

이 세상에서 가장 평화로운 풍경 하나를 꼽으라면 엄마 품에 아무 걱정 근심 없이 평안히 안겨 있는 아기의 모습이 아닐까요? 이 세상에서 살아가는 동안 그 어떤 순간도 그보다 완벽하게 아무 걱정 없이 자기 아닌 다른 대상에게 자기를 맡겨 놓을 수 있는 상황은 없을 거예요. 아기는 물론 자발적으로 의식하지 않는 상태에서 생명의 본능으로 그리하는 것이겠지요. 그런데 하나님은 우리가 그렇게 하기를 바라시지요. 물론 우리는 의식적으로 그리할 수밖에 없지만요.

자기 자신의 모든 능력을 무로 돌리고 전적으로 상대에게 모든 것을 맡길 수 있는 존재가 이 세상에선 어린 아기 시절의 어머니 외에 누가 있겠어요? 그런 존재가 내 주변에 있다면 인생은 얼마나 든든하고 편하게 느껴질까요? 그런데 그렇게 전적으로 자기만을 의지해 줄 것을 바라는 존재가 하나님이래요. 아기가 엄마를 의지하듯 그렇게 온몸을 맡기기를 원하신답니다. 아기가 엄마 품에 안겨 있는 풍경이 천국의 풍경이라면 우리가 온전히 모든 것을 맡기고 하나님께 의지할 수 있는 곳이 가나안 천국 아니겠어요? 그곳은 젖과 꿀이 흐르는 곳이라고 묘사되어 있지요? 어린아이처럼 하나님 젖을 먹으며 안식할 수 있는 곳이 천국이라면 우리의 삶에서 천국을 누리는 것은 참 쉬워요. 그렇게 아기처럼 하나님께 안기기만 하면 되니까요.

"**또한 여호와를 기뻐하십시오. 그러면 그분이 당신 마음의 소원을 이루어 주실 것입니다. 당신의 길을 여호와께 맡기십시오. 또 그분을 신뢰하십시오. 그러면 그분이 이루어 주실 것입니다**(시 37:4-5)"라는 말씀에서 보면 이 세상에서 원하는 어떤 목표도 하나님께 맡기면 그가 이루어주신다는 거지요. 그리고 그것이 빛나는 옳은 일이라는 것이 아닙니까?

이 세상에서는 내 일을 누군가에게 온전히 맡길 사람도 없거니와 그렇게 상대에게 모든 일을 맡겼을 때 아무 보상 없이 그 결과만을 향유할 수는 없지요. 이 세상 사람에게 무슨 작은 일이라도 맡긴다고 하면 전제되어야 하는 것이 신뢰일 거예요. 신뢰할 수 없는 대상에게 자기 일을 맡겨놓고 마음 편히 있을 수는 없을 테니까요.

우리가 하나님께 우리의 길을 전적으로 맡긴다는 것은 완전한 신뢰를 전제로 하는 것이지요. 나보다 나를 더 잘 알고 내게 좋은 것이 무엇인지를 더 잘 아는 하나님께 운전대를 맡기고 편하게 조수석에 앉아서 경치 구경을 하며 갈 수 있는 특권이 있다는데 쉬이 믿기지가 않는 거지요.

"**너희 하나님 여호와를 믿으라. 그러면 너희가 든든히 설 것이다. 그분의 예언자를 믿으라. 그러면 너희가 이길 수 있을 것이다**(역대 하

20:20)"라는 말씀대로 나에 대한 무한한 사랑과 무한한 능력으로 나를 지지하고 있는 그 힘을 신뢰하라고 명하시는데요. 내 능력과 내 힘대로 하려다 보면 허둥거리고 때로 넘어지고 실패할 수 있지만 전능한 힘을 신뢰할 때는 어디서든 견고히 서서 흔들리지 않는다는 것이지요.

또 고린도후서에는 이런 말씀이 있습니다. "**우리가 가지고 싸우는 무기는 육체에 속한 것이 아니라 견고한 요새를 무너뜨리는 하나님의 능력입니다. 우리는 모든 궤변을 무너뜨리고 하나님을 아는 지식을 대적해서 스스로 높아진 모든 주장을 무너뜨리고 모든 생각을 사로잡아 그리스도께 복종시킵니다. 이와 더불어 우리는 여러분의 순종이 온전하게 됐을 때 모든 순종치 않는 사람들을 벌하기 위해 준비하고 있습니다**(고후 10:4-6)"라고요. 이 세상의 모든 크고 작은 일의 운영을 다 맡고 계시는 하나님의 능력을 인정한다면 나의 생각은 모두 다 불필요한 것이래요. 내 궁리를 온전하게 무너뜨려야 진정한 복종이 나온다는데 내 생각을 버린다는 것이 그리 쉽지는 않지요.

복종하지 않는 것은 벌을 받는다고 되어 있지요? 이 역시 심판의 경우에서처럼 하나님이 심판하는 것이 아니라 스스로의 행위의 결과가 심판이 되듯이 복종하지 않음으로 해서 오는 결과가 고통이므로 그것이 이미 형벌이 되는 것이지요.

모든 네트워크를 온전히 통찰하고 있는 존재가 모든 상황을 감안하고 조정하여 가장 빠른 길로, 가장 장애가 없는 길로 우리를 인도하려는데 내 생각과 주장이 거기 끼어들면 원활한 교통정리가 제대로 될 리가 없지요. 그래서 충돌하게 되는 것이 내게는 일이 잘 안 풀리고 고통으로 다가오는 것인가 봐요. 그것으로 불복종의 벌이 되는 것이고요.

복종이라 함은 내 눈으로 볼 수 없고 내 판단으로는 알 수 없는 모든 상황을 하나님께 맡겨서 그의 통치를 받겠다고 하는 의지잖겠어요? 가장 강력한 그 의지가 있어야 되는데 아이러니하게도 복종하겠다는 강력한 의지는 인간의 입장에서는 스스로를 가장 약화시키는 모습이지요. 두 손을 완전히 들고 하나님께만 신뢰를 보내고 그의 전적인 통치를 의지하는 것이 바른 자세라는데요.

자신을 완전히 항복시키는 것은 이미 전선에 와 있는 전기의 힘에 코드를 연결하는 것과 같다고 비유할 수 있겠지요. 냉장고나 세탁기가 아무리 훌륭해도 전기선에 연결되지 않으면 아무 소용이 없잖아요? 제품이 아무리 값나가는 것이라도 그것 자체로는 힘이 없음을 알기에 전기선에 연결하는 것이 당연한 것이지요. 그와 같이 나의 지식이 아무리 풍부하고 내 판단이 훌륭한 것 같아도 그것이 힘이 아님을 인정하는 것이 손을 들고 신의 힘에 맡기는 것이겠고요.

나의 생각대로 내 길을 가겠다는 의지에는 나만을 보는 이기적인 관점이 내재되어 있을 수밖에 없어요. 하나님께 내 길을 맡기겠다는 의지에는 모든 상황을 통찰하고 내 일 때문에 다른 사람의 길이 충돌되지 않도록 조절하는 사랑의 힘을 염두에 두는 관점이 내재되어 있을 거예요.

기실 인생을 살아가는 과정은 모든 세상을 통찰하시는 하나님께 시간 시간을 맡기는 과정이어야 할 것 같아요. 그랬을 때 최적의 인생길을 걸어갈 수 있을 테니까요. 우리의 몫은 꿈 꾸는 것일 뿐이지요. 무엇을 꿈꾸고 그것을 하나님께 전적으로 의뢰하고 그리고 그가 하시는 일을 바라보고 감사하고 찬양하는 일로 인생이 이루어진다면 얼마나 즐겁고 복된 인생이겠어요? 지금 이 순간부터는 꿈꾸고 있는 일을 그저 아뢰고 그리고 코드를 신에게 꽂으면 어떨까요? 그리고 휘파람 불며 기다리면 된다니까요. 너무 쉬워서 믿을 수 없다면 그만큼 손해일 텐데요.

보는 눈의 축복

예수님의 발에 향유를 붓고 머리털로 그 발을 닦아준 마리아라는 여인이 있었지요. 그 마리아의 동생 나사로가 병이 들자 누이는 예수님께 동생을 살려달라고 간청합니다. 병이 들었다는 소리를 들었을 때 예수님은 이미 나사로가 죽었음을 아시지요. 제자들과 함께 나사로가 있는 곳에 갔을 때 나사로는 죽은 지 나흘이나 되어 냄새가 날 정도였어요. 누이들은 예수님이 함께 계셨더라면 동생이 죽지 않았으리라고 말하며 슬퍼합니다. 사람들이 나사로의 죽음을 두고 슬퍼하는 것을 보면서 예수님은 "**마음이 비통해 괴로워하셨습니다**(요 11:33)"라고 되어 있어요. 죽은 지 나흘이나 되어 벌써 부패해가는 시체 앞에서도 예수님은 나사로가 살아나는 것을 미리 보시고 하나님을 우러러 "**아버지여, 아버지께서 내 말을 들어주신 것을 감사드립니다**(요 11:41)"라고 말씀하실 수가 있었지요. 그리고는 무덤을 향해 나사로에게 나오라고 말씀하십니다. 그러자 나사로는 수의에 싸인 채

무덤에서 살아 나오지요.

예수님이 베푼 일련의 기적들을 보면 기적의 원리를 깨달을 수 있어요. 보이지 않는 것을 보라는 것이지요. 현실은 자기의 생각이 창조해내는 현상이라고 하지요. 다시 말하면 현실은 눈에 보이지 않는 내면 세계의 반영이라는 것이에요. 우리는 대체로 거꾸로 생각하기가 쉬워요. 내 기분, 생각 등의 외부의 현실이 내 내면을 결정하는 거라고요. 그러나 내 안의 느낌과 생각과 믿음이 외부로 내가 경험하는 현실로 드러난다는 것을 성경은 가르쳐 주고 있잖아요. 그러니 내가 경험하고 싶은 현실을 미리 보는 작업이 내 내부에서 일어날 수 있다면 원치 않는 현실 때문에 괴로워할 필요가 없어지겠죠? 긍정적인 현실만을 만나기 위해서 내면에 고의적으로 밝은 불을 켜면 되니까요.

보이지 않는 것을 보고 들리지 않는 것을 듣는 것이 자신의 현실을 기적적으로 창조해가는 방법인지 몰라요. 우리의 의식을 깨워 보이지 않고 들리지 않는 세계를 향하게 하려고 한 많은 시들 가운데서도 셸리의 "종달새에게"는 쉽고 아름답게 그런 메시지를 전해줍니다.

"환한 대낮에 뜬/ 하늘의 별과 같이/ 그대 보이지 않으나/ 그대 날카로운 기쁨의 소리를 나는 듣네"라는 구절들 속에서 보이지 않는 것을 보고 듣는 축복을 느낄 수가 있지요. 언제나 그 자리에서 빛을 발하고 있지만 대낮의 태양 때문에 우리 눈에 보이지 않는 샛별처럼 우리의 의식을 깨우고 있으면 우리의 현실 속에서 금성의 빛도 볼 수 있고 종달새의 노래 소리도 들을 수 있다는 것이지요.

나사로의 이야기는 보이지는 않지만 어디에든 생명의 빛으로 계신 하나님을 보고 계시는 예수님을 나타내주고 있지요. 육안으로 보이지 않지만 늘 내 앞에 희망의 등불로 계신 신을 볼 수 있다면 우린 훨씬 풍요롭고 밝은 세상을 살 수 있을 것 같아요.

자기가 원하는 미래의 모습을 미리 보는 것이 그래서 중요한 거겠지요. 내가 미래에 원하는 것은 사실 미래에 내 현실로 나타나 주었으면 하는 것이지만 그 원하는 것이 이루어졌다고 믿으면 내 내면 속에서는 이미 현재로 주어져 있는 것이잖아요. 그래서 내가 꿈꾸는 것을 미리 본다는 것은 이미 현재 속에 들어와 있는 소망의 성취를 믿는다는 것이지요. 그래서 "**믿음은 바라는 것들의 실체며 보지 못하는 것들의 증거입니다**(히 11:1)"라고 하지 않아요? 확실하게 믿고 내 안에서 보기 시작하면 그것은 곧 외부 현실로 드러난답니다.

그러니까 믿음으로 이미 이루어진 것을 보는 것으로 내가 원하는 실상을 불러올 수 있다는 것이지요. "**무엇이든지 너희가 기도하고 간구하는 것은 이미 받은 줄로 믿으라. 그러면 너희에게 그대로 이루어질 것이다**(막 11:24)"라는 말씀도 이를 뒷받침하는 말씀이잖아요? 그러니까 믿음을 갖고 무엇을 소망한다는 것은 내가 내 미래의 확실한 예언자가 된다는 것이겠지요. 미래에 이루어질 것을 본다기보다는 이미 현재에 그것이 와 있음을 보고 감사하면 되는 것 같아요. 바로 예수님처럼요.

육안의 눈만으로 보이지 않는 것을 이미 내 안에서 이루어진 것으로 보는 것이 진정한 예언자의 눈이지요. 외면적으로 보이는 것만 보는 자들은 내면에서 이루어진 것을 보지 못하니까 영적으로는 맹인이나 다름없고요. "**그러나 너희 눈은 볼 수 있으니 복이 있고 너희 귀는 들을 수 있으니 복이 있다**(마 13:16)" 하셨으니 이루어질 꿈을, 이미 이루어진 것으로 보는 사람이 복이 있는 사람이겠지요.

문제는 우리가 원하는 바가 무엇인지 일관되지 않는다는 데 있을 수 있어요. 정해진 어떤 것을 원하는 것 같지만 바탕 생각 속에는 다른 소원이 숨어 있을 때가 많아요. 자신이 원하는 바를 미리 보고 그것이 현실화되도록 하나님께 맡긴다면 자신의 의도가 변하지 않도록 해야할 것 같아요.

원하지 않는 현실이 눈 앞에 나타났다고 가만히 생각해 보세요. 자신의 어떤 생각들이 이 현실을 불러왔는지 자기 속으로 깊이 들어가서 찾아보면 틀림없이 현실에 그런 상황이 나타날 어떤 생각의 실마리가 잡힐 때가 많아요. 하나님의 섭리는 아주 정확하니까요. 열등감이었든지 두려움이었든지 자신의 생각 밑에 숨어 있던 어둠이 현실에 반영됨을 알 수 있어요. 누구든지 긍정적인 현실을 원한다면 생각의 밑바탕에 조금도 의심이나 두려움의 어둠이 깃들지 않도록 하는 것이 중요하대요. 결혼하기를 원하면서도 그 밑바닥에는 결혼에의 두려움이 있다면 그 바람이 현실로 이루어지는 데 장애가 될 거예요.

꿈을 이루어달라고 그토록 하나님께 기도했는데 기도를 들어주시지 않았다고 하나님을 원망하는 수가 많지만 사실은 다른 경우가 많은 것 같아요. 자기 생각의 갈래가 갈라져 있는 경우가 많거든요. 두려움과 불안이 기도 속에 같이 있었다면 그것은 온 마음으로 기도한 것이 아니라니까요. 두 마음을 품은 것이겠지요.

의심이 깃든 기도가 어떻게 응답되는지 성경은 분명하게 말하고 있잖아요. **"오직 믿음으로 구하고 조금도 의심하지 마십시오. 의심하는 사람은 바람에 밀려 요동하는 바다 물결 같습니다. 그런 사람은 주께**

무엇을 받을 것이라고 기대하지 마십시오. 그는 두 마음을 품은 사람으로 그의 모든 길은 정함이 없습니다(약 1:6-8)"라는 것이잖아요? 주님은 "**마음의 비밀도 다 아시**(시 44:21)"는 존재이라니까요. 그런데 그 마음의 비밀을 자기는 모르는 수가 있어요. 무의식 때문이지요. 그러므로 현실로 만들고 싶은 꿈이 있다면 깨어 있는 의식으로 의심을 물리치고 기도해야 할 것 같아요.

기도할 때에 골방에 들어가 문을 닫고(마 6:6) 하라고 하잖아요? 골방에 들어가 문을 닫고 기도하라는 것은 자기 내면 깊이로 들어가라는 의미의 은유일 거예요. 깊은 무의식까지도 점검해보며 어떤 의심도 두려움도 없이 자기의 의도를 하나님께 전달하는 것이 필요하다는 것이지요. 고요하고 깊은 의식 중에 원하는 바를 미리 볼 수 있다면 그 비전을 꾸준히 지켜가야지요.

자신의 생각이 현실을 창조하는 것이기에 우리는 우리의 바람직 하지 못한 현실로 인하여 누구도 원망할 수 없는 것 같아요. 누구에게도 화살을 돌릴 수가 없는 것이지요. 모든 것이 자기의 의도대로 현실화되는 것이라면 인생의 책임은 철저하게 자기에게만 있겠지요. 그러니 그 의도를 정확하게 잘 살펴야 되겠고요.

누구를 도와준다고 하면서도 그 내면에 자기의 명예를 위한 의도가 있었다면 그 결과는 배신을 당하는 것으로 돌아올 수 있대요. 순수하게 주려던 것이 아니고 가지려고 했던 것이기 때문이라지요. 그래서 자기는 잘 했는데 돌아오는 것은 쓰라림 뿐이라고 이야기 하는 경우가 얼마나 많은지요. 왜냐하면 도와주는 것도 자기의 이름을 내기 위해서나 칭찬을 받기 위해서인 에고의 전략이기 때문이지요. 그렇지 않다고 부정하는 것은 그것이 에고의 전략인 줄을 의식하지 못하는 경우가 많아서일 것 같아요. 그것이 우리가 선한 일을 할 때도 전적으로 신의 선의에만 의지하고 기도해야 하는 이유인 것 같고요.

그리고 내면의 의심과 불안의 어둠을 물리치는 데는 무엇보다도 자신 안에 있는 신성에의 믿음이 필요하지요. 성경의 요엘서에 보면 **"너희 쟁기를 두들겨 펴서 칼을 만들고 너희 낫으로 창을 만들라. 약한 사람들도 "나는 용사다!" 하고 말하게 하라**(요엘 3:10)"라는 말이 있지요. 자기가 내면에 약하다는 사실을 인정하고 있으면 강한 자 앞에 서면 두렵고 떨리겠죠. 그 두려움이 패배를 가져온다는 거예요. 어찌보면 자신에게 거짓말을 하라는 것 같지만 사실 우리 모두에게는 신의 형상이 있으므로 우린 자신이 생각하는 것보다 훨씬 강한 존재지요. 육체적인 존재인 나는 약하지만 또 다른 나는 강하다는 것이 거짓말은 아니잖아요? 내가 가난하다 할지라도 나는 부유하다고 선언한다는 것이 거짓은 아니라고요. 자신의 본체를 본다는 깨달음의 표현이지요. 내 안의 신은 정말 부요의 원천이며 강함의 원천이니까요. 어떤 부족함도 그 반대의 완전함을 선언함으로써 완전한 현실을 불러올 수 있다면 이것이야말로 기막힌 연금술이 아닌가요? 보이지 않는 것을 보려는 의지로 우리는 원하는 현실을 미리 보고 이룰 수 있다니까요.

모두가 천사에요

버나드 쇼오의 『악마의 제자』라는 극은 겉으로 드러난 경건함과 악마적인 것의 리얼리티가 사실은 반대되는 것임을 드러내주고 있습니다. 앤더슨은 금욕과 이타를 중시하는 청교도 목사지요. 쥬디스는 의무와 희생을 중시하는 목사의 부인이고요. 그러나 이들이 위기에 처했을 때 악마의 제자와 같던 반항아 리차드는 자기 희생 정신을 보이고 경건했던 사람들은 현실에서 도피해 버립니다. 쇼오는 그의 극 전반에 걸쳐 표면적 진실과 이면적 진실이 다름을 보여주고 있지요. 겉으로 보이는 천사가 악마적인 내면을 갖고 있고 외면적 악마의 이면에 진정한 생명력이 있음을 드러내주는 것이지요.

대부분의 사람들은 천사를 생각할 때에 먼저 하얀 옷을 입고 양쪽 어깨에 날개를 단 아름다운 여인의 모습을 연상하지요. 그리고 언제나 남을 위해 착하고 좋은 일을 하는 존재로 생각하지요. 그런데 천사라는 말뜻을 보면 하나님의 심부름꾼이라는 것이죠. 신의 메시지를 전하는 메신저로서 성경의 여러 곳에 나오는 천사들도 보통 사람에 지나지 않잖아요. 천사라는 존재는 신의 메시지를 전하는 심부름꾼이라고 생각하면 될 것 같아요. 롯에게 소돔성의 멸망을 예고하러 온 두 천사들은 롯이 대접하는 음식을 먹는 보통 사람들이었잖아요? 하나님께 불복종하고 죄를 범하는 민족을 벌하실 때 하나님은 천사를 보내어 그 일을 하심을 성경 곳곳에서 볼 수 있지요. 또 한편, 좋은 소식을 전하는 심부름꾼들을 천사라 칭하여 세상에 보내기도 하셨고요. 형상을 갖지 않은 하나님은 형상을 가진 사람의 모습으로 심부름꾼을 보내어 일을 하실 테니까요.

그런데 하나님의 심부름 중 나쁜 역할을 하는 존재를 사단이라고 이름하지요. 사단도 필요한 일을 위해서 하나님이 부리시는 심부름꾼이잖아요? 그것이 욥기에 가장 잘 나타나 있지요. 하나님의 앞에 선 사단에게 하나님이 욥의 의로움을 칭찬하자 사단은 하나님이 욥에게 복을 주시니 그가 의로운 것일 뿐 그의 소유물을 다 빼앗아보면 욥이 그 의로움을 지키지 못할 것이라고 합니다.

그러자 하나님은 사단에게 욥의 소유물을 다 빼앗아 보라는 심부름을 시키지요. 사단은 충실하게 하나님의 심부름을 합니다. 이 심부름에 이방 민족인 갈대아인들도 동원되지요. 그들은 아무 이유 없이 욥의 농장을 습격하여 가축들과 종들과 가족들을 모두 죽입니다. 그 덕분에 욥은 말할 수 없는 슬픔과 고난을 겪지만 결국 고통의 과정을 다 극복하고 나서 하나님의 축복을 두 배나 더 받잖아요. 스스로 의롭다고 여긴 욥에게 꼭 필요한 과정이어서 사단은 하나님께 부림을 받은 것이라 할 수 있지요.

이스라엘의 초대 왕 사울이 이스라엘 백성들 가운데 이방 장수인 골리앗을 물리친 다윗의 인기가 높아지자 그를 시기하기 시작했지요. 그래서 어떻게 해서든 다윗을 죽이려고 골몰하게 됩니다. 나라에 공적을 세웠을 뿐 아니라 아무 죄가 없는 다윗을 사울은 왜 그렇게 죽이고자 했을까요? 성경에는 "**사울이 자기 집에서 창을 들고 앉아 있을 때 여호와께서 보내신 악한 영이 사울에게 내렸으므로 다윗이 그 앞에서 하프를 연주했습니다**(삼상 19:9)"라고 되어 있습니다.

하나님께서 죄없는 다윗을 죽이도록 사단을 통해 사울에게 심부름을 시킨 것과 다름없지요? 예수님을 로마 병사들에게 잡히도록 배신한 유다도 하나님의 심부름을 한 경우지요. 최후의 만찬에서 예수님이 떡 조각을 유다에게 떼어주자 "**조각을 받은 후 곧 사단이 그 속에 들어간지라**"(요 13:21)라고 되어 있습니다. 예수님이 유다의 배신으로 로마 병사에게 잡히어 십자가에 처형되는 일은 이미 창세 전부터의 하나님의 계획이었지요. 그 계획을 실현하기 위해 유다는 하나님의 심부름을 한 것이라고 할 수 있잖아요?

바울이 육체의 병으로 괴로워했다는데 그는 스스로 이렇게 말했지요. "**받은 계시들이 지극히 큰 것으로 인해 나로 교만하지 않게 하시려고 내 육체에 가시 곧 사탄의 사자를 주셨습니다. 이는 나를 쳐서 교만하지 않게 하시려는 것입니다**(고후 12:7)"라고요. 사단의 사자라는 것이 메신저라는 것이고요. 육체의 병은 자만하지 않게 하시려는 하나님의 뜻을 전하는 메신저 역할로 쓰이기도 한다는 것이지요. 하나님의 영역에서는 사실 선과 악의 구별이 없잖겠어요. 모든 것이 합력하여 선을 이루는 것이라니까요. 그러니 필요에 따라 쓰여지는 역할이 다른 것뿐이겠지요. 그래서 "**여호와께서는 모든 것을 그 쓰임에 맞게**

지으셨으니 악인들은 재앙의 날에 쓰일 것이다(잠 16:4)"라고 한 것처럼 하나님은 재앙을 내릴 필요가 있을 때 악인이라는 심부름꾼을 사용할 수 있다는 의미지요.

얼핏 이해하기 힘든 성경 구절 중에 하나가 "**나는 빛도 지었고 어둠도 만들었으며 평화도 만들었고 재앙도 창조했다. 나 여호와가 이 모든 일을 한다**(사 45:7)"는 말씀이죠. 우리는 어둠이나 재앙은 마귀의 하는 일이라고 생각하잖아요. 그러나 성경의 말씀이 틀림없다면 하나님이 어둠도 재앙도 만드시는 것이라잖아요. 필요하다면 그 모든 것을 만드시고 이루시는 하나님이라고 믿을 수밖에 없잖아요?

내게 어둠이나 재앙이 온다고 해도 그리고 그것이 사단이 역사하는 것이라고 하더라도 궁극에는 하나님이 필요에 의해서 허락하시는 것이라고 볼 수밖에 없지요. 다만 어떤 경우라도 더 멀리 보시는 하나님이 내 영혼의 유익을 위해서 하시는 일이라고 믿고 그 결국을 좋게 하시는 사랑에 의지하면 될 것 같아요.

다윗은 사울에게 들어간 사단의 영 때문에 죽을 고비를 여러 번 넘겼지만 그때마다 하나님만을 우러르는 신앙으로 그 모든 위기를 극복하고 이스라엘의 두 번째 왕이 되었습니다. 두려움을 없애고 담대히 하나님만 보도록 단련될 수 있게 사단은 하나님의 심부름을 충실히 한 것이지요.

유다는 예수님이 잡혀 돌아가심으로 하나님의 계획을 이루시도록 그 심부름을 다 했습니다. 영의 일을 이루기 위한 대 역사의 배우 역할을 담당한 것이지요. 사단은 또한 인간의 겸손함을 위해서 하나님만을 바라보게 하기 위해서 꼭 필요한 역할로 오기도 한다지요. 바울의 경우에서처럼 말이에요.

이 세상에서 살아가면서 만나는 모든 존재들은 사실 하나님이 내게 꼭 필요해서 보내는 천사들이라고 할 수 있네요. 내가 보기에 좋은 역할로 오는 사람도 있지만 악역으로 나타나는 사람들도 있어서 문제지요. 그러나 어떤 역할이든지 내 영의 진보를 위해서일 수도 있고요. 나를 깨우치기 위해서 또는 나를 겸손히 하기 위해서 또는 내 모습을 보여주기 위해서일 수도 있다는 것이지요. 또는 나를 담대히 만들기 위해서 위협적인 모습으로 오는 사람도 있고요. 악역일수록 빨리 알아차리면 좋은데 알아차리지 못하고 악연을 유지하다보면 마음이 많이 다치기만 하고 말 거예요.

어떤 사람이 어떤 모습으로 변장해서 올 때 우리는 그를 잘 알아보아야겠네요. 그 사람은 사실은 자신의 영혼이 끌어들인 사람일 가능성이 많답니다. 변장 뒤의 참모습 속에는 모두 나의 유익을 위하는 간절한 하나님의 메시지가 있겠고요. 우리의 인연 속의 모든 천사들에게 감사해야 할 것 같아요. 특별히 사단의 모습을 한 심부름꾼들도 선대해야겠고요. 나의 깊이 잠든 어느 부분을 깨우기 위해서는 특별한 대사가 파견될 수도 있잖아요.

아주 바람직하지 않은 모습의 천사일수록 주의 깊게 대접해야겠어요. 그의 역할이 얼마나 큰지 얼른 알아채지 못할 수가 있지만 시간을 두고 그의 역할을 살펴보아야겠고요. 그래서 그를 통해 하나님이 시키신 심부름의 내용을 알아 볼 수만 있으면 그 순간 사단은 힘을 잃어버릴 거예요. 하나님은 "**사람의 행위가 여호와를 기쁘시게 하면 원수들까지도 그와 화평하게 지낼 수 있게 하신다**(잠 16:7)"라고 하셨으니까요.

심판은 무엇일까요?

심판이라는 말은 참 무서운 말이지요. 사람의 잘잘못을 가려내어 벌을 준다는 의미가 내재되어 있어서 누구나 두려움을 느낄 수밖에 없는 말입니다. 특히나 기독교의 하나님은 인간을 심판하는 하나님으로 알려져 있지요.

자신의 창조물을 사랑한다는 하나님이 살아 있을 때 자신을 믿지 않았다고 죽은 후 영영 꺼지지 않는 불 못에 던져 고통 받게 한다면 어찌 무한히 인자로운 하나님이라고 찬양할 수 있겠는가 하는 회의를 이해할 만도 하지요.

그런데 심판이라는 말과 그 의미를 다시 잘 생각해 보아야 할 것 같아요. 성경을 자세하게 읽으면 심판은 하나님 편에서 인간을 벌하는 심판이 아니라 인간 각자 스스로 하는 심판임을 알 수 있지요. **"아들을 믿는 사람은 심판을 받지 않는다. 그러나 믿지 않는 사람은 이미 심판을 받았다. 하나님의 독생자의 이름을 믿지 않았기 때문이다**(요

3:18)"라고 되어 있지요. 예수의 이름을 믿는다는 의미는 자기 안의 죄인이 죽었음을 믿고 더 이상 죄책감에 시달리지 않아도 되는 구원을 얻었다는 의미잖아요. 그런데 예수를 믿지 않는다는 것은 여전히 죄 가운데서 방황하며 죄책감이라는 두려움 속에 있다는 것이지요. 그것으로 이미 심판을 받은 것이라는 의미라고 볼 수 있잖아요.

『주홍글씨』라는 소설의 여주인공인 헤스터프린은 사생아를 낳고 간음녀라는 낙인이 찍혀 평생을 타인의 손가락질 속에 죄인으로 살아갑니다. 반면에 그녀의 사생아의 아버지인 딤즈데일 목사는 그 죄가 드러나지 않아 사람들의 존경을 받는 목사로 살아가지만 죄책감으로 헤스터보다 더 괴로운 고통을 겪어나갑니다. 그 누구로부터가 아닌 스스로 내리는 심판을 받고 있는 것이죠.

요한 일서에는 이렇게 기록되어 있지요. "**하나님은 사랑이십니다. 누구든지 그 사랑 안에 거하는 사람은 하나님 안에 있고 하나님도 그 사람 안에 계십니다. 이렇게 하나님의 사랑이 우리 안에서 온전히 완성되면 우리는 심판 날에 담대함을 갖게 될 것입니다. 이는 그리스도께서 이 세상에서 사신 것처럼 우리도 이 세상에서 그렇게 행하기 때문입니다. 사랑에는 두려움이 없습니다. 온전한 사랑은 두려움을 내쫓습니다. 두려움은 징벌과 관련이 있기 때문입니다. 두려워하는 사람은 아직 사랑 안에서 온전케 되지 못한 사람입니다**(요1 4:15-18)"라고요.

예수를 믿는다 함은 신의 사랑을 믿는다는 것이지요. 그 사랑으로 죄책감을 물리치는 것이 믿음의 기본이고요. 그런데 신의 사랑을 받아들이지 않으면 언제까지나 죄책감이라는 두려움이 떠나지 않겠지요. 그 두려움 자체가 형벌 아니겠어요? 자기 안의 신성을 깨운다는 것은 신의 사랑을 향해 문을 연다는 것인데요. 그 사랑의 빛을 받아들이면 두려움의 어둠은 일시에 물러나잖아요. 그렇지 않으면 늘 그대로 어두움이고요.

하나님은 사람들을 하나님을 모르던 상태에서 이끌어낸 것을 불가운데서 구원해냈다는 의미로 말씀하시지요. 예레미아에서는 "**내가 너희 조상들을 이집트 땅에서, 저 철을 녹이는 용광로에서 이끌어 낼 때 그들에게 이렇게 명령했다. 내가 말했다. 내 목소리에 순종하고 내가 너희에게 명령하는 모든 것을 행하라. 그러면 너희는 내 백성들이 되고 나는 너희의 하나님이 될 것이다**(렘 11:4)"라고 말씀하셨어요. 이집트 땅에서 구원해낸 것을 불 가운데서 구원한 것으로 은유하고 있잖아요? 또 이사야에서는 "**내가 너를 제련했지만 은처럼 하지 않고 고난의 용광로에서 너를 시험했다**(사 48:10)"라고 하였고 또 "**시온에 불을 가져다 놓으시고 예루살렘에 용광로를 장만하신 여호와의 말씀이다**(사 31:9)"라고도 되어 있습니다. 즉 하나님의 사랑이 없는 곳이 불 용광로이고 하나님 없이 당하는 세상의 고난이 불지옥이라는 의미지요.

그러므로 각 사람이 자기의 행위대로 심판을 받는다 함은 자기의 선택에 따른 행위의 결과로 오는 마음의 상태가 이미 심판의 상태라는 것이라고 보아져요. "**그러나 나는 너희에게 말한다. 형제에게 분노하는 사람도 심판을 받게 될 것이다. 또 형제에게 '라가'라고 하는 사람도 공회에서 심문을 당할 것이다. 그리고 '너는 바보다' 하는 사람은 누구든지 지옥 불 속에 떨어질 것이다**(마 5:22)"라는 무서운 심판의 말도 있지만 이미 형제에게 욕을 하는 순간 그의 마음에는 사랑도 평안도 없을 터이니 지옥 불에 들어 간 것이나 다름없다고 표현할 수 있을 거예요.

"하나님께서는 선악 간에 모든 행위를 그 숨은 일까지도 낱낱이 심판하신다(전 12:14)"라고 되어 있지요. 아무리 은밀한 일도 자기 자신의 내면 속에서는 진실한 모습으로 드러나 있을 터이고 누구보다도 자기 자신이 그 결과를 담당하여 두려움의 형벌을 겪는 심판을 받는 것이지요. 하나님과 단절된 채 육신적 자아의 욕망에 종노릇하며 사는 삶이 지옥인 것 같아요. 그러니 지옥도 심판도 스스로 만드는 것이지요. 그것들을 스스로 만들지 않는 한 하나님은 누구도 심판하시지 않으며 그 사랑하는 창조물을 지옥에 보내는 하나님이 아니라고 믿어져요.

실상 하나님의 본심은 평안과 기쁨의 심판을 하시기 원하시는 것임을 말씀에서 알 수 있잖아요. "**자신의 아들을 세상에 보내신 것은 세상을 심판하시려는 것이 아니라 그 아들을 통해 세상을 구원하시려는 것이다**(요 3:17)"라고 하셨고요. 또 "**숲 속의 나무들이 여호와 앞에서 즐거이 노래하리니 주께서 땅을 심판하러 오실 것임이로다. 주께 감사하라 그는 선하시며 그의 인자하심이 영원함이로다**(역대상 16:34)" 라는 말씀에서도 보면 숲 속의 나무들조차 즐겁게 노래한다니 하나님의 심판은 선하시고 인자하신 구원의 심판이 아니겠어요?

그러니 두려워 할 것이 없겠지요. 두려워하는 자체가 심판일 테니까요. 두려움과 불안의 감정 자체가 스스로 자초해서 겪는 형벌 아닌가요. 우리 안의 신은 영원한 자비이시며 영원한 사랑이시라는데요. 그 신을 바라보고 느껴보면 마음이 아주 가벼워지잖아요. 모든 것을 용서하고 모든 것을 포용하고 있는 그 넓은 품에 안기는 삶을 선택할 수 있는데 왜 두려움과 불안으로 전전긍긍할 필요가 있겠어요? 이것을 거부하는 마음에서 오는 그 어두움이 심판이라면 자신의 그 거부가 이미 심판을 부르고 있는 거지요. 죄의 심판도, 죽음의 심판도, 사랑의 심판도 심판대 위에 앉은 자신이 내리고 있는 것이라고 할 수 있겠지요. 영원한 생명과 영원한 안식과 영원한 사랑을 선고하고 심판의 망치를 기쁘게 두드리면 좋을 텐데요.

생명의 수레바퀴

기독교 영지주의자 예이츠의 시에는 정통기독교에서 이야기하지 않는 환생과 윤회의 주제가 나타나 있지요. 지혜의 여신 소피아와의 합일을 이루기까지 인간의 모든 영혼은 윤회의 수레바퀴에 달려 카르마에 따라 환생하며, 신성과의 합일을 이룰 때에야 비로소 불멸이 완성된다고 보았지요. 그는 시집『탑』에 수록된 시편들을 통해서 육신은 썩어 없어질 누더기 옷과 같은 것이고 초자연의 세계에 대한 '앎'을 통해 육신을 벗어난 불멸의 영혼이 절대자와의 합일을 이룰 수 있음을 노래합니다.

우리 인간은 단 한 번의 인생만 살다 죽어야 하는 존재일까요? 연습 한 번 없는 그 단 한 번의 인생에서 하나님을 만나면 영생을 얻고 그 단 한 번의 인생에서 하나님을 만나지 못하면 영벌에 들어가야 하는 존재일까요? 자기 의지와 상관없이 하나님을 만날 기회를 갖지 못할 수도 있는 사람들은 어찌될까요? 그것은 하나님의 소관이니 나만 구원받았으면 되고 나머지는 하나님께 맡기면 된다고요? 아니면 그러니까 때를 얻든지 못 얻든지 열심히 다니며 전도를 하지 않으면 안 된다는 것만이 답일까요?

그런데요. 잘 생각해 보세요. 성경을 따라가 보면 인류의 역사는 대략 구약 4000년, 신약 2000년 해서 6000년 남짓이에요. 나머지 1000년의 안식 기간을 합해서 7000년이죠. 그런데 과학적 정보에 의하면 인류의 역사는 몇 십억 년에 이르잖아요? 과학이나 고고학적 자료들에 의하면 이 세대 이전에 이미 현재의 수준에 이른 인류의 문명의 흔적들이 발견되었기도 했고요.

그런데 성경에도 사실은 단 일회 뿐의 인생에 대한 의문을 갖게 하는 대목들이 적지 않아요. 예수님이 제자들과 함께 길을 가다가 길거리에서 구걸을 하고 있는 한 소경을 만나지요. 제자들이 그 소경을 보며 예수님께 질문을 합니다. 이 소경이 날 때부터 소경이 된 것은 그 부모의 죄인지 소경 본인의 죄인지를 물어보지요. 이 질문을 잘 생각해보세요. 날 때부터 소경인데 그가 죄를 지었다면 언제의 죄이겠어요? 그 질문 속에는 이미 이번 생 이전의 생이라는 전제가 포함되어 있잖습니까? 이에 예수님 역시 그 질문을 그대로 받아들이며 "**이 사람의 죄도 그 부모의 죄도 아니다. 다만 하나님께서 하시는 일들을 그에게서 드러내시려는 것이다**(요 9:3)"라고 대답하십니다.

말라기에는 이런 말씀이 있지요. "**보라. 그 크고 무서운 여호와의 날이 오기 전에 내가 너희에게 예언자 엘리야를 보낼 것이다. 그가 부모의 마음을 자식에게 돌리고 자식의 마음을 부모에게 돌릴 것이다. 돌이키지 않으면 내가 가서 저주로 이 땅을 칠 것이다**(말 4:5-6)." 그런데

이 예언의 말씀은 복음서에 성취된 것으로 나타납니다. 예수님보다 앞서 세상에 온 요한를 가리켜 "**그는 엘리야의 심령과 능력으로 주보다 먼저 와서 아버지들의 마음을 그 자녀들에게로, 순종치 않는 자들을 의인의 지혜로 돌아서게 할 것이다. 그래서 주를 위해 예비된 백성들을 준비할 것이다**(눅 1:17)"라고 함으로써 오리라 한 엘리야가 왔음을 알려줍니다. 예수님은 세례 요한을 가리켜 "**만약 너희가 이 예언을 받아들이기 원한다면 요한 그 사람이 바로 엘리야다**(마 11:14)"라고도 하셨습니다. 육체의 모습은 다를지라도 요한은 오리라고 예언된 엘리야의 심령이 요한의 모습으로 온 것이라는 거지요.

이 밖에 구약성경에도 일 회 뿐의 인생을 의심케 하는 말씀들이 많습니다. 깊이 묵상하며 그 말씀들을 보면 하나님은 우리의 생명의 수레바퀴를 돌리면서 자라게 하시고 온전한 알곡으로 추수하시는 농부임을 알 수 있습니다. 그래서 이미 한 번의 생에서 하나님을 믿었던 사람들이 하나님의 아들들이란 이름으로 성경에 기록되어 있음을 볼 수 있지요.

"**사람들이 땅 위에서 번성하기 시작하고 그들에게서 딸들이 태어났을 때 하나임의 아들들이 보기에 사람의 딸들이 좋았습니다. 그래서 자신들이 선택한 사람들을 아내로 맞아들였습니다**(창 6:1-2)"에서 보세요. 사람이 땅 위에 번성하기 시작할 때는 새로운 에덴이 시작되고 다시 땅 위에 사람들이 번성할 때이며 그때는 지난 한 세상의 기간 동안 하나님을 믿었던 아들들이 이미 있었다는 거지요. 칠천 년을 주기로 세상은 한 세대씩 수레바퀴처럼 돌아가고 있음을 짐작할 수 있지 않나요? 욥기서에도 하나님이 욥에게 세상을 창조할 때 "**새벽 별들이**

함께 노래하고 하나님의 아들들이 기뻐 외치지 않았느냐?(욥 38:7)"라고 하십니다. 세상을 단 한 번 처음 창조할 때라면 하나님의 아들들이 어디 있었겠어요?

전도서에는 "예전 것이나 지금 것이 똑같고 예전 일이나 지금 일이 다 똑같으니 해 아래 새로운 것이 없구나. 그러니 **"보라. 새 것이로다" 라고 할 만한 것이 있겠는가? 그것은 이미 오래전부터 우리 시대 이전에도 있었던 것이다. 이전 세대의 일은 기억하지 못하고 이제 올 일도 한 번 지나가면 그 이후에는 기억에서 사라지게 마련이다**(전 1:9-11)"라고 했잖아요? 한 세대가 우리의 평생인 7~80의 연수로 계산되는 것이 아님을 알 수 있는 것은 새로운 것이 없다는 것에서 눈치챌 수 있지요. 우리의 한 평생만 생각하면 눈부신 과학적 발견과 문명의 발명품들이 날마다 새롭습니다. 그래서 시편 저자도 "**그것들은 다 없어지겠지만 주는 계실 것입니다. 그것들은 다 옷처럼 낡아 해질 것입니다. 주께서 옷 갈아입듯 바꾸신다면 그것들은 없어지겠지만 주께서는 여전히 똑같으시고 주의 날들은 끝이 없을 것입니다**(시 102: 26- 27)"라고 노래하고 있고요.

멜기세덱의 신비

시인 윌리암 블레이크의 시편들에는 영원한 실재라는 것이 지상적인 것들과 동떨어져 다른 곳에 존재하는 것이 아니라 지상에 있는 것들 속에 내재되어 존재한다는 사상이 들어 있지요. 현실에 보여지는 현상은 영원한 실재의 반영이며 우리는 나타난 현상들에서 영원을 지각할 수 있다는 것이지요. 예컨대 지상의 나무 한 그루는 죽을 수 있지만 그 나무의 씨앗으로 인해 나무의 생명은 영원으로 이어질 수 있으니 나무의 원형은 불멸이라는 것이지요. 개체는 지상적 삶으로 한정된다 할지라도 개체성은 영원한 실재라는 것입니다. 우리 각자의 존재는 지상에서 없어진다 해도 우리 속에 내재된 영혼의 실재는 영원하다는 것이고요.

아주 어려운 말씀으로 되어 있지만 멜기세덱에 관하여 생각해 보세요. 예수님은 하나님께 "**멜기세덱의 계열을 따르는 대제사장으로 하나님께 임명을 받으셨습니다**(히 5:10)"라고 되어 있습니다. 멜기세덱이 누구이기에 예수님이 그의 뒤를 좇아 대제사장 역할을 하셨다는 것인지요. 멜기세덱은 성경에 신비한 인물로 묘사되어 있어서 참으로 이해하기 어렵다고 되어 있습니다. **"멜기세덱에 대해 우리가 할 말이 많으나 여러분이 듣는 일에 둔하게 됐으므로 설명하기가 어렵습니다**(히 5:11)"라고까지 되어 있으니까요.

우선 멜기세덱은 아브라함이 이방 민족을 치고 돌아왔을 때 아브라함에게서 십일조를 받고 떡과 포도주로 그를 축복해준 하나님의 대제사장이라고 되어 있습니다. 아브라함이 그돌라오멜과 그와 연합한 왕들을 이기고 돌아오자 소돔 왕이 사웨 골짜기, 곧 왕의 골짜기로 나와 그를 영접했습니다. 그때 살렘 왕 멜기세덱이 빵과 포도주를 갖고 왔습니다. 그는 지극히 높으신 하나님의 제사장이었습니다. 멜기세덱이 아브라함을 축복하며 말했습니다. **"하늘과 땅의 창조자인 지극히 높으신 하나님, 아브라함에게 복을 주시길 빕니다. 당신의 적들을 당신 손에 넘겨주신 지극히 높으신 하나님께 찬양하시오**(창 14:17-20)." 아브라함은 갖고 있는 모든 것에서 10분의 1을 멜기세덱에게 주었습니다. 사람에게서 십일조를 받을 수 있는 존재는 사실 하나님이라고 할 수 있지요. 떡과 포도주로 우리를 축복해 주는 존재는 예수님이고요.

그런데 멜기세덱을 묘사한 다음 구절을 보면 그는 하나님의 또 다른 이름으로 볼 수밖에 없어요. **"아브라함은 모든 것의 10분의 1을 그에게 주었습니다. 그의 이름의 뜻은 첫째로 '의의 왕'이고 다음으로 '살렘 왕', 곧 '평화의 왕'입니다. 그는 아버지도 없고 어머니도 없고 족보도 없습니다. 생애의 시작도 없고 생명의 끝도 없지만 하나님의 아**

들을 닮아 항상 제사장으로 있습니다. 그가 얼마나 위대한지 보십시오. 족장 아브라함도 그에게 10분의 1을 바쳤습니다(히 7: 2-4).” 이 말씀을 보면 멜기세덱은 하나님이며 예수님인데 부모도 없고 생명의 끝도 없는 영원한 존재임을 알 수 있지요. 이런 존재가 지상의 제한된 육체를 가진 선지자와 같은 존재는 물론 아니지요. 그런데 그의 역할은 제사장이에요.

제사장의 역할은 무엇인가요? 하나님과 인간 사이를 화목하게 해주는 제사의 책임자라는 말이지요. 예수님이 죄인인 인간을 대신해서 죽으심으로 우리가 하나님과 화목하게 되도록 책임을 져주신 분입니다.

이 세상이 성경의 역사대로 6~7000년 가는 한 번 뿐인 세상이라면 예수님이 한 번 오셔서 대제사장 역할을 하면 끝인데 왜 누구의 서열을 좇아 다시 대제사장 역할을 해야 하나요? 그런데 예수님은 멜기세덱의 서열을 좇은 대제사장이라는 거예요. 구약 성경의 제사법을 보면 대제사장인 아론의 뒤를 따라 그의 아들들이 제사장 역할을 이어받지요(대상 24: 1-19).

멜기세덱은 하나님의 다른 이름이지만 대제사장이라는 역할을 가진 존재라고 볼 수 있지 않나요? 그 역할을 예수님이 영원히 이어받아 제사장 역할을 한다는 것은 예수님이 한 세상의, 한 세대의 제사장으로만 역할을 하는 것이 아니라 반복되는 세대의 똑같은 역할을 맡아 대제사장으로서의 일을 한다는 것 아닐까요? 아론은 인간이었기에 그가 영원히 대제사장 노릇을 못하고 그의 반차를 따라 그의 아들들이 제사장 역할을 했던 것이지요.

예수님은 2000년 전에 인류의 죄를 대신하여 희생되기 위해서 다윗의 자손으로 오셨지요. **"그는 자신을 제물로 드려 죄를 제거하시려고 세상 끝에 단 한 번 나타나셨습니다**(히 9:26)"라고 하지요.

한 번의 큰 수레바퀴가 도는 동안 예수님은 세상 끝에 나타나셔서 단 한 번 고난 당하심으로 죄를 도말하시고 구원 역사를 이루시고요. 그 역할 자체는 영원히 있는 멜기세덱 하나님이라고 할 수 있지 않을까요?

그래서 예수님은 **"나는 다윗의 뿌리요, 자손이며 빛나는 샛별이다**(계 22:16)"라고 하십니다. 한 세상마다 오셔서 속죄 희생물이 되는 존재로서는 다윗의 자손이며 영원히 그 역할로 있는 존재는 다윗의 뿌리로서의 예수님이며 멜기세덱 하나님이라고 할 수 있고요. 누가복음 3장을 보면 다윗의 뿌리가 하나님임을 밝히는 족보가 나오잖아요.

그런데 기독교인들은 예수 재림을 학수고대하고 있지요. 육체로 오셔서 대속죄물이 되신 예수님, 즉 다윗의 자손으로서의 예수님은 다시 오실 필요가 없잖아요? 이미 인류의 모든 죄를 위해 육체로 오셔서 피 흘리시고 다시 부활하여 우리의 길을 보여주고 가셨는데 다시 오실 필요가 어디 있겠어요? 육신을 입고 오시게 된 역할을 다 하셨으니 육신의 모습으로 오실 필요는 이제 없다는 것이지요. 다시 오시는 예수님은 이제 다시 피를 흘리실 필요가 없으니 육신을 입고 오실 필요가 있는지 생각해 볼 일이에요.

그렇다면 이제 우리가 기다려야 할 예수님은 다윗의 뿌리로서의 예수님이고 그는 하나님이시지요. **"때가 되면 하나님께서 예수 그리스도의 나타나심을 보이실 것이다. 하나님은 복되시고 홀로 하나이신 주**

권이시며 만왕의 왕이시요, 민주의 주시다. 오직 그분만이 죽지 않으시고 가까이 갈 수 없는 빛 가운데 거하시며 아무 사람도 보지 못했고 볼 수도 없는 분이시다. 그에게 존귀와 영원한 능력이 있기를 빈다(딤전 6:15-16)"라는 말씀에서 보면 다윗의 뿌리로 오실 예수님이라면 볼 수 없는 형태로 나타나심을 보이실 것입니다. 즉 영적인 것으로 사람들에게 그 나타나심을 보이실 것입니다.

재림하실 예수님을 기다린다는 것은 우리가 물리적 세계에서 사람을 기다리듯 해서는 영영 만나지 못할 거라고 생각되어요. 예수님은 이제 사람들 안에서 새롭게 깨어나는 의식으로 영적 재림을 하는 시기라고 생각해요. 그렇게 신성으로 깨어나는 사람들이 서로를 깨어나도록 도와서 이기적인 욕망의 결과로 파괴되어 가는 세상을 바꾸지 않으면 이 물리적 세상은 인간의 욕심에 의한 환경 파괴로 더 큰 재앙에 휩쓸릴지도 모르지요. 그래서 많은 사람들이 두렵게 생각하는 지구의 멸망이 올 수도 있겠고요.

하나의 커다란 수레바퀴처럼 세상은 돌고 다시 천지가 변하는 끝이 오고 세상은 다시 시작되고 이렇게 해서 역사는 수십억 년을 이어오고 있는 것이라고 생각할 수 있지 않나요? 구약 성경의 스바냐서에서 보면 "**그 해안가는 풀밭이 되고 거기에 목자들의 집과 양 떼의 우리가 있을 것이다**(습 2:6)"라고 되어 있는데요. 한 세대가 가고 다시 한 세대가 오며 바다가 육지가 되고 육지가 바다가 되는 대변혁이 일어나는 역사가 있음을 눈치챌 수 있습니다. 그렇게 세상의 수레바퀴가 돌아가면서 영혼은 죽지 않고 다른 옷을 입고 이 땅에서의 삶을 통해 성장하기 위해 다시 오곤 한다고 생각할 때 비로소 많은 의문들이 풀리기 시작하잖아요.

하나님은 영원한 사랑입니다. 하나님을 모르고 욕심의 노예가 되어 사는 것이 지옥이라면 지옥이지요. 그것이 불의 용광로이겠고요. 선택하기에 따라서는 영원한 고해의 불 속에서 고생할 수도 있어요. 그것이 영벌이고 영영히 꺼지지 않는 불못에 던지운다는 표현으로 되어 있지만(계 19:20) 자귀 그대로의 해석은 하나님을 잔인한 하나님으로 만들어버리고 말지요.

불못에 던져지는 것은 자신의 선택에 의해 다시 하나님 없는 세상을 사는 것이겠지요. 하나님 없는 의식으로 생명의 수레바퀴 속에 던져지는 것이 불못에 던져지는 것이지만 그 조차도 체험을 통해 다시 더 진보시키기 위한 하나님의 사랑이라고 생각해요. 그러나 깨어나지 못하면 언제나 무명 세계 속을 헤매어야 하는 고생의 연속일 뿐이겠고요.

누구에게나 자유 의지가 있잖아요? 그 자유 의지를 하나님은 존중하시고요. 배울 수 있는 만큼 배우기 위해서 이 땅에서 이어지는 고난의 날들 속을 지날 수도 있지요. 불못에 던져지는 것은 하나님의 선택이 아니라 인간 각자의 선택일 수밖에 없겠고요. 신이 없는 세상을 땀 흘리며 살 것인지 어머니의 품 같은 세상을 선택할 것인지 그것은 전적으로 우리 각자의 자유 의지에 달려 있는 것 같아요.

토기장이 하나님

토기장이란 흙을 가지고 삶에 필요한 각종 그릇이나 기구를 만드는 사람이겠지요. 토기장이는 흙으로 만들고자 계획했던 물건을 만들어 불에 구워낸 후 그것이 계획했던 대로의 작품으로 안 나올 경우 그것을 깨뜨려 다시 만들곤 할 것입니다. 토기의 운명은 전적으로 그 토기장이에게 달려있는 것이겠지요. 모양이 어떻든지 쓰임새가 어떻든지 토기가 토기장이에게 항변을 할 수도 없는 것이겠고요. 그런데 성경에는 하나님이 토기장이라고 비유되어 있잖아요?

"여호와로부터 예레미야에게 임한 말씀이다. 너는 일어나 토기장의 집으로 내려가라. 그곳에서 내가 네게 내 말을 들려줄 것이다." 그리하여 나는 토기장이의 집으로 내려갔다. 보아라. 그가 물레 위에서 일하고 있었다. 그런데 그가 진흙으로 만들고 있던 그릇이 토기장이의 손에서 망가지는 것이었다. 그는 자기가 보기에 좋은 대로 그것을 다른 그릇으로 만들었다. 그리고 나서 여호와의 말씀이 내게 임해 말씀하셨다. "**여호와의 말이다. 이스라엘의 집아, 내가 너희에게 이 토기장이처럼 하지 못하겠느냐? 보아라. 이스라엘의 집아, 진흙이 토기장이 손에 있는 것처럼 너희도 내 손안에 있다**(렘 18: 1-6)."

예레미아는 하나님의 명을 받고 토기장이의 집으로 갔습니다. 예레미야는 거기서 토기장이가 일을 하는 것을 보지요. 그는 자기가 만든 그릇이 마음에 안 들자 그것을 깨뜨려 다시 마음에 드는 것으로 만들고 있었습니다. 그렇게 토기를 만들고 있는 토기장이를 바라보고 있는 예레미야에게 하나님은 하나님 자신도 그 토기장이처럼 너희에게 그렇게 하신다는 말씀을 하십니다. 즉 우리 인간을 만드시고 다시 파상하시고 하나님의 선한 뜻을 따라 다른 그릇으로 만드시고 하신다네요.

인간의 존재를 육체 뿐의 존재로 본다면 육체는 흙으로 와서 흙으로 가는 토기에 불과하잖아요. 모든 것이 하나님의 섭리에 달려 있는 것이라고 볼 때 죽음은 하나님이라는 토기장이가 토기를 파상하는 것과 같다고 할 수 있겠지요. 우리가 죽는 것은 토기 안에 담긴 영혼이 이 세상의 삶에서 배워야 할 것을 다 배우고 더 이상 그 토기 속에 남아 있어야 할 의미가 없을 때 하나님이 육체라는 토기를 파상시키는 것이라고 볼 수도 있다는 것이지요.

이사야 선지자도 하나님이 토기장이시라고 이렇게 말하지요. "**여호와여, 주는 우리의 아버지십니다. 우리는 주의 진흙이고 주는 토기장이십니다. 우리는 모두 주의 손이 만드신 작품입니다**(사 64:8)"라고요. 우리의 육체는 진흙에 불과하다고 할 수 있는데 진흙 속에 담긴 보화가 아니라면 참 서글픈 존재지요.

인간은 때가 되면 파상되는 토기이고 하나님의 선한 뜻을 따라 다시 만들어지곤 한다는 것을 생각해보면 다시 생명의 수레바퀴를 연상하게 되지요. 파상되고 다시 만들어지고 하는 과정이 아니라면 예레미야에게 하나님은 왜 토기장이가 그렇게 하고 있는 모습을 보여주셨겠어요? 그리고 왜 당신도 그와 같다라고 말씀하셨겠어요?

그러하니 토기를 갈고 닦는 일에만 몰두하여 일생을 보낼 것은 아닌 것 같아요. 토기를 만드신 목적은 토기를 사용하는 용도에 있을 거예요. 그 용도가 무엇인가에 마음을 기울여야겠지요. 그릇에 담기는 것이 그릇보다 더 중요하지 않겠어요? 그릇이 용도에 적합하지 않으면 토기장이는 토기를 파상할 수밖에 없겠고요. 토기는 얼마든지 깨져도 다시 만들어질 수 있는 거지요. 하나님이 토기장이시니까요.

또 로마서에는 이런 말씀도 있지요. **"그러나 사람이 무엇이기에 감히 하나님께 말대답을 한단 말입니까? 지음을 받은 것이 지은 자에게 "왜 나를 이렇게 만들었습니까?"라고 대들 수 있겠습니까? 토기장이가 진흙 한 덩어리를 가지고 하나는 귀히 쓸 그릇을, 다른 하나는 막 쓸 그릇을 만들 권리가 없겠습니까?"**(롬 9:20-21)

우리 모두가 각기 육체적 조건은 다 다르게 태어나지요. 어떤 사람은 키가 작아서 불평이고 어떤 사람은 너무 커서 불평이고 어떤 사람은 예쁘게 태어나는데 어떤 사람은 그러지 못해서 부모를 원망하기도 하지요. 그러나 만들어진 물건이 지은 자에게 원망을 할 수가 없는 것이라고 말씀하고 있네요. 이번 생애에서는 그 모습이 가장 용도에 맞아서 그렇게 빚어놓은 것이라고 여길 수밖에 없잖겠어요?

그릇에 따라서는 귀히 쓸 그릇도 있고 막 쓸 그릇도 있다니까 '왜

저 사람은 이 세상에 태어났을까' 싶은 사람도 그 역할이 다 있다는 것이겠지요. 신을 닮은 신의 형상대로의 열매들을 추수하는 것이 농부이신 하나님의 목표라면 그 형상이 나오기까지 원수 역할도 필요하고 사단 역할도 필요하다고 볼 수 있겠지요. 모두가 각기의 역할 속에서 그 영혼이 신에게까지 이르러야 하니까 다양함 속에서 하나님은 우리를 기르실 거예요.

각자는 그 안의 영혼이 체험하기를 원하고 성장해갈 수 있는 가장 적합하다고 생각되는 그릇으로 하나님이 만드셨다고 생각하는 것이 옳겠지요. 내 마음대로 토기의 모습을 바꾸려는 노력보다 이 그릇으로 만들어진 용도를 제대로 알고 그 용도에 충실하려고 노력하는 것이 더 중요할 것 같아요.

어머니가 그리워요

유진 오닐의『느릅나무 밑의 욕망』을 읽고 나면 삶의 함정 속에 빠져 헤매는 인간의 욕망이 가엽게만 여겨집니다. 뉴잉글랜드의 한 농가의 가족들이 겪는 이 비극은 그 배경이 참 특이합니다. 허름한 농가의 양쪽에 서 있는 두 그루의 느릅나무를 작가는 "질투에 골몰하는 불길한 모성의 양상을 띄고 있다"라고 표현하고 있습니다.

이 집엔 75세의 완고하고 정력적인 노인 에브라임과 삼십 대의 두 아들, 그리고 그들과 배다른 형제인 에벤이라는 막내 이렇게 네 사나이만 살고 있지요. 어머니 부재의 썰렁하고 음울한 이 집에 에브라임이 애비라는 삼십 대의 여인을 새 아내로 맞아들임으로써 갈등이 시작됩니다. 두 느릅나무를 유방을 늘어뜨린 여인의 모습으로 비유한 작가의 심중을 헤아리면 이 집에서 이미 죽어나간 두 여인의 한, 그리고 배다른 아들들의 어머니에 대한 갈망 같은 것을 절실하게 읽게 됩니다.

에브라임은 땅을 향한 끝없는 욕심에 얽혀 아들들을 사랑하지 못하고 에벤은 아버지로부터 노예처럼 부림을 받고 죽어간 어머니에 대한 연민을 한처럼 품고 있지요. 에벤은 죽어간 어머니의 자리에 새어머니로 온 애비를 증오하고 농장을 소유하기 위한 암투를 벌이지만 새어머니와 정욕에 얽혀 불륜의 관계가 됩니다.

악착같이 땅을 소유하려 했던 이들 모두의 욕망은 어머니에의 그리움으로 요약되는 것 같습니다. 두 그루의 느릅나무 그늘 밑에 웅크리고 있는 이 집안의 갈망은 푸근한 대지, 풍요한 어머니의 젖무덤에 안기고 싶은 그 근원적 그리움이라고 볼 수 있지요. 이 집의 큰아들 시므온은 십팔 년 전에 죽은 여인 생각을 하며 그 여인의 머리채가 황금빛이었다고 회상하고 황금 노다지를 캐러 서부에 가겠다고 집을 떠납니다. 땅을 소유하려 하고 황금을 좇으려고 하는 인간 심리의 바닥에 사실 영원한 어머니에의 그리움이 있다는 것이지요.

에벤이 새어머니 애비를 향해 불태운 정욕의 밑바닥에도 어머니 부재의 불안정성과 자기 존재에의 불확실성이 자리하고 있었지요. 그 바닥을 알 수 없는 불안과 그 지독한 소외감이 여인과의 합일의 욕망에 불을 당기고 그것으로 결핍과 소외를 채우고자 몸부림치게 만들었을 거예요.

에벤을 사랑했던 애비는 자기가 재산 상속을 위해 자식을 가진 것이 아님을 증명하기 위해 자식을 살해하고 둘은 구속되고 말지요. 에벤은 형장으로 끌려갈지도 모를 애비의 품에 안기는데 그것은 그가 그렇게 갈망했던 새로운 어머니의 품이라고 할 수 있지요. 죽음보다 잔혹한 사랑은 어머니의 사랑이었어요.

성경의 사무엘하 13장에 암논이라는 다윗의 아들 이야기가 있지요. 그는 배다른 누이 동생인 다말을 짝사랑하는 그 고통이 너무 심해져서 상사병으로 자리에 눕게 됩니다. 친구의 꾀로 암논은 다말을 침실로 끌어들이고 자기 곁에서 손수 과자를 구워 달라고 한 다음 그 과자를 직접 먹여달라고 청합니다. 다말이 구운 과자를 먹여주기 위해 침상에 가까이 다가가자 암논은 느닷없이 강제로 다말을 잠자리에 끌어들이지요. 다말은 그 위기 상황에서 아버지 다윗 왕께 정식으로 허락을 얻어 결혼하면 어떻겠냐고 제안하지요.

암논은 그토록 다말을 사랑하여 병이 날 지경까지 되었으면서도 왜 그 생각은 못했던지 모릅니다. 청혼의 과정까지도 기다릴 여유가 없을 정도로 타오르는 정염은 그토록 급하고 뜨거웠던 게지요. 그것 하나만 채워지면 모든 것이 괜찮아질 듯한 절실함만이 들끓었을 거예요. 그런데 암논은 다말을 소유하고 그 잠자리를 떠나기도 전에 다말을 미워하기 시작하지요. 성욕을 채운 후 다말을 향한 미움이 기왕에 품었었던 그 사랑보다 더 심했다고 되어 있습니다. 그래서 암논은 다말을 즉시 쫓아내버리지요.

암논의 이야기는 이성간의 사랑이 상대를 소유하고 자신의 욕망을 채우려고 하는 이기심의 발로임을 잘 가르쳐줍니다. 인간의 불같은 사랑이란 것이 고작 광포한 밀착에의 욕구이며 소유욕의 채움에 지나지 않는다는 것이지요. 그 소유욕이 만족되었을 때는 불처럼 타오르던 사랑은 싸늘하게 식어버리는 것이고요.

비워진 욕구의 항아리는 다시 채워질 것을 찾아 갈망의 입을 벌리게 되어 있지요. 우리의 에고는 어떤 대상이 내게 오면 행복해지고 더 이상 바랄 것이 없으리라는 속임수로 계속 우리를 속인답니다. 언제까지고 진짜 대상을 찾을 수 없도록 교란하는 것이 에고의 전략이라지요. 진정 우리의 결핍을 채워줄 사랑은 변함없는 사랑이고 변함없는 사랑은 어머니의 사랑같은 신의 사랑 뿐인데도요.

문학 작품 속의 비극적 인생들 가운데 많은 경우는 그들의 성장과정 중의 어머니의 부재가 공통적으로 눈에 띄는 현상입니다. 셰익스피어의 비극들 가운데에도 어머니들이 부재하는 경우가 많지요. 여성성의 신성 또는 모성은 모든 인간의 불변의 안식처하고 할 수 있잖아요. 인간의 궁극적 쉼터이며 양육의 근원인 어머니가 부재한다는 것은 끊임없는 결핍감을 낳는 원인이 되지요. 어머니 부재는 무엇보다 정체성의 불안을 초래하고 그 이후 삶의 안정성을 해치며 그 배우자와의 관계에까지 영향을 미침을 알 수 있습니다.

주인공의 삶이 불행으로 이끌어지는 동기가 불충분하여 예술적 완성도가 떨어진다는 비평을 받는 작품을 자세히 분석해보면 이 점을 확인할 수 있습니다. 즉 동기가 불충분해 보이지만 그것은 겉으로 보이는 현상이라는 것이지요. 주인공의 내면을 들여다보면 일찍 어머니를 잃었음으로 인한 근본적 불안의식이 자리잡고 있다는 사실을 발견하게 된다는 것입니다. 그 대표적인 예가 피츠제랄드의『아름답지만 저주받은 자』라는 소설의 주인공 앤쏘니입니다. 다른 동료들보다 우월한 인간성을 갖고 있으면서도 그는 늘 부끄러워하고 말을 더듬기도 하지요. 그는 결국 결혼에도 사회생활에도 적응하지 못하고 정신적 분열을 겪는 비극적 인물이 됩니다.

기독교인들은 하나님을 '하나님 아버지'로 불러왔습니다. 구약의 하나님은 봉건사회의 아버지마냥 무서운 하나님으로 부각되어 있지요. 명령하고 심판하는 준엄한 아버지 하나님으로만 보여지지요. 행위를 낱낱이 감찰하고 심판하는 아버지 신이 아니라 조건 없이 감싸주는 모성의 신이 그립기도 합니다.

어머니 같은 하나님

버나드 쇼오는 일찍이 인간의 영혼을 양성적이라 생각하였던 작가지요. 그의 작품에 등장하는 여주인공들은 무한한 생명력을 가진 모성적 여성이면서 외관상으로는 남성 같은 여성으로 제시된 경우가 많습니다. 그는 새로운 인류가 탄생해야 한다는 비전 속에서 초인을 낳아줄 새로운 어머니를 꿈꾸었지요.

전통적으로 우리는 하나님의 성을 남성으로 인식해 왔지요. 그래서 언제나 기독교인들은 하나님을 아버지라 불러왔습니다. 요즘의 아버지들은 많이 달라졌다고 해도 아버지의 역할은 보통 엄격한 규제와 통제의 역할이지요. 그래서 아버지는 자식들에게 무서운 존재였고 어머니에 비해서 상대적으로 거리감이 느껴지는 존재이기도 하지요.

특히 구약에서의 하나님은 율법을 강조하고 인간을 통제하는 아버지와 같은 엄격한 존재로서 인식되지요. 전쟁을 지휘하고 율법을 지키지 않으면 가차 없이 형벌에 처하는 무서운 존재이기도 하고요. 신약에서 예수님을 통해서 사랑을 나타내신 하나님도 결국 믿음이 없이는 두려워할 수밖에 없는 신으로서 인식되기가 십상입니다.

가부장 사회에서의 부권은 어디에서나 억압과 권위를 상징합니다. 특히 제임스 조이스의 『더블린 사람들』, 『젊은 예술가의 초상』, 『율리시즈』 등에서 부권은 '사과해라', '복종해라', '하지말라' 등의 억압적 명령을 하는 존재들로 부각됩니다. 부권을 대신하는 신부나 노인들은 아들을 위협하는 인물들로 등장하고요. 아버지의 명령은 아들의 마음에 새겨져서 그의 도덕관을 형성하게 되지요. 이렇게 대물림되는 기성문화는 아들로 하여금 진정한 정체성을 갖지 못하게 합니다. 아들들은 아버지로부터 달아나려 하지만 그들은 늘 새로운 권위와 맞닥뜨리게 됩니다. 부권이 법을 상징하기도 한다는 측면에서 보면 자연세계에서의 인간은 결코 법에서 자유로울 수 없는 상황이므로 한 아버지를 피해서 자유로운 상황으로 가고 싶다 하더라도 육체적 삶은 제한에서 풀려날 수가 없습니다. 구약의 하나님은 그 법에서 인간을 피해갈 수 없게 억압하고 위협하는 무서운 부권을 가진 존재로 인식되고 있지요.

그런데 신은 특정한 성이 있을까요? 만유를 통일하시고 만유 가운데 계시며 만유 위에 계신 완전한 존재는 인간이 갖는 어느 한 쪽 성의 특징만을 가진 존재가 아님은 분명하겠지요. 그렇다면 신은 남성이며 동시에 여성이고 아버지이며 동시에 어머니일 것입니다. 많은 기독교인들이 하나님을 남성으로, 아버지로 인식하고 있더라도 사실 성경에는 하나님이 아버지로도 어머니로도 나타나 있음을 알 수 있어요.

그런데 믿음을 갖는다는 것은 하나님의 자녀로 다시 태어난다는 것이잖아요? 우리가 신의 자녀로서의 정체성을 갖는 것은 하나님의 말씀을 통해 정체성의 인식이 바뀔 때 진리의 말씀으로 낳아지는 것이지요. "**그분은 우리를 창조하신 것 가운데 첫 열매가 되게 하시려고 그분의 뜻에 따라 진리의 말씀으로 우리를 낳으셨습니다**(약 1:18)"라고 되어 있습니다. 낳는다는 측면에서 보면 하나님의 성은 여성이고 하나님은 어머니의 역할을 갖는다고 할 수 있지요.

이사야서의 말씀을 보세요. "**어머니가 자기의 젖먹이를 어떻게 잊겠느냐? 자기 태에서 낳은 아들을 어떻게 가엾게 여기지 않겠느냐? 혹시 그 어머니는 잊어버려도 나는 너를 잊지 않겠다! 보아라. 내가 너를 내 손바닥에 새겼고 네 성벽이 언제나 내 앞에 있다**(사 49:15- 16)"라는 말씀에 얼마나 어머님 같은 하나님의 사랑이 간곡히 나타나 있는지요.

죤스타인벡의 장편소설인 『에덴의 동쪽』에 나오는 쌍둥이 형제 아론과 카알은 그 어머니가 그들을 낳자마자 어린 그들을 버리고 집을 나간 후 무의식 속에서도 사무치는 어머니에의 그리움을 안고 자라지요. 그들의 아버지인 아담도 자신을 낳자 마자 죽은 어머니에 대한 사랑을 가슴에 품고 자식들을 키우고요. 여자 친구에게 자기의 '엄마 역할'를 해달라고 하면서 울음을 쏟아내는 아론의 모습은 참 가슴 아파요. 이 작품 역시 주제들 중의 하나가 인간의 어머니는 자식을 버릴 수 있어도 신은 그 사랑을 버리지 않는다는 것이지요.

사실 요즘은 부부가 이혼을 하고 자식의 양육권을 버리는 사람들도 적지 않대요. 인간의 부모는 자식을 버리는 일이 있지만 하나님 어머니는 결코 그 자식을 잊지 않는다는 것을 위의 이사야서는 분명히 알려주고 있네요. 혹 부모의 사랑을 못 받고 자랐다 하더라도 그 육체적 어머니 이상의 어머니가 있다고 성경은 말하고 있는 것이죠.

육체의 생명을 준 부모는 나를 버릴 수도 있고 또 나를 보호하고 지원하는 데에 한계가 있지만 어머니로서의 하나님 사랑은 무제한이지요. 심지어 어머니로서의 하나님은 "**보아라. 내가 너를 내 손바닥에 새겼고 네 성벽이 언제나 내 앞에 있다**(사 49:16)"라고까지 하잖아요. 우리가 무엇인가 절대로 잊어서는 안될 것이 있을 때 볼펜으로 손바닥에 써놓고 환기하려 하잖아요? 그런데 하나님은 우리의 이름을 손바닥에 아주 새겨놓았다고 하시네요. 결코 잊지 않는다는 약속이지요.

아가서에서도 외동딸을 사랑하는 어머니의 사랑이 애틋하게 묘사되어 있어요. "**내 비둘기, 온전한 내 사람은 하나뿐입니다. 어머니의 외동딸이며 그녀를 낳은 어머니가 가장 귀히 여기는 딸, 젊은 여인들이 그녀를 보고 복이 있다 말하고 왕비들과 후궁들도 그녀를 칭찬합니다**(아 6:9)"라고요. 이 지구상에 70억에 가까운 인구가 있다고 하더라도 우리 하나하나는 어머니 하나님의 외동딸처럼 귀한 존재라는 것입니다. 외동딸이라면 인간의 부모라도 자기 목숨과도 바꿀 수 있는 귀하고 사랑스러운 존재지요. 하나님에게는 우리 모두를 그렇게 귀하게 여기며 사랑하고 있는 어머니로서의 모습도 있다고 보아져요. 외딸이라고 부름은 하나님이 어머니로서의 존재로 드러날 때 그의 자녀는 아들로서가 아니라 딸로서 불린다는 의미로 읽을 수 있을 것 같아요. 앞서도 말한 것처럼 어머니의 외딸은 또 어머니처럼 중심에 사랑이 있는 어머니 같은 존재가 되어야 하니까요.

돌아오지 않는 자식을 자나 깨나 기다리며 애태우는 어머니 같은 사랑이 아가서의 다른 구절에 또 있지요. **"예루살렘의 딸들이여, 내가 부탁합니다. 만약 그대가 사랑하는 그분을 만나거든 내가 사랑 때문에 병이 났다고 말해주세요**(아 5:8)"라고요. 아직 돌아오지 않은 자식 때문에 병이 나기까지 가슴을 앓는 그 사랑이 어머니의 지극한 모성으로 다가오지 않나요?

사실 우리가 그 사랑을 알아주든 알아주지 않든 그 사랑은 변함없이 우주를 가득 채우고 있다고 느껴져요. 육신의 어머니가 자식이 알아주지 않더라도 그 사랑을 가슴에 간직하고 있는 것처럼 말이지요.

어머니의 자식에 대한 사랑이 어떤 조건에 제한 받지 않고 무궁한 것처럼 하나님의 사랑은 조건부가 아닐 거예요. 무조건적이고 무제한적이고 무궁한 것이지요. 하나님은 우리 인간에게도 오래 참는 사랑을 가르쳤는데 단 일 회뿐인 생애에 믿음을 갖지 못했다고 지옥 불에 던지는 잔인하고 무섭기만 한 존재이겠어요? 어머니의 사랑은 끝이 없잖아요. 어머니는 자식이 살인죄를 짓고 형무소에 가 있어도 무한한 인내와 사랑으로 그 자식이 제 구실할 수 있는 날을 기다리며 기도하지 않겠어요? 어머니의 기도를 아랑곳하지 않고 제 멋대로 살며 방탕한 삶을 이어가고 있다 하더라도 가슴 그 어느 구석에선가 어머니의 사랑을 잊지 못하는 것이 우리 인간입니다.

아일랜드 시인 예이츠는 페미니즘 사상이 싹트기도 전에 일찌감치 여성신의 권능이 깨어나야 지상에 평화가 온다고 믿고 그의 시에서 여성신의 회복을 추구했습니다. 남성중심 사회에서 예이츠는 균형을 잃은 인간 세상에 인류가 잃어버린 숨은 여성신의 권능이 회복되어야 완전한 세계가 될 수 있다고 예언했지요. 그의 시를 통해 예이츠는 최후의 심판날에는 여성신이 나타나 만날 수 있으리라는 꿈을 노래했답니다.

지금 이 순간 어머니를 생각해 보세요. 끊임없이 자식을 향한 기도를 바치고 있는 어머니는 언제나 자식의 행복만을 생각하고 있을 거예요. 인간의 부모는 잊을지라도 나는 잊지 않겠다고 말씀하시는 어머니 같은 신은 사랑하기 때문에 병이 날 정도로 자식들을 생각하고 있다잖아요. 그 영원한 어머니같은 사랑은 어디 멀리 있는 것이 아니라 지금 바로 의식을 우리 안으로 보내면 그곳에 늘 있었던 따뜻함으로 우리를 보고 있는 것 같아요.

아직 그 사랑을 찾지 못했더라도 지금 이 순간 그 무의식의 공허와 혼돈의 수면 위에 항상 운행하시는 사랑에 마음의 눈길을 보내 보세요. 병이 날 정도로 자식을 기다리고 있는 그 사랑이 그가 누구든 그 손을 꼭 잡아 맞아줄 거예요.

저자

이행수

충남대학교 영문학과 졸
충남대학교 대학원 영문학과 박사
미국 Pennsilvania State University 객원교수
영국 Dundee University 객원교수
1976년 조선일보 신춘문예 수필 당선
현재 대전대학교 인문예술대학 영어영문학과 교수

저 서: 『역설과 아이러니의 이상세계(버나드 쇼오 연구)』
역 서: 『므두셀라로 돌아가라』 『소설 누가복음』
수필집: 『내 영혼 속의 장미』 외
논 문: "The World of Hamlet" 외 30여편

성경,
영문학을 읽다

초판 1쇄 발행 _ 2013년 1월 30일

저 자 • 이 행 수
발 행 인 • 정 현 걸
발 행 • 신 아 사
인 쇄 • 예지인쇄
출판등록 • 1956년 1월 5일 (제9-52호)
주 소 • 서울특별시 은평구 녹번동 28-36번지 2F
전 화 • 02)382-6411 · 팩스 02)382-6401
홈페이지 • www.shinasa.co.kr
E-MAIL • shinasa@chol.com

ISBN 978-89-8396-793-0(93840)

정가 *13,000*원